跨境电商物流

Cross-border E-commerce Logistics

主　编　李瑞麒

副主编　周舒翼

参　编　梁水灵　王钧琳

重庆大学出版社

内容提要

本书涵盖跨境电商物流进出口业务流程,内容分为五个项目板块:跨境电商物流认知、跨境出口物流操作、海外仓管理、跨境进口物流操作、跨境物流绩效管理。每一个项目板块中,结合实训任务驱动为主的教学方法,以情境导入—学习目标(知识目标、职业能力要求、素质目标)—知识点—任务实施—课程思政的编写体例进行编写。

本书以活页式教材的形式,在实训教学设计方面进行了创新,充分添加灵活多样的教学方法和教学手段,激发学生的学习积极性与能动性,通过做中学、学中做,培养学生的实践能力和创新精神。

本书适合职业教育跨境电子商务、电子商务、现代物流管理、商务英语、国际贸易等专业的学生学习使用。

图书在版编目(CIP)数据

跨境电商物流 / 李瑞麒主编. -- 重庆 : 重庆大学
出版社, 2022.8
高等职业教育电子商务专业系列教材
ISBN 978-7-5689-3064-2

Ⅰ. ①跨… Ⅱ. ①李… Ⅲ. ①电子商务—物流管理—
高等职业教育—教材 Ⅳ. ①F713.365.1

中国版本图书馆 CIP 数据核字(2021)第 241908 号

跨境电商物流
KUAJING DIANSHANG WULIU

主 编 李瑞麒
副主编 周舒翼
参 编 梁水灵 王钧琳
策划编辑 尚东亮

责任编辑:李 伟　　版式设计:尚东亮
责任校对:王 倩　　责任印制:张 策

*

重庆大学出版社出版发行
出版人:饶帮华
社址:重庆市沙坪坝区大学城西路 21 号
邮编:401331
电话:(023)88617190　88617185(中小学)
传真:(023)88617186　88617166
网址:http://www.cqup.com.cn
邮箱:fxk@cqup.com.cn(营销中心)
全国新华书店经销
重庆市国丰印务有限责任公司印刷

*

开本:787mm×1092mm　1/16　印张:22　字数:470 千
2022 年 8 月第 1 版　2022 年 8 月第 1 次印刷
印数:1—2 000
ISBN 978-7-5689-3064-2　定价:68.00 元

前　言

　　《跨境电商物流》(新型活页式教材)课程设计遵循以职业能力培养为核心,围绕跨境电商物流运作方式,以主流跨境电商平台的跨境进出口物流操作为知识载体,采用"教、学、训"一体的教学模式,结合以实训任务驱动为主的教学方法,培养学生跨境进出口物流操作的能力。

　　教材适用专业:跨境电子商务、电子商务、现代物流管理、商务英语、国际贸易等专业。

　　采用本书进行教学时,可参考学时分配如下:

序号	模　块	建议学时		
		学　时	讲授学时	实践学时
1	跨境电商物流认知	8	6	2
2	跨境出口物流操作	24	8	16
3	海外仓管理	18	8	10
4	跨境进口物流操作	10	4	6
5	跨境物流绩效管理	12	6	6
合　计		72	32	40

　　本书编写特色:

　　本书采用活页式结构,项目独立完整。学者既可以系统地学习本书的全部内容,也可以选择某个项目单独学习。

　　本书用法灵活,强化应用。新型活页式教材按照"以学生为中心、以学习成果为导向、促进自主学习"的思路进行教材开发设计,弱化"教学材料"的特征,强化"学习资料"的功能。项目采用理论知识为导入,以任务形式将知识融入实施环节,学生通过完成小任务点,解决复杂问题。

　　本书以职教理念为引领。根据《国家职业教育改革实施方案》要求建设"双元"合作开发的国家规划教材,使用新型活页式、工作手册式教材。落实以实训为导向的教学改革,突出教材的职业技能练习、任务循序渐进的特点。

　　本书由成都职业技术学院跨境电子商务专业教研室主任李瑞麒担任主编,并负责大纲制订、内容设计以及项目一、二、三、四的编写和全书统稿及修订工作;成都职业技术学院跨境电子商务专业教研室周舒翼担任副主编,并负责项目五的编写。本书在编写中得到益达(广东)教育科技服务有限公司的大力支持,为本书提供了案例支撑,在此表示感谢。

本书在编写过程中参阅了大量的跨境电商相关企业资料(阿里速卖通、亚马逊、中国邮政速递等),以及大量的网络信息资料(如雨果网等),参考文献未能一一列出,在此对这些平台及作者表示真挚的谢意。

跨境电子商务的发展非常迅速,通关政策、平台规则、操作流程不断地更新,本书编写内容仅以截稿日期前的平台规则为准。由于编写水平有限,书中难免有疏漏和不足之处,恳请各界人士批评指正,以便再版时予以修正,使其日臻完善。

编　者

2021 年 6 月

目 录

项目一　跨境电商物流认知

◎ 情境导入

2020 年以来,中国外贸进出口持续向好。据海关统计,2020 年中国跨境电商进出口 1.69 万亿元,同此增长 31.1%。跨境电商正成为稳外贸的重要力量,超万家传统外贸企业触网上线、提质增效,跨境电商成为企业开展国际贸易的首选和外贸创新发展的排头兵。

◎ 学习目标

通过本模块的学习,应达到的具体目标如下:

1. 知识目标

(1)了解跨境电商的基本知识;

(2)了解我国出口贸易模式的改变;

(3)懂得区分传统国际贸易与跨境电商平台的贸易链条;

(4)认知跨境电商运营模式;

(5)了解跨境电商物流出口、进口模式。

2. 职业能力要求

(1)具有一定的跨境电商基础知识;

(2)熟悉跨境进口电商物流模式。

3. 素质目标

(1)具有团队合作精神和协作能力,小组成员能根据引导问题,协调分工完成任务;

(2)具备良好的资料整合能力,能够有效收集资料并完成成果汇报展示。

任务一　跨境电商和跨境物流认知

跨境电商是跨境电子商务(Cross-border E-commerce)的简称,具体是指分属不同关境的交易主体,通过电子商务平台达成交易、进行支付结算,并通过跨境物流送达商品、完成交易的一种国际商业活动。也可以简单地理解为,一切跨关境的电商交易都属于跨境电商的范畴。

从方向上分,跨境电商又分为进口和出口;按交互类型划分,跨境电商的主要模式可以划分为 B2B、B2C、C2C 等若干种,其中 B2C、C2C 都是面向最终消费者的,因此又可统称为跨境网络零售;从经营主体划分,跨境电商分为平台型、自营型、混合型(平台+自营)。

◎知识点

一、跨境出口电商

如果以 2008 年为分水岭,你会看到我国跨境出口电商在这一年发生了重大的变化,2008 年以前跨境出口电商以 B2B 平台为主。而在 2008 年后突然涌现了一大批 B2C 跨境出口电商网站,如兰亭集势、米兰网、大龙网等。它们受到资本市场青睐,发展迅猛,却又受到各种问题限制很难出现大规模盈利性企业。

2008 年全球经济危机之后,全球贸易模式发生变化,受益于互联网和支付技术的成熟,B2C 跨境出口电商凭借着"低价"这个武器快速在欧美市场打开了局面。

1.2008 年全球金融危机带来的商机

2008 年的全球经济危机对我国 B2C 跨境出口网站的兴起起到了至关重要的作用。2001 年"9·11"事件发生之后,美国经济增长率开始下行。为刺激经济增长、增加就业率,美联储长期实行 1% 的低利率政策,从此开启了美国本土房地产市场长达 5 年的黄金增长期。与此同时,大量的房贷债权被华尔街包装成信用评级优秀的理财产品卖给美国大众和全世界的投资者。然而当房地产市场降温之后,次级抵押贷款市场危机开始显现并呈愈演愈烈之势,最终在 2007 年形成次贷危机,进而在 2008 年演变为全球金融危机。原有的大宗 B2B 跨国贸易形势急转直下,极大地冲击了我国 B2B 跨境出口贸易,这就给国内 B2C 跨境电商的形成奠定了经济环境基础。

2. 我国出口贸易模式的改变

2008 年全球金融危机使全世界经济都受到严重影响,简言之,很多企业、很多人变穷了。因此很多海外企业在开展国际贸易的时候改变了原有操作方式,例如,经济危机前美国一家自行车经销商会向中国工厂一次性下单采购一年的量;而经济危机之后,该企业为了控制货物滞销风险和提升资金利用率改变了原有下单模式。首先该企业减少了采购总量,由原来一年采购 2 万辆降低至 1.5 万辆。其次将一次性下单变成分 3 次下单,每次下 5 000 辆的订单到工厂,这样可以有效避免因为库存积压带来的经营风险。订单模式从"大批量,少批次"逐渐转变成"小批量,多批次"。

除此之外,传统国际贸易链条很长,商品经过中间商层层加价,到国外消费者手中的价格已经非常高,但对于国内生产厂商来说他们的利润却并不大。随着市场经济的开展和互联网的普及,越来越多的 B2C 跨境出口平台建立起来,他们跨过众多的中间环节直接连接工厂与消费者,以 B2B2C 的形式减少了交易环节,消除了信息不对称。这种 B2B2C 模式大幅减少了中间环节,使客户、工厂、平台三方受益,因此发展十分迅速,国内各种 B2C 跨境出口网站以及为围绕相关产业链提供服务的企业如雨后春笋一般大量出现。

图 1-1-1　传统国际贸易

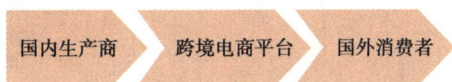

图 1-1-2　跨境电商 B2C 出口平台

2008 年前后国内诞生了一大批 B2C 跨境出口企业,如 2006 年成立的帝科思,2007 年成立的兰亭集势,2008 年成立的米兰网,2009 年成立的大龙网、阿里速卖通等,它们共同开启了 B2C 跨境出口电商的黄金时期。

最初几乎所有的 B2C 跨境出口类网站商品均为自营,自采自销。但很快有企业发现,当它们的年销售额从几百万人民币增长到几亿人民币之后,很难再上一个台阶,于是逐渐有网站为做大 GMV①开始学习亚马逊的模式,既自营也开放平台允许第三方卖家入驻。在丰富网站产品的同时,也可以从第三方卖家的交易中获得佣金、仓储配送费及其他服务费用。重庆的大龙网提出了 B2B2B2C 模式,平台提供物流、信息、资金等服务,为国内供应商在海外匹配本土化销售渠道。兰亭集势也早在 2014 年就开放平台,允许第三方卖家入驻,试图引入优质中国品牌,提升平台商品品质和竞争力。

我国B2C跨境
出口电商的形
成、发展及问题

◎知识加油站

使用移动端识别二维码,阅读《我国 B2C 跨境出口电商的形成、发展及问题》,了解我国 B2C 跨境出口电商的产生,跨境出口电商的发展及变化以

---

① GMV=Gross Merchandise Volume,电商常用术语,没有统一的统计口径。一般代指成交金额,包括付款金额和未付款的总和。

及跨境出口电商存在的问题。

二、跨境进口电商

跨境进口电商是指商家将海外商品销售给国内的买家,具体操作是国内消费者访问境外商家的购物网站选择商品,然后下单,由境外商家通过国际快递寄给国内消费者。也可以是国内商家通过第三方电商平台,如天猫国际、京东国际将海外商品销售给国内消费者。

跨境进口电商目前主要有两种模式:保税模式和直邮模式,如图1-1-3所示。

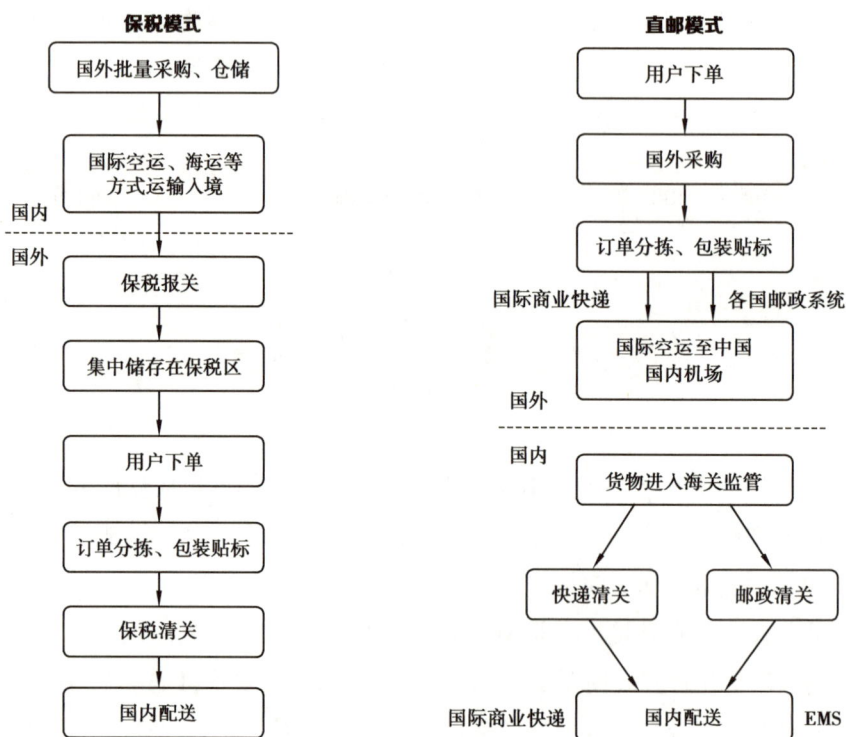

保税模式

国外批量采购、仓储
↓
国际空运、海运等方式运输入境
↓
国内
- - - - - -
国外
↓
保税报关
↓
集中储存在保税区
↓
用户下单
↓
订单分拣、包装贴标
↓
保税清关
↓
国内配送

直邮模式

用户下单
↓
国外采购
↓
订单分拣、包装贴标
国际商业快递 ↓ 各国邮政系统
国际空运至中国国内机场
国外
- - - - - -
国内
↓
货物进入海关监管
↓ ↓
快递清关   邮政清关
↓ ↓
国际商业快递 国内配送 EMS

图1-1-3 保税模式与直邮模式

最早的跨境进口电商业务多是以海外留学生买手、代购等形式开展,销售渠道和平台并不固定。2014年起,国家接连出台利好跨境贸易的政策,加之国内消费者消费升级的需要,进口电商企业的数量和规模形成了爆发式增长。最早的跨境进口电商销售品类相对比较单一,主要集中于鞋服箱包、母婴用品、美妆产品等。随着越来越多的国内电商企业加速布局跨境进口电商,出现了天猫国际、京东海囤全球(已更名为京东国际)、网易考拉、苏宁国际、洋码头、蜜芽、55海淘、聚美优品、唯品国际等一大批以进口商品为主打的销售平台,进口商品的种类也越来越丰富。2016年以后,竞争逐渐加剧,商业企业开始出现分化,市场趋向集中化,如天猫国际、考拉海淘、京东国际等跨境电商企业规模逐渐增大,但迄今为止尚未出现一家独大的垄断情况,这有利于行业形成良性竞争。

◎知识加油站

使用移动端识别二维码,了解现在跨境电商平台的种类。目前海淘途径贴合国内消费者多样化需求,主要有国内跨境电商、国外跨境电商、免税店、海外商店、代购等方式。

三、跨境电商物流

跨境电商物流是指分属不同关境的商品,通过电商平台进行销售并通过国际物流的方式送达商品。跨境电商物流一词是伴随着跨境电商的发展出现的,属于国际物流的延伸。相对于国际物流,跨境电商物流更关注商品本身的零售流通环节,具有多批次、小批量的特点,更强调时效性和灵活性。

跨境电商物流有出口和进口两个方向。

①出口物流模式主要有:邮政包裹、商业快递、专线快递、海外仓、集货运输模式等。

②进口物流模式主要有:直邮进口、保税进口、集货模式等。

从事跨境贸易的人都知道,物流成本是最主要的运营成本之一。一旦物流出了问题,就会引起诸多问题和纠纷,花费不必要的精力。配置合理的物流方式不仅能为经营节约成本,也能为客户带来更好的购物体验,这也是本书主要探讨解决的问题。

◎任务实施

【任务要求】

随着科学技术的发展,跨境电子商务已经深入我们的日常生活中,请同学们搜索我们身边的跨境电子商务平台,并分析平台的特点,了解其运营方式。根据引导问题逐步学习、研讨,使用网络市场调研等方式,最终以PPT形式分组汇报实训成果。

【任务分组】

同学自由分组,4~6人为一组。

表 1-1-1　学生任务分配表

班　级		组　号		指导老师	
组　长		学　号			
组　员	姓　名	学　号	姓　名	学　号	
任务分工					

【任务计划与实施】

引导问题1：跨境电子商务的基本概念是什么？

引导问题2：请以流程图方式绘制传统国际贸易、跨境电商平台的交易流程，并分析两者在流程上有何不同；跨境电商 B2B2C 交易链有什么优势？

引导问题3：跨境进口电商的定义是什么？交易模式有哪些？

引导问题4：对比跨境进口电商的保税模式和直邮模式中，必不可缺的角色是什么？它们发挥了什么作用？

◎知识加油站

　　跨境电商物流按照操作环节来划分,主要分为前端揽收、库内操作、出口通关、国际干线、境外清关、中转分拨、海外仓储、尾程派送、退件处理等核心环节。

　　使用移动端识别二维码,查看跨境电商零售进口主要包括哪些参与主体。

关于完善跨境电子商务零售进口监管有关工作的通知

　　引导问题5:通过网络搜索方式,登录跨境电商平台网站,了解各网站功能、异同点及物流模式。

平台名称	阿里巴巴国际站	速卖通	Amazon亚马逊	eBay	敦煌网	洋码头
销售模式						
平台优势						
平台劣势						
物流模式						

　　引导问题6:假设需要在亚马逊海外购平台上购买一款商品,并使用海外购标准配送方式配送,了解该商品由国外至国内的配送流程。

1. 商品订购流程:

2. 配送流程及方式:

3. 海关清关的目的:

◎ 知识加油站

使用移动端识别二维码,查看亚马逊海外购。了解亚马逊海外购的订购流程,以及海外购商品的配送流程、方式和时间、费用等。

亚马逊海外购商品的配送流程、方式和时间、费用

◎ 课程思政

跨境电子商务是指通过电子商务平台达成交易、进行支付结算,并通过跨境物流送达商品、完成交易的一种国际商业活动。参与进出口商品交易的主体都应该遵守两地法律法规。阅读关于跨境电子商务零售进口监管工作通知,熟知商品进口监管内容。

【思政考核】

要求:请根据以下选项,选出正确的答案。

1. (多选题)跨境电商零售进口主要包括以下参与主体:(   )。

   A. 跨境电商零售进口经营者

   B. 跨境电商平台

   C. 国内物流运输企业

   D. 消费者

   E. 政府部门

2. (多选题)跨境电商平台对售卖的商品应该做哪些监控?(   )

   A. 符合原产地质量标准及技术规范

   B. 售卖商品需要符合《跨境电子商务零售进口商品清单》

   C. 建立商品质量安全风险防控机制

   D. 建立健全网购保税进口商品质量追溯体系

3. (多选题)通过与海关联网的电子商务交易平台交易,能够实现( )"三单"比对。

A. 交易   B. 支付   C. 运输   D. 物流电子信息

4. (多选题)各试点城市人民政府(平潭综合实验区管委会)作为本地区跨境电商零售进口监管试点工作的责任主体,负责本地区试点工作的( ),确保本地区试点工作顺利推进。

A. 组织领导   B. 实施推动   C. 综合协调   D. 监督管理   E. 措施保障

◎ 考核评价

根据考核内容,学生完成自我小结并进行自评打分,教师根据学生活动情况进行点评并完成教师打分,最后按自评分×40% +教师评分×60% 计算得分。

表 1-1-2 考核评价表

项目一	任务一 跨境电商和跨境物流认知				
班　级		团　队		姓　名	
评价类别	考核内容		分　数	自　评	教师评分
知识素养	认知跨境电子商务的基本概念		10		
	了解传统国际贸易与跨境电商平台的交易差异		10		
	认知不同跨境电商平台的运营模式、物流模式		10		
	熟悉跨境电商平台物流配送过程		15		
职业技能	熟悉跨境出口电商贸易模式		15		
	掌握跨境进口电商模式		10		
	熟悉跨境电商平台物流配送过程		15		
职业素养	具有团队合作精神,小组能够协调分工完成任务		5		
	具有创新意识、创新精神,能够在海外仓管理中提出自己的观点		5		
	具备资源整合能力,能够借助外部资源,借鉴相关案例经验提高跨境电商和跨境物流的认知		5		
小　计			100		
合计=自评分×40% +教师评分×60%					

任务二　跨境电商物流术语

◎知识点

跨境电商物流是为分属不同关境的交易主体完成交易而进行的物流服务,包含货物的采购、包装、运输、海外仓存储和海外退换货等环节。与跨境电商分为出口和进口电商一样,跨境电商物流也有出口和进口两个方向,其操作模式和过程差别很大,本节我们重点讨论跨境出口方向电商物流的特点和相关术语。

一、跨境出口电商物流的特点

跨境电商物流相较于国内电商物流有很大的区别,具体为:

1. 运输环境不同

跨境电商物流可以说是国内物流的自然延伸,面向的范围是全球各个国家、各个地区,比如中国至美国的物流。而且国际快递往往会涉及申报关税、增值税等问题;而国内快递仅是中国境内的城市与城市、地区与地区之间的运输,货物流转不存在税收申报问题。

2. 运输方式不同

国内快递一般采用陆运、空运等方式,由快递公司揽收货件并且负责全程运输及投递;而跨境电商物流主要采用空运、海运等方式,快递公司在国内揽收货件,在货件目的国则将货件交由目的国快递公司进行终端派送。

国内快递通常 2～7 天就能完成投递,而跨境物流根据选择的快递方式不同,运输时长为 5～30 天不等。

3. 运输成本不同

国内电商大多采用包邮模式进行销售,例如拼多多会要求所有卖家必须包邮。主要原因是国内快递竞争激烈,卖家的运输成本较低,很多大卖家的运输成本平均不到 3 元/件;而跨境物流所涉及的输运距离长、运输环节多,运输成本相对国内快递高很多,通常在跨境电商中,物流成本会占到订单收入的 15%～35%。

4. 运输要求不同

国际物流对商品标准化要求较高,尤其是液体、粉末、保健品、食品、动物皮毛类产品等,需要目的国的相关认证手续才能入境销售;国内快递对部分特殊商品如带电、液体等商品不能采用飞机运输。

◎ 想一想

国际物流是国内物流的延伸,具有国内物流的一些属性,此外跨境物流还有哪些特点?

二、常见跨境电商物流术语

跨境电商零售的订单物流流程主要为:买家下单支付—卖家打包货物—选择物流渠道—发件国海关清关—国际运输—目的国海关清关—目的国物流运输—目的国派件等。涉及的主要物流环节及相关术语如表1-2-1所示。

表1-2-1 跨境电商物流主要环节及相关物流术语

序号	物流环节	主要物流术语
1	发件国物流渠道	(1)实重;(2)体积重;(3)计费重;(4)挂号;(5)平邮;(6)追踪号;(7)排仓与爆仓;(8)偏远地区附加费;(9)燃油附加费;(10)更改地址费;(11)其他附加费;(12)快递面单;(13)申报信息
2	发件国海关	(14)出口总包护封开封;(15)出口总包直封分发;(16)出口总包护封分发
3	国际运输途中	(17)交航;(18)转运/中转
4	收件国海关	(19)清关;(20)税号;(21)检疫;(22)关税;(23)扣关;(24)清关时效
5	收件国物流	(25)丢弃/退件;(26)代收;(27)丢件
6	终端派送	(28)妥投;(29)签收

1. 实重(Net Weight)

实重又叫净重,指打包好的包裹放在磅秤上显示的实际重量。一般用于小包快递渠道。

2. 体积重(Dimension Weight)

在国际商业快递和中国邮政EMS的计费方式中,除了会计算包裹实重外,还会计算包裹的体积重,又称作"计抛"或"计泡",即计算货物泡重。体积重=包装的长(cm)×宽(cm)×高(cm)/5 000,也有少数为体积重=包装的长(cm)×宽(cm)×高(cm)/6 000或8 000。

3. 计费重(Chargeable Weight)

计费重是快递公司收费时采用的包裹重量。通常国际小包快递在计费时会以实重为依据,此时,实重=计费重;而国际商业快递和EMS会比较实重与体积重,择其中较大者为计费重。当实重≥体积重时,按照实重收费,当实重≤体积重时,则按照体积重收费。此外,商业快递会按照0.5的倍数对重量进行向上取整计费。

示例:一位中国卖家需要将一批围巾寄给美国的买家,选择UPS发货,用长50 cm、宽40 cm、高40 cm的纸箱包装。箱子实重14.65 kg。此时:

实重:14.65 kg,按0.5的倍数向上取整后为:15 kg;

体积重=50×40×40/5 000=16 kg;

体积重≥实重,此票应按体积重计费,最终计费重为16 kg。

4. 挂号(Registered Mail)

针对国际邮政小包裹有挂号和平邮的区别,挂号渠道有挂号费,在运费的基础上单独加收挂号费。挂号的用处在于大部分国家都有物流信息全程跟踪,从出货开始就可以在网站查询到上网信息,直到目的国的签收。挂号小包正常情况下丢失的有一定赔偿,货件相对平邮安全性更高,时效性更稳定,价格也更贵,适合商品价值相对较高的商品。

5. 平邮(Surface Mail)

通过平邮发货依然有追踪号,也能查到上网信息,但邮局不提供上网之后的信息更新,包裹是否投递只能靠国外收件人的反馈才能知道。通常平邮在邮局网站查到信息后,不管包裹是否正常情况下丢失都不赔偿发件人。平邮适合商品价值相对较低的商品。

6. 追踪号(Tracking Number)

当包裹被物流渠道服务商揽收后,物流渠道服务商会提供一组英文字母加数字或是纯数字组合的物流信息追踪号,买家可以透过这组追踪号追查包裹目前最新状况。以下用中国邮政挂号小包为示例单号解释:RR123456789CN。

根据万国邮联规定,查询号码的统一规则(由字母及数字组成13位标准单号)为前面2个字母,中间9位数字,后面2个字母是根据标准ISO 3166—1国家名称简码定义发件国家,部分国家可能存在自己定义的特殊单号。

A#—邮政小包(不超过2 kg)　　　　　　　　R#—挂号小包(不超过2 kg)

V#—挂号小包(保险)(不超过2 kg)　　　　　C#—邮政大包(2 kg以上)

L#—邮政特快专递(不超过2 kg)　　　　　　E#—邮政特快专递(2 kg以上)

中国邮政EMS单号通常是13位数,2个字母+9个数字+2个字母。其中最后两位数字代表发件国家,也就是说如果一个单号EA123456789CN,CN就代表中国,快件是由中国发出的。如果结尾是JP,那么就代表快件是由日本发出的。

对于单号的首字母,有如下规律:如果是E开头,那就是EMS特快专递,如果是R开头,那么快件就是国际邮政小包,如果是C开头,那就是国际邮政大包,L开头的话,那就是EMS的E邮宝服务。

除了结尾两个字母与开头一个字母以外,还有开头第二个字母,这个字母相当于文件的序列号,一般代表了货物类型,常见的有EA、EB、ED、EG、EH等。而字母中间的9个数字,相当于是快递识别码。一般一个EMS的国际快递单号就是由这些组成的。EMS快递面单示例如图1-2-1所示。

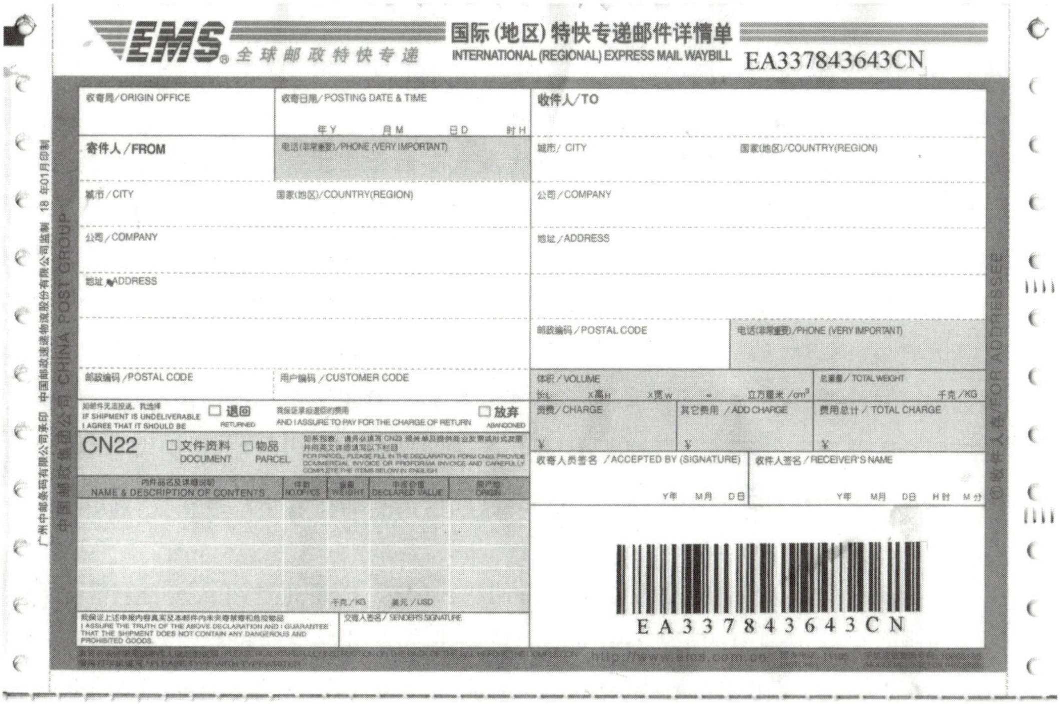
EMS 全球邮政特快专递
国际(地区)特快专递邮件详情单
INTERNATIONAL (REGIONAL) EXPRESS MAIL WAYBILL
EA337843643CN
收寄局/ORIGIN OFFICE
收寄日期/POSTING DATE & TIME
年Y　月M　日D　时H
收件人/TO
寄件人/FROM
电话(非常重要)/PHONE (VERY IMPORTANT)
城市/CITY
国家(地区)/COUNTRY(REGION)
城市/CITY
国家(地区)/COUNTRY(REGION)
公司/COMPANY
公司/COMPANY
地址/ADDRESS
地址/ADDRESS
邮政编码/POSTAL CODE
电话(非常重要)/PHONE (VERY IMPORTANT)
邮政编码/POSTAL CODE
用户编码/CUSTOMER CODE
体积/VOLUME
总重量/TOTAL WEIGHT
千克/KG
资费/CHARGE
其它费用/ADD CHARGE
费用总计/TOTAL CHARGE
退回
放弃
CN22
文件资料 DOCUMENT
物品 PARCEL
收寄人员签名/ACCEPTED BY (SIGNATURE)
收件人签名/RECEIVER'S NAME
NAME & DESCRIPTION OF CONTENTS
NO.OF PCS
WEIGHT
DECLARED VALUE
ORIGIN
千克/KG
美元/USD
寄件人签名/SENDER'S SIGNATURE
E A 3 3 7 8 4 3 6 4 3 C N
CHINA POST GROUP
FOR ADDRESSEE

图 1-2-1　EMS 快递面单示例

◎知识加油站

补充阅读 1:美国闹着要退群的万国邮政联盟,是个啥组织?

在国际邮政业务中,有个概念叫作终端费。什么是终端费呢?

比如,你住在 A 国,你的朋友小志住在 B 国。小志过生日,你要给他寄礼物。那么这个礼物从你手上到小志手上,需要经过以下两步:

①你去 A 国邮政支付邮费,A 国邮政把东西寄到 B 国。

②B 国邮政把东西交到小志手上。

当然,B 国邮政肯定不会免费为你服务,这就涉及所谓的终端费。也就是说,你付钱给 A 国邮政,A 国邮政再给 B 国邮政支付终端费。那这个终端费怎么来制定呢?请扫描二维码阅读相关内容。

美国闹着要退群的万国邮政联盟,是个啥组织?

补充阅读 2:万国邮政联盟

万国邮政联盟(Universal Postal Union,UPU),简称"万国邮联"或"邮联",是商定国际邮政事务的政府间国际组织,其前身是 1874 年 10 月 9 日成立的"邮政总联盟",1878 年改为现名。请扫描二维码阅读相关内容。

万国邮政联盟

7. 排仓与爆仓(Row Positions & Blasting Warehouse)

排仓与爆仓均是在物流服务商方面产生的,均会对物流时效产生不利影响。

排仓:一般指快递公司因航班舱位不足而需要等待的情况。少数时候可能会收取排仓费。

爆仓:一般指物流旺季快递或者邮政渠道包裹太多而超出承受能力,来不及分拣,甚至没办法再收件,大量快件滞留在始发站或中转站。到达目的地的时间相对比较长。爆仓发生的原因可能有:天气因素(大雪、洪水、台风),网购高峰期(大多是节日前后),国际赛事加强安检(如奥运会),快递公司人手不足等因素。

8. 偏远地区附加费(Remote Area Surcharge)

偏远地区附加费是针对偏远地区提供快递服务所产生的费用。在国内外的一些偏远地区提供服务需要投入更多的人力物力,因此快递公司会收取一定的额外费用。每家快递公司对于偏远地区的界定会有不同,需要根据收件地址或邮编在快递公司官网进行查询。

9. 燃油附加费(Fuel Surcharge)

通常商业快递公司会针对包裹收取燃油附加费,邮政渠道无此费用。燃油价格变化直接影响运输业在全球范围内的成本,从而迫使商业快递公司对快件收取浮动型燃油附加费,即随着燃油价格的变化,燃油附加费将相应上涨、下调或取消。商业快递公司每月都会公布最新的燃油附加费率,它通常是一个百分比,如15%。

示例:假设0.5 kg的包裹从中国到德国的运费是120元人民币,本月燃油附加费率为15%,则该包裹实际运费应为:120+120×15%=138元。(以上假设不考虑偏远地区等其他附加费)

10. 更改地址费(Address Correction)

由于运单上所填写的收件人地址信息不完整、过期或错误导致无法完成派送时,快递公司最终获取到正确地址并完成派送收取该项附加费。

11. 其他附加费(Other Surcharges)

快递公司会根据市场环境、货件包装和体积、货物性质等收取的种种其他附加费,种类较多,例如:

(1)旺季附加费

有些又称作紧急情形附加费,通常按每千克收取。例如,新冠疫情会对快递公司全球运输造成影响,快递公司会不断调整运力从而更好地适应疫情发展、防疫政策以及运力和需求的变化,因此产生的成本会收取一定的费用。又或者每年年底是欧美国家的传统购物季,大量商品需要运输,因此临时收取的快递附加费用。

(2)高风险地区附加费

发往深受战争、内乱、恐怖主义困扰的高风险国家/地区所征收的附加费。

（3）申报价值附加费

如货件申报价值过高,可能会单独收取的费用。

（4）非标准货物附加费

对于单件货物重量超过快递公司规定值或货件长度、体积超过规定值而收取的费用。

12. 快递面单

快递面单是指快递行业在运送货物的过程中用以记录发件人、收件人以及产品重量、价格等相关信息的单据。快递行业多用条码快递单以保证数据连续正确输出,便于管理。

13. 申报信息(Claim)

申报信息包含发件人对包裹内容陈述,将物品详情、数量、金额三大要素体现在形式发票(快递)或报关单(小包)上,便于进口国当地海关对该货物进行检查。此外加收关税或丢件理赔等动作也是基于申报信息产生的。

14. 出口总包护封开封(Arrival at Transit Office of Exchange)

一般寄出口包裹时,会根据不同的目的地国,装在邮递袋子里封好,这个称为总包。经过海关检查后合格的总包,要再封上,称为护封。邮局把货交给海关(一个大的袋子装了很多的中国邮政的小包),海关会把邮局的包裹大袋子拆开,过机扫描(主要查看是否含有液体、金属、粉末、易燃易爆物品、违禁品等)。有时会抽查,看物品是否和申报的一致。所以货物申报信息要写清楚,如果有点模糊,就会拆包检查,会耽误货物发出的时间。

15. 出口总包直封分发(Departure form Outward Office of Exchange)

出口总包护封开拆以后系统一般会显示出口总包直封分发,这表示包裹已经顺利地通过海关检查,重新打包好,交给航空公司,航空包裹由寄件国直达目的国,途中不经过第三方国家。

16. 出口总包护封分发(Distribution form Outward Office of Exchange)

需要中转的包裹,根据不同地址分拣后的进口小包裹,再次封装成为总包,发往目的地投递站点。

17. 交航(Delivery to Airlines)

快递服务商已经把货品交给机场,包裹已经在机场或者已经交给发货的航空公司,显示交航就是已经上了目的国的航班,下一条更新信息就是货品已经抵达收件国了。

18. 转运/中转(Transport/Transit)

航空包裹无法由寄件国直达目的国,途中经过第三方国家。多次转运可能会导致货物上网的信息非常慢。

19. 清关(Customs Clearance)

即结关,是指进口货物、出口货物和转运货物进出一国海关关境或国境必须向海关申报、办理海关规定的各项手续,履行各项法规规定的义务。这个过程中海关会有选择性地对货物进行查验,查验内容包含是否是违禁品、申报价值是否与货物相符、是否是仿牌等。海关抽查几率各国均不同,例如美国海关查验相对宽松,德国海关对货物价值低报查验较严,一旦怀疑货物价值低报就会要求发件人提供销售证明,造成货物清关延迟或扣关。

20. 税号(Tax Number)

纳税人识别号通常简称为"税号"。纳税人识别号就是税务登记证上的号,每个企业的识别号都是唯一的。在某些国家,除了企业税号,也有个人税号,如巴西、澳大利亚。巴西的税号分为个人税号 CPF,公司税号 CNPJ。纳税人识别号由税务部门编制,唯一且终身不变。个人税号与企业税号的区别在于清关能力。申报金额较高的货品,极有可能无法使用个人税号去报税清关。

巴西海关对进口包裹进行 100% 的查验,寄往巴西的包裹不论申报价值多少,当地海关都要征收关税。如果未按规定在运单或形式发票上注明税号,巴西海关将自动退回货件到发件地,退回费用将由寄件人支付。因此目前阿里速卖通会要求巴西客户下单时必须填写个人税号。

21. 检疫(Quarantine Inspection)

检疫是卫生检疫、动植物检疫、商品检疫的总称,电子类产品主要是要求各种认证和查仿牌。

22. 关税(Custom Duty/Tax)

关税是指国家授权海关对出入关境的货物和物品征收的一种税,基本每个国家都有申报关税的起征点,低于起征点则不缴纳关税。当货品申报的价值超过目的国家进口货物最高免税金额时,就需要缴交关税。表 1-2-2 为全球部分国家关税起征点,仅供参考。

表 1-2-2　部分国家关税起征点

国家	英文名	各国关税缴税标准
新加坡	Singapore	≥400 新币
韩国	Korea	≥150 000 韩元
日本	Japan	申报金额在 10 000 日元或 20 kg 以上开始征收
美国	America	≥800 美元
澳大利亚	Australia	≥1 000 澳元
俄罗斯	Russia	≥179 英镑
印度尼西亚	Indonesia	≥3 美元
加拿大	Canada	≥20 加币
墨西哥	Mexico	≥50 美元
缅甸	Myanmar	除文件外,所有包裹有关税
巴西	Brazil	除文件外,所有包裹有关税

续表

国家	英文名	各国关税缴税标准
阿联酋	United Arab Emirates	≥150 美元
菲律宾	Philippines	≥10 000 菲律宾比索
希腊	Greece	≥22 欧元
荷兰	Netherlands	
比利时	Belgium	
法国	France	
西班牙	Spain	
葡萄牙	Portugal	
卢森堡	Luxembourg	
爱尔兰	Ireland	
马耳他	Malta	
塞浦路斯	Cyprus	
芬兰	Finland	
保加利亚	Bulgaria	
匈牙利	Hungary	
立陶宛	Lithuania	
拉脱维亚	Latvia	
爱沙尼亚	Estonia	
克罗地亚	Croatia	
斯洛文尼亚	Slovenia	
意大利	Italy	
罗马尼亚	Romania	
捷克	Czech Republic	
斯洛伐克	Slovakia	
奥地利	Austria	
英国	United Kingdom	
丹麦	Denmark	
瑞典	Sweden	
波兰	Poland	
德国	Germany	

注:是否产生关税,产生的税费金额都取决于当地法律法规,以上标准仅供参考。

23. 扣关（Detained by Customs）

包裹在收件国海关出于某些原因而被当地海关查扣,大多是由以下几种情况引起的:申报价值和估价不一致、品名和产品不符、装箱清单不详、收货人条件不允许（没进出口权等）、包裹价值超过收件国免税金额（需要补交关税）、违禁产品。

24. 清关时效（Custom Duty/Tax）

指货物在海关清关的时长。

◎ **想一想**

清关时效跟哪个政府部门有关? 国际包裹在收件国的海关处停留很久,会是什么原因?

25. 丢弃/退件（Abandon/Return）

包裹到了收件国之后,因为任何原因无法顺利妥投,都可能会面临丢弃或是退件。在某些国家,即使是丢弃,也会被收取"处理费"。如选择"退件",邮政渠道的万国邮政联盟明确规定了小包退回到发件目的地国家是免费的。商业快递如若需要退件,通常退件费用是寄件费用的3~5倍。所以请不要随便让客户拒签商业快递包裹,如果拒签通常卖家只能选择在当地销毁。

26. 代收（Waiting Collection）

当包裹在收件国无法顺利妥投的情况下,通常会被暂存在当地的物流服务中心1~3个星期,具体时间因不同的国家而有所不同。然后会通知收件人在暂存时间结束之前自行前往领取,时间结束之前若无人领取,暂存包裹有可能会被丢弃或退件处理。

27. 丢件（Lost）

在网上已无信息更新,邮局并未回复开查结果并且客户未签收的货物。确认丢失后,邮政有限额赔偿。

28. 妥投（Delivered）

包裹显示已经投递成功。

29. 签收（Signature）

在投递包裹的同时获得客户的签名或签章,并录入快递系统变成签收证明（Proof of Delivery,POD）。

◎ 任务实施

【任务要求】

请通过所学知识,根据引导问题对某个跨境电商平台的特点进行分析,还可通过研讨,使用网络市场调研等方式,最终以 PPT 形式分组汇报实训成果。

【任务分组】

同学自由分组,4~6 人为一组。

表 1-2-3　学生任务分配表

班　级		组　号		指导老师	
组　长		学　号			
组　员	姓　名	学　号	姓　名	学　号	
任务分工					

【任务计划与实施】

引导问题 1:跨境出口的电商物流有哪些特点?

引导问题 2:跨境电商物流相较于国内电商物流有什么不同?

引导问题3:跨境电商零售的订单物流流程包括哪些?

引导问题4:常见跨境电商物流术语有哪些?

◎ 课程思政

对于跨境电商来说,物流是非常重要的一个环节,因此,物流市场的动态也被商家随时监控,尤其是政策方面信息,因受疫情的影响,各行各业的发展都有一定的变化。在政策方面,国家税务总局发布了《关于跨境电子商务综合试验区零售出口企业所得税核定征收有关问题的公告》。

请扫描二维码阅读公告,解读相关的政策内容。

关于跨境电子商务综合试验区零售出口企业所得税核定征收有关问题的公告

【思政考核】

要求:请根据以下选项,选出正确的答案。

1.(多选题)在综试区注册,并在注册地跨境电子商务线上综合服务平台登记出口货物日期及(   )。

A.名称   B.计量单位   C.数量   D.单价   E.金额

2.(多选题)《公告》从核定等方面对综试区内跨境电商企业核定征收企业所得税的哪些相关事项进行了规定?(   )

A.征收范围   B.条件   C.方式   D.程序   E.优惠政策

◎ 考核评价

根据考核内容,学生完成自我小结并进行自评打分,教师根据学生活动情况进行点评并完成教师打分,最后按自评分×40%+教师评分×60%计算得分。

表1-2-4 考核评价表

项目一	任务二 跨境电商物流术语				
班 级		团 队		姓 名	
评价类别	考核内容	分 数	自 评	教师评分	
知识素养	了解跨境出口电商物流的特点	10			
	了解跨境电商物流和国内电商物流的区别	10			
	掌握跨境电商零售的订单物流流程	15			
	了解常见跨境电商物流术语	15			
职业技能	掌握跨境电商零售的订单物流流程	10			
	熟悉跨境电商的主要物流环节	10			
	熟悉常见跨境电商物流术语	15			
职业素养	具有团队合作精神,小组能够协调分工完成任务	5			
	具有创新意识、创新精神,能够在海外仓管理中提出自己的观点	5			
	具备资源整合能力,能够借助外部资源,借鉴相关案例经验熟悉跨境电商物流术语	5			
小 计		100			
合计=自评分×40%+教师评分×60%					

任务三　跨境出口物流分类

◎知识点

　　跨境出口电商的开展,需要物流来配合。跨境出口物流把商品从一个国家通过海运、陆运或者空运等方式运送至另外一个国家或地区(头程物流),并通过目的地本土配送来完成国际商品交易。一件商品从中国卖家手中一路配送至消费者手中,需要经过如图 1-3-1 所示流程。

图 1-3-1　商品从卖家到买家的流程

　　实际上对于卖家来说,绝大多数时候只需要将商品交给第三方物流公司即可,中间的操作环节大都不需要卖家操作,卖家只需要注意货件运输时效和是否妥投即可。真正考验跨境电商经营者的是如何选择合适的国际物流方式,不同的国际物流方式在物流成本、运输时长和运输要求上存在非常大的差异。那么作为跨境电商经营者来说,首先需要了解各种跨境物流的特点。

一、国际邮政

　　通过国际邮路进行运输的包裹,由物流商在国内统一进行集货,根据相应邮政渠道的要求进行分拣以及打包,统一装袋后送至相应的邮政处理中心,通过万国邮联旗下成员遍布全球的邮路网络进行转运,通常涉及两个以上国家邮政局完成传送,最终派送至终端收件人手上。

　　市场上按照渠道属性主要分中国邮政和外邮模式,中国市场常见的外邮有新加坡邮政、荷兰邮政、比利时邮政、马来西亚邮政、泰国邮政等,这些外邮通常需要由货运代理公司在内地市场收件,并通过空运渠道转运至相应邮政处理中心。大部分外邮产品都会安排在香港转运。这里需要特别提一下香港邮政,在外邮还没有大量涌入国内争夺市场之前,港邮在邮政小包体系里占据非常重要的地位,在跨境电商蓬勃发展时期发挥着很大的作用。

中邮旗下主要包括中国邮政大包、中国邮政小包、"中国邮政平常小包+"、E 邮宝、E 特快、EMS 等主力产品,其中中国邮政小包的量占据绝对的优势。

万国邮联设有公约,主要内容包括:

①国际邮政业务的共同规则;

②函件业务的规定(邮资、重量、尺寸限制、禁寄物品、海关监管等);

③函件的航空运输规则(加快附加费、不收燃油附加费、航空函件优先处理、改寄和退件原则等);

④公约的生效日期和有效期限。

目前邮政网络覆盖全球 200 个国家,比其他任何物流渠道网络覆盖都要广泛,只要有设置邮局的国家,都可以通邮。因此,邮政物流渠道也是目前大多数跨境电商卖家使用最频繁的发货方式。

1. 中国邮政大包(China Post Air Parcel)

中国邮政大包是重量在 2 kg 以上。通过邮政空邮服务寄往国外的大邮包。这种方式通常用得比较少。

重量限制:

2 kg≤重量≤30 kg(除中国香港地区以外寄往其他国家和地区的速递邮件,单件重量不能超过 30 kg,每票快件不能超过 1 件)。

体积限制:(中国邮政大包有两种体积限制)

①单边≤1.5 m,长度和长度以外的最大横周≤3 m;

②单边≤1.05 m,长度和长度以外的最大横周≤2 m。

计费方式:

首重 1 kg 的价格+续重 1 kg 的价格×续重的数量(除中国香港地区以外寄往其他国家和地区的速递邮件,单件重量不能超过 30 kg,每票快件不能超过 1 件)。

2. 中国邮政小包(China Post Air Mail)

中国邮政小包是一项经济实惠型邮政服务产品。它包含挂号、平邮两种服务。针对 2 kg 以下小件物品推出的空邮产品,支持发往全球绝大多数地区,基本上只要有邮局的国家都可以通邮,是使用量非常大的一种跨境物流方式。

平邮或挂号小包对包裹的尺寸与重量的要求相同,两者的差异主要在派送的国家多寡,以及是否收取挂号费。两者主要区别如下:

挂号小包提供国内段收寄、封发、交航以及目的国妥投等信息,费用比平邮贵,时效也比平邮快,时效稳定,丢件有赔偿,适合相对贵重且有时效要求的轻小件货物寄递;

平邮小包货物运送仅有上网信息,无轨迹跟踪信息,不便于货物情况跟踪,丢件不支持查询也无赔偿,由此平邮适合价值不高且无时效要求的货物寄递。

(1)运送范围

覆盖两百多个国家和地区。

(2)参考价格

运费根据包裹重量按克计费,1 g 起重。每个单件包裹限重在 2 kg 以内。以下是国际邮政小包资费表(此价格仅供参考,具体价格以当地网点或官方公布为准)。

表 1-3-1　中国邮政平邮小包资费表

计费区	国家及地区	资费标准(元/kg)
1	日本	62.00
2	新加坡、印度、韩国、泰国、马来西亚、印度尼西亚、奥地利、克罗地亚、保加利亚、斯洛伐克、匈牙利	68.00
3	瑞典、挪威、德国、荷兰、捷克、希腊、芬兰、比利时、爱尔兰、意大利、瑞士、波兰、葡萄牙、丹麦、英国、澳大利亚、以色列	75.00
4	西班牙、法国、俄罗斯、乌克兰、卢森堡、爱沙尼亚、立陶宛、罗马尼亚、白俄罗斯、斯洛文尼亚、马耳他、拉脱维亚、波黑、(南亚、东亚、西亚)个别国家、新西兰、美国、加拿大	85.00
5	(亚洲、欧洲、大洋洲、非洲)其他国家,以及阿根廷、巴西、墨西哥、秘鲁等美洲国家	105.00
6	美洲其他国家	120.00

表 1-3-2　中国邮政挂号小包资费表

计费区	国家及地区	资费标准(元/kg)(不含挂号费)
1	日本	62.00
2	新加坡、印度、韩国、泰国、马来西亚、印度尼西亚	71.50
3	奥地利、克罗地亚、保加利亚、斯洛伐克、匈牙利、瑞典、挪威、德国、荷兰、捷克、希腊、芬兰、比利时、爱尔兰、意大利、瑞士、波兰、葡萄牙、丹麦、澳大利亚、以色列	81.00
4	新西兰、土耳其	85.00

计费区	国家及地区	资费标准（元/kg）（不含挂号费）
5	美国、加拿大、英国、西班牙、法国、俄罗斯、乌克兰、卢森堡、爱沙尼亚、立陶宛、罗马尼亚、白俄罗斯、斯洛文尼亚、马耳他、拉脱维亚、波黑、越南、菲律宾、巴基斯坦、哈萨克斯坦、塞浦路斯、东亚及西亚个别国家	90.50
6	南非	105.00
7	阿根廷、巴西、墨西哥	110.00
8	老挝、孟加拉国、柬埔寨、缅甸、尼泊尔、文莱、不丹、马尔代夫、东帝汶、阿联酋、约旦、巴林、阿富汗、伊朗、科威特、也门、伊拉克、黎巴嫩、秘鲁、智利	120.00
9	塞尔维亚、阿尔巴尼亚、冰岛、安道尔、法罗群岛、直布罗陀、列支敦士登、摩纳哥、黑山、马其顿、圣马力诺、梵蒂冈、摩尔多瓦、格鲁吉亚	147.50
10	（大洋洲、非洲、美洲）其他国家	176.00

（3）时效

正常情况：16～35天到达目的地；特殊情况：35～60天到达目的地。特殊情况包括节假日、政策调整、偏远地区等。

3.“中国邮政平常小包+”（China Post Ordinary Small Packet Plus）

中国邮政针对订单金额5美元以下、重量2 kg以下小件物品推出的空邮产品，运送范围通达全球76个国家和地区。“中邮平常小包+”和平邮是两种不同的物流服务。平邮不提供任何追踪信息，“平常小包+”是平邮的升级版本，可提供国内段追踪信息，但不提供交航之后的追踪信息。市面上很多货代提供的“平常小包+”服务都是假的，其实是平邮。中国邮政目前只针对可直飞的国家提供了“平常小包+”服务。

（1）运送范围

“中国邮政平常小包+”支持发往全球76个国家及地区。

（2）参考价格

运费根据包裹重量按克计费。30 g及以下的包裹按照30 g的标准计算运费，30 g以上的包裹按照实际重量计算运费。每个单件包裹限重在2 kg以内，免挂号费。

表1-3-3 "中国邮政平常小包+"价格表（价格会随市场波动，仅供参考）

范围/目的地国家/地区列表 Destination			包裹重量为 0~30 g	包裹重量为 30~80 g		包裹重量为 80 g以上	
			首重价格（首重30 g）元（RMB）	首重价格（30 g）元（RMB）	高出30 g的配送服务费（根据包裹重量按克计费）元（RMB）/kg	首重价格（首重30 g）元（RMB）	高出30 g的配送服务费（根据包裹重量按克计费）元（RMB）/kg
美国	United States	US	22.36	22.36	91.46	22.36	91.46
澳大利亚	Australia	AU	9.42	9.42	93.99	9.42	68.76
以色列	Israel	IL	9.51	9.51	101.37	9.51	78.94
瑞典	Sweden	SE	9.32	9.32	73.22	9.32	57.73
加拿大	Canada	CA	9.83	9.83	114.73	9.83	90.10
挪威	Norway	NO	9.90	9.90	106.88	9.90	87.88
瑞士	Switzerland	CH	9.32	9.32	72.90	9.32	55.27
日本	Japan	JP	8.92	8.92	60.71	8.92	48.09
墨西哥	Mexico	MX	7.82	7.82	96.08	7.82	77.60
丹麦	Denmark	DK	9.31	9.31	72.09	9.31	55.27
土耳其	Turkey	TR	8.02	8.02	92.63	8.02	73.32
芬兰	Finland	FI	9.57	9.57	90.27	9.57	74.22
匈牙利	Hungary	HU	7.42	7.42	70.12	7.42	52.36
新西兰	New Zealand	NZ	9.44	9.44	91.20	9.44	77.28
斯洛伐克	Slovakia	SK	7.56	7.56	73.01	7.56	56.20

奥地利	Austria	AT	9.33	9.33	74.69	9.33	55.27
爱沙尼亚	Estonia	EE	8.95	8.95	88.93	8.95	66.60
拉脱维亚	Latvia	LV	9.90	9.90	93.37	9.90	68.32
泰国	Thailand	TH	7.24	7.24	55.49	7.24	36.27
葡萄牙	Portugal	PT	10.62	10.62	115.88	10.62	90.83
爱尔兰	Ireland	IE	9.40	9.40	95.07	9.40	72.51
克罗地亚	Croatia	HR	10.16	10.16	103.98	10.16	79.21
希腊	Greece	GR	9.50	9.50	100.31	9.50	77.48
新加坡	Singapore	SG	7.87	7.87	67.47	7.87	47.28
罗马尼亚	Romania	RO	7.91	7.91	82.47	7.91	63.25
韩国	Korea	KR	7.57	7.57	56.51	7.57	36.32
哥伦比亚	Colombia	CO	7.93	7.93	113.77	7.93	85.17
马来西亚	Malaysia	MY	7.32	7.32	59.15	7.32	39.93
巴基斯坦	Pakistan	PK	10.38	10.38	119.61	10.38	95.75
卢森堡	Luxembourg	LU	10.33	10.33	107.22	10.33	82.30
越南	Vietnam	VN	9.84	9.84	97.54	9.84	73.68
萨尔瓦多	El Salvador	SV	11.65	11.65	177.35	11.65	153.50
吉尔吉斯斯坦	Kyrgyzstan	KG	9.73	9.73	95.03	9.73	71.17
尼加拉瓜	Nicaragua	NI	11.65	11.65	177.35	11.65	153.50
土库曼斯坦	Turkmenistan	TM	9.73	9.73	95.03	9.73	71.17
不丹	Bhutan	BT	9.61	9.61	97.22	9.61	73.36
格陵兰岛	Greenland	GL	14.32	14.32	247.18	14.32	227.18

续表

中文名	英文名	代码					
纳米比亚	Namibia	NA	12.03	12.03	12.03	193.59	169.73
塔吉克斯坦	Tajikistan	TJ	9.73	9.73	9.73	95.03	71.17
斯威士兰	Swaziland	SZ	11.24	11.24	11.24	157.64	133.78
伯利兹	Belize	BZ	11.05	11.05	11.05	149.98	126.12
格林纳达	Grenada	GD	9.39	9.39	9.39	140.57	121.35
瓦努阿图	Vanuatu	VU	11.30	11.30	11.30	163.52	139.66
圣马力诺	San Marino	SM	11.27	11.27	11.27	166.68	142.82
瑙鲁	Nauru	NR	9.64	9.64	9.64	154.12	134.89
海地	Haiti	HT	11.05	11.05	11.05	149.98	126.12
阿富汗	Afghanistan	AF	10.00	10.00	10.00	113.09	89.24
梵蒂冈	The Vatican City State	VA	10.66	10.66	10.66	139.10	115.25
汤加	Tonga	TO	11.30	11.30	11.30	163.52	139.66
基里巴斯	Kiribati	KI	11.30	11.30	11.30	163.52	139.66
圣诞岛	Christmas Island	CX	11.15	11.15	11.15	161.10	137.24
圣赫勒拿	Saint Helena	SH	11.61	11.61	11.61	174.51	150.65
图瓦卢	Tuvalu	TV	11.30	11.30	11.30	163.52	139.66
圣克里斯托弗和尼维斯	Saint Kitts and Nevis	KN	9.39	9.39	9.39	140.57	121.35
东帝汶	Timor-leste	TP	10.73	10.73	10.73	144.73	120.87
安圭拉岛（英）	Anguilla	AI	10.12	10.12	10.12	176.13	156.90
百慕大群岛（英）	Bermuda	BM	10.12	10.12	10.12	176.13	156.90
科科斯岛	Cocos（Keeling）Islands	CC	11.15	11.15	11.15	161.10	137.24

中文名称	英文名称	代码				
科克群岛（新）	Cook Islands	CK	8.32	8.32	104.33	8.32	85.10
多米尼克国	Dominica	DM	12.05	12.05	265.04	12.05	235.04
法罗群岛（丹）	Faroe Islands	FO	12.13	12.13	205.78	12.13	181.92
法属波利尼西亚	French Polynesia	PF	11.95	11.95	188.96	11.95	165.10
直布罗陀（英）	Gibraltar	GI	9.73	9.73	162.59	9.73	143.36
蒙特塞拉特岛（英）	Montserrat	MS	10.12	10.12	176.13	10.12	156.90
荷属安的列斯群岛	Netherlands Antilles	AN	10.41	10.41	141.90	10.41	119.23
新喀里多尼亚群岛（法）	New Caledonia	NC	11.61	11.61	177.56	11.61	153.70
诺福克岛（澳）	Norfolk Island	NF	10.83	10.83	142.33	10.83	118.47
圣卢西亚	Saint Lucia	LC	9.39	9.39	140.57	9.39	121.35
圣皮埃尔岛及密克隆岛	Saint Pierre and Miquelon	PM	11.69	11.69	186.30	11.69	162.44
圣文森特岛（英）	Saint Vincent and the Grenadines	VC	8.40	8.40	99.62	8.40	80.40
圣多美和普林西比	Sao Tome and Principe	ST	11.06	11.06	147.09	11.06	123.23
巴哈马国	The Commonwealth of The Bahamas	BS	9.39	9.39	140.57	9.39	121.35
特克斯和凯科斯群岛（英）	Turks and Caicos Islands	TC	8.40	8.40	99.62	8.40	80.40
瓦里斯和富士那群岛（法）	Wallis And Futuna	WF	10.84	10.84	142.78	10.84	118.92
皮特凯恩群岛（英）	Pitcairn Islands	PN	8.56	8.56	104.98	8.56	85.76
阿森松岛（英）	Ascension Island	ASC	11.61	11.61	174.51	11.61	150.65

（3）时效

正常情况16~35天到达目的地;特殊情况35~60天到达目的地,特殊情况包括节假日、政策调整、偏远地区等。

4. E 邮宝(ePacket)

E 邮宝是中国邮政速递物流为适应跨境电商轻小件物品寄递市场需要推出的经济型国际速递业务,通过与境外邮政和电商平台合作,为中国跨境电商客户提供方便快捷、时效稳定、价格优惠、全程查询的寄递服务。

E 邮宝运费一般比挂号小包便宜,比平邮贵,时效和挂号小包差不多,货物轨迹信息详尽接近于快递,带妥投信息,丢件无赔偿。适合节省运费的卖家。

（1）运送范围

支持发往美国、英国、澳大利亚、加拿大、法国、俄罗斯、挪威、德国、巴西、韩国、马来西亚、新加坡、新西兰、意大利、卢森堡、荷兰、波兰、瑞典、土耳其、匈牙利、丹麦、瑞士、比利时、奥地利、芬兰、爱尔兰、葡萄牙、墨西哥、西班牙、希腊、日本、中国香港特别行政区等34个国家和地区。

（2）参考价格

运费根据包裹重量按克计费,美国、俄罗斯其中50 g,乌克兰起重10 g,其他路向起重1 g,每个单件包裹限重在2 kg以内。部分国家 E 邮宝价格如表1-3-4所示。

表1-3-4　部分国家 E 邮宝价格(价格会随市场波动,仅供参考)

国家/地区列表			起重	重量资费	操作处理费
			单位(g)	元(RMB)/kg * 每1 g 计重,限重2 kg	元(RMB)/包裹
United States	US	美国	50	95.00	25.00
Russian Federation	RU	俄罗斯	50	70.00	17.00
Ukraine	UA	乌克兰	10	75.00	8.00
Canada	CA	加拿大	1	90.00	19.00
Australia	AU	澳大利亚	1	65.00	19.00
Norway	NO	挪威	1	80.00	19.00
Saudi Arabia	SA	沙特阿拉伯	1	50.00	26.00

（3）时效

正常情况7~10个工作日到达目的地,俄罗斯、乌克兰、沙特7~15个工作日;特殊情况15~20个工作日到达目的地,特殊情况包括生产旺季、节假日、政策调整、偏远地区等。

5. E 特快(e-EMS)

邮政速递物流为满足跨境电商中价值较高的物品寄递而推出的优先型国际速递业务,

单件重量根据寄达地区不同最高可达 30 kg,计费首重及续重以 50 g 为单位计价,寄递时限更短,信息反馈更完整,目前已通达 106 个国家和地区。

E 特快与 EMS 的相同之处:①采用 EMS 相同的运输方式转运货物,可在 EMS 网上全程详细跟踪。②有异常时,可像 EMS 一样做书面查询。

与 E 邮宝的相同之处:①与电商平台或电商卖家系统对接,客户在线打印详情单,提交揽收信息,或上门自送。②采取 50 g 起续重的计费模式,符合电商产品的特点,有效降低卖家的物流成本,提高产品的市场竞争力。

（1）时效

E 特快各国家/地区时效如表 1-3-5 所示。

表 1-3-5　E 特快各国家/地区时效

国家/地区	东南亚	美国、加拿大、墨西哥	澳大利亚、新西兰	欧洲	中东	南美	非洲
时效(天)	3~6	6~12	6~12	7~12	10~18	10~18	10~18

（2）计费方式

①首重及续重是以 50 g 为单位计价;

②单票最重不能超过 30 kg,最长边不超过 1.5 m,最长边及周长合计不超过 3 m;

③计重方式:邮件体积重量大于实际重量的按体积重量计收资费。体积重量计算办法:邮件任一单边长度超过 60 cm 时开始计泡,长(cm)×宽(cm)×高(cm)/6 000。

6. EMS(Express Mail Service)

中国邮政的特快专递服务。服务网络覆盖世界 210 个国家和地区,在海外通过各国邮政网络进行通关派送,无偏远地区附加费。

（1）参考价格

按起重 500 g、续重 500 g 计费,无燃油附加费。EMS 各国资费如表 1-3-6 所示。

表 1-3-6　EMS 各国资费表(价格会随市场波动,仅供参考)

资费区	国际及中国台港澳特快专递邮件(EMS)通达国家和地区	首重 500 g 及以内	续重 每 500 g
一区	中国澳门、中国台湾、中国香港	72	13
二区	日本	67	14
二区	朝鲜、韩国	72	16
三区	菲律宾、柬埔寨、马来西亚、蒙古、泰国、新加坡、印度尼西亚、越南	76	17
四区	澳大利亚、巴布亚新几内亚、新西兰	92	23
五区	美国	95	29.5

续表

资费区	国际及中国台港澳特快专递邮件（EMS）通达国家和地区	首重 500 g 及以内	续重 每500 g
六区	爱尔兰、奥地利、比利时、丹麦、德国、法国、芬兰、加拿大、卢森堡、马耳他、挪威、葡萄牙、瑞典、瑞士、西班牙、希腊、意大利、英国	110	28.5
七区	巴基斯坦、老挝、孟加拉国、尼泊尔、斯里兰卡、土耳其、印度	131	38
八区	阿根廷、阿联酋、巴拿马、巴西、白俄罗斯、波兰、俄罗斯、哥伦比亚、古巴、圭亚那、捷克、秘鲁、墨西哥、乌克兰、匈牙利、以色列、约旦	131	45.5
九区	阿曼、埃及、埃塞俄比亚、爱沙尼亚、巴林、保加利亚、博茨瓦纳、布基纳法索、刚果（布）、刚果（金）、哈萨克斯坦、吉布提、几内亚、加纳、加蓬、卡塔尔、开曼群岛、科特迪瓦、科威特、克罗地亚、肯尼亚、拉脱维亚、卢旺达、罗马尼亚、马达加斯加、马里、摩洛哥、莫桑比克、尼日尔、尼日利亚、塞内加尔、塞浦路斯、沙特阿拉伯、突尼斯、乌干达、叙利亚、伊朗、乍得、南非	173	45.5

（2）尺寸和重量限制

尺寸：EMS 寄送单个包裹长、宽、高任一边必须小于 1.5 m，最长边及周长合计不超过 3 m；

重量：单个包裹的计费重量不得超过 30 kg。

（3）EMS 计费重计算方式

包裹单边小于 60 cm，不算体积重，计费重＝实际重量；包裹单边大于等于 60 cm，包裹计抛，体积重＝长×宽×高/6 000。体积重和实际重量大的为计费重。

二、商业快递

国际商业快递主要是指 UPS、FedEx、DHL 等（TNT 已被 FedEx 收购，四大快递变三大快递），国内的一些快递巨头也开始涉及国际快递业务，如顺丰、德邦等。此外，中国邮政 EMS 通常也被归为商业快递类。

商业快递相较于其他物流渠道，最大的优势是时效快。国际三大商业快递巨头均有自己的机队、机场和地面运输车队，从取件到收件都由本公司操作，安全又高效。优秀的时效在跨境电商交易中能够大大缩短卖家在外贸平台上的回款周期。但价格昂贵是硬伤，卖家比较合理的物流设置方式是将国际小包与商业快递结合使用。跨境物流在包邮的设置上基本都是使用邮政小包，商业快递则设置成对客户收费的项目，让买家额外付费就可以使用更好的服务，对那些有时效要求的买家有一定的吸引力。

优势：速度快、服务好、丢包率低，尤其是发往欧美发达国家非常方便。比如，使用 UPS 从中国寄包裹送到美国，最快可在 48 小时内到达，DHL 发送欧洲一般 3 个工作日可到达；20 kg 以上的货物价格较有竞争力，货物全程由同一公司运输及派送，安全又高效。

劣势:价格贵,除运费外还有燃油费、偏远费等其他附加费,还需考虑体积重,资费变化较大;与邮政渠道相比,清关能力较差,对运输货物的品类要求严格,限制较多。

1. UPS(United Parcel Service,Inc)

美国联合包裹运送服务公司,成立于1907年,总部设于美国佐治亚州亚特兰大市,是全球领先的物流企业,提供包裹和货物运输、国际贸易便利化、先进技术部署等多种旨在提高全球业务管理效率的解决方案。UPS业务网点遍布全球220多个国家和地区,拥有49.5万名员工。2019年UPS营业额达到740亿美元,在北美地区有较大的优势。

2. DHL

DHL国际快递是德国邮政旗下的著名国际快递公司。目前可从中国大陆或香港寄达全球220个国家和地区,向企业及私人用户提供专递及全球速递服务。DHL提供文件、包裹、特殊物品的国际快递门到门服务。在国内,DHL和中外运于1986年合资注册成立中外运敦豪DHL进行运营,DHL在欧洲、非洲、中东有优势,清关能力强,派送服务好。

3. FedEx

联邦快递(FedEx)是全球最具规模的快递运输公司之一,提供隔夜快递、地面快递、重型货物运送、文件复印及物流服务,总部设于美国田纳西州孟菲斯,隶属于美国联邦快递集团(FedEx Corp)。2016年FedEx以44亿欧元收购荷兰TNT快递。FedEx在东南亚和北美有一定的优势,服务和时效都不错。

◎ **想一想**

除了以上提及的国际物流运输公司,还有哪些商业快递可以作为国际物流运输的选择?

UPS国际快递运输服务

DHL国际速递业务

FedEx国际货物运输服务

三、专线物流

跨境专线物流一般是通过航空公司包舱方式将货物运输到国外,再通过合作公司进行目的地国国内的派送,是比较受欢迎的一种物流方式。国内一些有能力的货代公司都会开发自己的专线物流产品,目前业内使用最普遍的物流专线包括美国专线、欧洲专线、澳大利亚专线、俄罗斯专线等。专线物流不仅仅只有小包裹服务,也能提供大件货物到海外仓的头程运输服务。

总体来说,专线物流时效性比邮政物流渠道好,比商业快递差。价格也介于邮政物流渠道和商业快递之间。

优势:集中大批量货物发往目的地,通过规模效应降低成本,因此,价格比商业快递低,速度快于邮政小包,丢包率也比较低。

劣势:相比邮政小包来说,运费相对较高。在国内的货件揽收范围相对有限,覆盖地区有待扩大。受航空公司运力和运费影响较大,时效稳定性不足。

四、海外仓

海外仓储服务是指跨境电商交易平台、物流服务商,独立或共同为卖家在销售目标地提供的货品仓储、分拣、包装、派送的一站式控制与管理服务。卖家将货物存储到当地仓库,当买家有需求时,第一时间做出快速响应,及时进行货物的分拣、包装以及递送。整个流程包括头程运输、仓储管理和本地配送三个部分。海外仓是近几年迅速崛起的跨境物流新模式,一跃成为业内推崇的物流模式。

优势:对客户来说相当于购物发生在本土,到货速度快,发货周期短。并且可以提供灵活可靠的退换货方案,提高了海外客户的购买信心;降低了跨境物流交易缺陷率,避免了直邮的旺季排仓、爆仓等情况。

劣势:对选品要求高,一旦选品不对造成滞销就特别难处理;库存仓储费用不便宜,从货物到达海外仓起就产生仓储费用(一些仓库会提供30~60天的免租期),资金回流周期长;货物在海外可控性差,对仓储服务商的运营能力要求高,货物一旦被查被扣对卖家影响巨大;对卖家在供应链管理、库存管控、动销管理等方面提出了更高的要求。

海外仓又分为跨境电商平台官方海外仓、第三方海外仓和自建海外仓三大类,各类有不同的优劣势。

1.跨境电商平台官方海外仓

其是指亚马逊、速卖通等跨境电商平台自营的仓库,卖家按平台要求将货物发往平台指定地址。由境外官方仓库负责对货物进行转运、存储和发货等操作。

(1)亚马逊FBA

全称为Fulfillment By Amazon,是指卖家将商品批量发送至亚马逊物流运营中心,由亚马逊负责帮助卖家存储,当商品售出后,由亚马逊完成订单分拣、包装和配送,并为这些订单提供买家咨询、退货退款等客户服务。最重要的是,亚马逊会对FBA商品提供平台额外的流量支持,买家也更喜欢购买由官方物流配送的商品。

目前亚马逊FBA业务遍布亚马逊14大海外站点,175个运营中心,支持配送至全球185个国家和地区。

(2)菜鸟官方海外仓

阿里巴巴集团旗下全球速卖通及菜鸟网络联合海外优势仓储资源及本地配送资源共同推出的物流服务,为速卖通商家提供海外仓储管理、仓发、本地配送、售后赔付的物流解决方案。

2. 第三方海外仓

由跨境电商平台官方外的第三方企业建设的海外仓库。最新统计数据显示,我国海外仓数量已超过 1 800 个,成为支撑跨境电商发展、拓展国际市场的新型外贸基础设施。第三方海外仓跟亚马逊 FBA 的主要差别如下:

(1)选择范围的差异

亚马逊 FBA 仓库对所选产品的尺寸、重量和品类有一定的限制,适合体积小、利润高、质量好的产品;第三方海外仓比 FBA 仓的选择范围更广,且适用于体积和重量较大的产品。

(2)头程服务的差异

亚马逊 FBA 仓库不会向卖方提供首次清关服务;第三方海外仓储服务商则会为卖家提供通关服务,甚至包括纳税和送货到仓库的一站式服务。

(3)产品入库前要求的差异

亚马逊的 FBA 仓库有严格的仓储要求。卖方须在装运前附上外箱标签和产品标签。若外箱或产品标签损坏,卖家需在进入 FBA 仓库前进行整理。亚马逊不提供产品组装服务;第三方海外仓库的仓储要求没有亚马逊 FBA 仓库严格。

(4)入库后产品分布差异

默认情况下,亚马逊的仓储是分布式的,卖家的产品经常被分配到不同的仓库进行混合存储;第三方海外仓库一般将同一卖家的货物放在同一仓库集中管理。

3. 自建海外仓

自建海外仓是企业利用自有资金和资源,在海外选址购买或租用建设的仓库。自建海外仓库最大优势是运营的灵活性,公司可以自行控制仓库的运行。但自建海外仓库的风险和成本会更高,涉及的海关、法律、税务等问题也会更复杂。此外,如果产品销售量小,则很难获得成本优势。

三种方式的海外仓具有共同特点:

①需要卖家批量发货并提前备货到海外;

②可以缩短当地订单的配送时间;

③可以为买家提供退换货服务;

④每月都需缴纳仓租费、物流费用和其他费用。

◎ 想一想

三种海外仓的收费方式以及处理模式不同,作为一个新手卖家应选择哪种模式? 为什么?

◎ **任务实施**

【任务要求】

作为跨境电商经营者,需要了解各种跨境物流的特点、运输方式、价格等因素,才能根据不同货物运输需求,找到合适的运输方案。根据引导问题逐步学习、研讨,使用网络搜索等方式,最终以 PPT 形式分组汇报实训成果。

【任务分组】

同学自由分组,4~6 人为一组。

表 1-3-7 学生任务分配表

班 级		组 号		指导老师	
组 长		学 号			
组 员	姓 名	学 号	姓 名	学 号	
任务分工					

【任务计划与实施】

引导问题 1:请罗列不同的国际物流运输方式,详细对比其安全性、可跟踪性、费用、时长等。(不仅限于教材中所提及的国际物流方式)

物流方式				
安全性、可跟踪性				
时效性				
价格/成本				
服务(尺寸、保质期、通关便利性等)				
优点				
缺点				

引导问题 2:了解与分析不同国际物流运输方式后,请您为以下的包裹寻找一个合适的

出口物流运输方式,比对各运输方式的时效、运费、服务等。

包裹信息:

起始地:四川成都锦江区东大街　　　　邮编:610021

目的地:Regent Road,Edinburgh,UK　　邮编:EH1 3DG

重量:5 kg　　　物品类型:手套　　　体积:长 120 cm×宽 80 cm×高 80 cm

期望运输时间:客户下单后 20 个自然日之内收件

引导问题 3:利用网络搜索功能,了解海外仓的功能、运作模式等。

1.海外仓的功能及运作流程(运作流程可画思维图/流程图):

2.海外仓的优缺点:

3.为什么有企业选择海外仓?

4.什么货物适合发海外仓?

5.做海外仓需要注意的问题有哪些?

引导问题4：比较分析跨境电商平台官方海外仓、第三方海外仓、自建海外仓各自的优缺点。

◎ 课程思政

　　跨境电商有望带动中国品牌和物流出海，跨境物流步入规模化成长。海外仓已经成为跨境电商全球采购、全球销售以及第三方物流企业提升服务质量、获取市场竞争优势的重要抓手。回顾本节知识点讲解，并阅读文章内容《海外仓，打通跨境物流"最后一公里"》，思考回答以下问题。

跨境物流"最后一公里"

【思政考核】

　　要求：请根据以下选项，选出正确的答案。

　　1.（简答题）中国已完成区域全面经济伙伴关系协定（RCEP）的核准，成为率先批准协定的国家。对全球贸易和世界经济复苏具有重要意义。跨境电商物流可将商品向世界其他国家和地区供货，结合学习内容，简述各种跨境出口渠道，如何促进自由贸易。

　　2.（多选题）海外仓的国际物流方案提供了哪些服务？（　　　）

　　　A.出口退税　　　B.代理进口报关　　　C.海外仓储　　　D.本地物流发货

　　3.（简答题）中国企业使用海外仓跨境物流方式运输，给企业带来了哪些实质性的便利？

◎ 考核评价

　　根据考核内容，学生完成自我小结并进行自评打分，教师根据学生活动情况进行点评并完成教师打分，最后按自评分×40％＋教师评分×60％计算得分。

表 1-3-8 考核评价表

项目一	任务三 跨境出口物流分类				
班 级		团 队		姓 名	
评价类别	考核内容	分 数	自 评	教师评分	
知识素养	了解各种跨境物流的特点	10			
	认知不同跨境物流运输方式、计费方式等	10			
	懂得根据货物运输情况配置跨境运输方式	10			
	了解海外仓的功能及特点	10			
职业技能	懂得各种跨境物流运输的优势、劣势	15			
	懂得根据货物运输情况配置跨境运输方式	15			
	学会分析海外仓的优劣势,懂得结合经营情况选择海外仓	15			
职业素养	具有团队合作精神,小组能够协调分工完成任务	5			
	具有创新意识、创新精神,能够在海外仓管理中提出自己的观点	5			
	具备资源整合能力,能够借助外部资源,借鉴相关案例经验熟悉跨境出口物流的分类	5			
小 计		100			
合计＝自评分×40％＋教师评分×60％					

任务四　跨境进口物流模式

在中国市场上,消费者买到的进口商品一般有五个渠道进入中国:一般贸易进口、保税进口、海外直邮、海淘转运和代购。一般贸易进口的商品由贸易公司通过一般贸易批量进口回国,再层层代理、分销加价,加上实体店运营费用和税费,商品最终售价很高。一般贸易进口的商品流通环节越多,最终到达消费者的成本就会越高。有三个主要因素在抬价:①国内层层代理的利润;②实体店运营费用;③按照一般贸易规定需缴纳的税费。

跨境进口物流随着跨境进口电商的发展而生,根据购买海外商品的渠道,跨境进口物流主要分为:保税进口、海外直邮和海淘转运三种模式。

◎ **知识点**

一、保税进口模式

保税进口模式指跨境电商网站可以将尚未销售的货物整批运至国内保税物流中心,采用跨境电商模式报关报检,再进行网上的零售。消费者在电商平台上下单付款后,电商平台将相应的订单、支付单、物流单等数据发送到海关系统进行申报,海关放行后保税仓根据订单将商品打包并由国内快递送达收件人。

卖一件,清关一件,没卖掉的不能出保税监管仓,但也无需报关。卖不掉的商品还可直接退回国外供应商(前提是对方接受退货)。

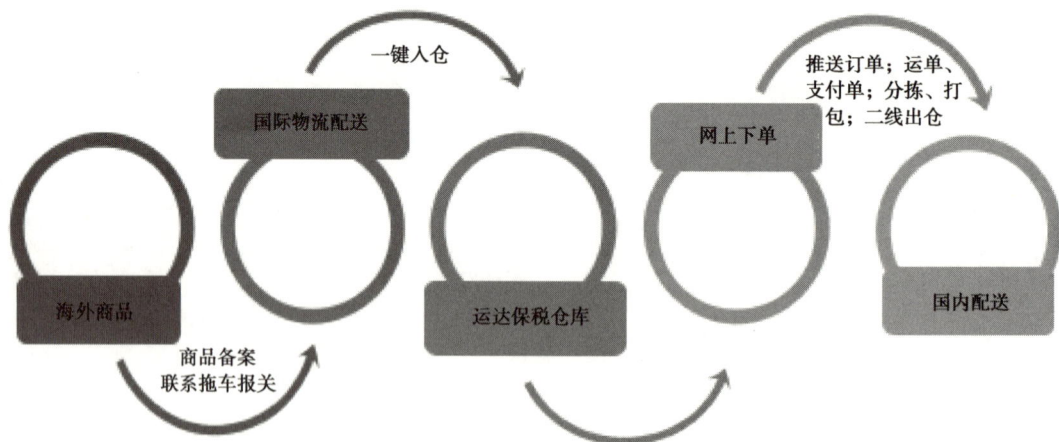

图 1-4-1　保税仓模式物流流程图

2013年起,保税跨境电商试点在上海、杭州、宁波等各大城市迅速展开。目前很多跨境电商公司都是将进口货品先囤在进口口岸的保税区中,等消费者下单后,再直接从保税区发给消费者。

1. 保税模式的优点

①从下单到收货的物流时间短,与国内的传统电商差不多,通常三至五日即可完成商品配送;

②集中采购能够大幅降低商品的采购成本和物流成本,能够为进口企业带来更高的利润和更具竞争力的价格;

③商品质量有保证,退换货较之于其他模式的跨境电商也更便捷;

④明确了电商企业"清单核放、汇总申报"的报关模式。电商企业先按照清单通关,海关通关系统会定期汇总清单形成报关单进行申报,避免了传统通关中每批货物通关都要走一遍完整流程的窘境。

2. 保税模式的缺点

①对选品要求高,保税仓的规模是有限的,对商家来说,货进多了怕滞销,货进少了怕缺货;

②保税备货模式对单一商品进货量有一定的要求,无法灵活地根据市场动态做出细节调整,对于新兴类目和冷门商品覆盖率较低;

③相较于直邮模式,保税仓备货会占用企业资金,仓储也会产生成本,因此对资金要求相对较高;

④跨境电商行业相关政策变化快,对于商家来说政策的影响有时候是很大的。

国内主要进口电商的物流模式及保税仓布局如表 1-4-1 所示。

表 1-4-1　国内主要进口电商的物流模式及保税仓布局

公　司	通关物流模式	保税仓储布局
天猫国际	以保税进口为主,海外直邮为辅	上海、广州、郑州、杭州、宁波 5 个试点城市保税区已经和天猫国际达成合作,菜鸟物流打通直邮、集货、保税三种模式,开通了中美、中德、中澳、中日和中韩 5 条进口专线
苏宁国际	以保税进口为主,海外直邮为辅	苏宁物流已获得国际快递牌照,杭州、广州保税仓已投入运作,后续将完成共 8 个保税仓的建设
京东国际	保税进口+海外直邮	跨国干线物流与 DHL 合作,并在杭州、广州、宁波建立保税仓,京东自建物流专注最后一公里
聚美优品	保税进口	已在郑州布局 4 万平方米保税仓
唯品国际	以海外直邮为主,保税进口逐步发展	在郑州设有保税仓初步开展保税进口业务
蜜芽	保税进口+海外直邮	入驻重庆保税区、郑州保税区
洋码头	保税进口+海外直邮,自建跨境物流体系贝海国际	贝海国际在美国拥有 3 个集货站,在国内 6 个试点城市建立保税仓,境内与 EMS 合作完成最后一公里

◎ 知识加油站

过去一年,全球疫情下出境游熔断,进口消费加速线上化。率先从疫情中恢复的中国作为 2020 年全球唯一实现正增长的主要经济体,成为海外品牌积极寻求增长的主阵地。数据显示,2020 年天猫国际进口新品首发数量同比增长 130%,海外新品牌入驻同比增速达 125%。

天猫国际力推
保税进口+零
售加工模式

为助力更多中小品牌抓住中国进口市场机遇的同时,进一步为海外品牌降本提效,满足国内市场需求,天猫国际将在全国推行"保税进口+零售加工"的大进口新模式,在杭州、海口等全国 6 大综保区打造"新产业带"项目。请扫码查看详情。

二、海外直邮

直邮模式是国内消费者下单后,货物直接空运至中国境内,由商业快递或邮政公司等进行清关,然后直接配送到消费者手中。直邮模式流程一般为,用户下单—国外采购—快递发货—国内海关—清关—国内配送。

海外直邮的优势:

①对卖家来说发货十分灵活,一件即可发货,不需要备货,对资金占用比较少;

②对买家来说中间环节较少,购物环节透明、可追踪,商品价格相对便宜。

海外直邮的劣势:

①相对转运模式来说物流速度更快,但往往也需要 7 ~ 30 天不等的时间,且运费比较高;

②支持跨境直邮服务的境外购物网站仍比较少;

③普通消费者缺乏甄别产品真伪的能力和来源渠道,存在一定的购物风险。

1. 商业快递直邮

即承运人是 FedEx、UPS、DHL 等大商业快递公司。商业快递公司直邮流程如图 1-4-2 所示。

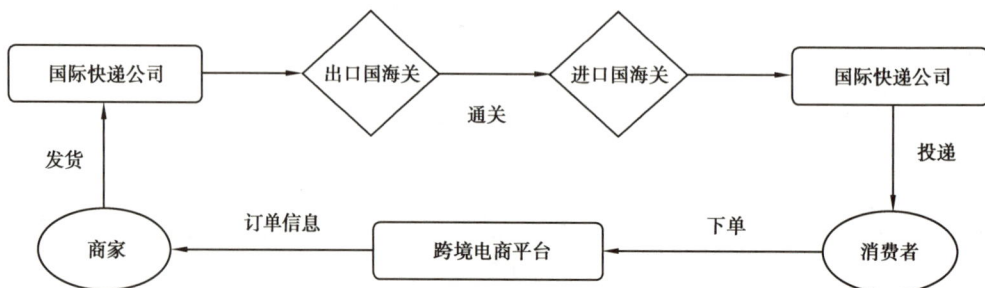

图 1-4-2 商业快递公司直邮流程

（1）商业快递直邮优势

①安全性。全球网络下的时效性和配送环节的安全性是商业快递公司的核心竞争力。从国外到国内全程由商业快递公司自行配送，服务质量有保障。

②清关速度快。报关时，商业快递公司往往自行报关，并与海关实现数据对接。

（2）商业快递直邮劣势

价格贵、海关抽检率较高。

2. 邮政渠道直邮

通过万国邮联渠道（UPU框架）合作运输，国内外的承运人都必须是万国邮联的成员，国外承运人包括美国邮政、英国皇家邮政等，国内承运人为中国邮政。

（1）邮政渠道直邮优势

万国邮联走邮政清关途径，批量报关，缩短了清关时间。

包裹的抽检率也要低于其他方式。

（2）邮政渠道直邮劣势

物流时效性不高。

◎ 知识加油站

海外直邮和保税区发货的区别

海外直邮是从海外直接代顾客采购，是从海外直接发货，通过快递发货、清关、入境的消费形式，按购买者的采购清单进行单独采购和配送，可保证货品新鲜，不存在积压！直邮的物流时间一般较长（2~4周）。那么海外直邮和保税区发货的区别呢？请扫描二维码进行阅读。

海外直邮和保税区发货的区别

三、海外淘转运

并不是所有海外购物网站都能直接发货到中国，有的时候国内消费者在购物前要先注册一家转运公司账号，下单时先将货物送到转运公司的收件地址，然后由转运公司负责集中将货物发至中国境内进行清关，再交由国内的快递配送公司负责配送。

转运公司参与的原因主要有两个：境外电商网站不提供直邮服务或直邮费用过高。转运是比较主流的海淘物流方式，但消费者无法甄别转运公司好坏，且很多转运公司会灰色通关导致一些清关风险。对那些希望便捷且合法的普通消费者来说，转运模式过于复杂且存在一定法律风险。

转运公司的主要运作模式如下：选取合适的地点租用房间做仓库；建立网站，搭建IT系统，为每个注册用户分配一个唯一的名字，用来收取和管理货物；签约合适的中外货运公司发货回国。转运公司的收益主要源自于用户支付的运费与批量输运成本之间的差价。转运公司一般按照重量收费，有若干线路回国，如天津口岸、重庆口岸、上海口岸、港澳口岸等。跨境购物转运物流模式流程如图1-4-3所示。

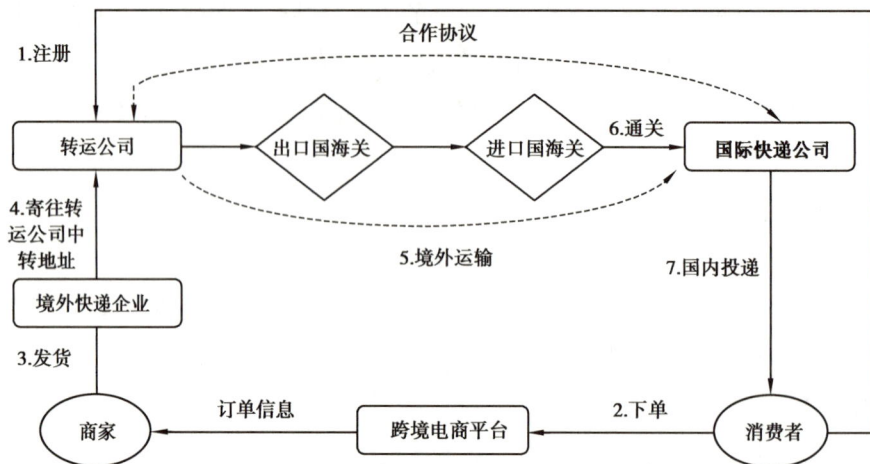

图 1-4-3　跨境购物转运物流模式流程图

总的说来,随着跨境电商的发展,转运模式规模不会太大,比较适合有一定海淘经验且具有个性化需求的买家。

◎ 知识加油站

跨境电商平台应该怎样退换货呢?

生活中,不少人都会通过不同的电商平台进行购买商品,并且也会有退货的经历。直邮模式比如亚马逊、天猫国际等,保税仓库例如京东商城环球采购、跨境平台卖家等,还有海淘转运,例如牛毛。那么跨境电商平台怎样退换货呢?

请扫描二维码阅读详情。

跨境购物退换货方式

◎ 任务实施

【任务要求】

随着经济的发展,人们对跨境电商的购物需求也越来越大。请同学们列举我们身边的跨境电子商务平台,分析平台的物流运营模式。根据引导问题逐步学习、研讨,使用网络市场调研等方式,最终以PPT形式分组汇报实训成果。

【任务分组】

同学自由分组,4~6人为一组。

表1-4-2　学生任务分配表

班　级		组　号		指导老师	
组　长		学　号			
组　员	姓　名	学　号	姓　名	学　号	
任务分工					

【任务计划与实施】

引导问题1：跨境进口的渠道有哪些？

引导问题2：跨境进口物流的模式包括哪几种？

引导问题3：保税进口模式的优缺点有哪些？

引导问题4：对比跨境进口电商的保税模式和直邮模式，必不可缺的角色是什么？它们发挥了什么作用？

◎ **课程思政**

近年来，中国成为全球跨境电商发展最快的市场。习近平总书记在第三届中国国际进口博览会上强调："中国将推动跨境电商等新业态新模式加快发展，培育外贸新动能。"

请阅读并熟知关于跨境电商零售进口发展历程与跨境电商网购保税进口及特殊区域出口监管模式概览。请扫描二维码阅读详情。

跨境电商零售
进口发展历程
与跨境电商网
购保税进口及
特殊区域出口
监管模式概览

【思政考核】

要求：请根据以下选项，选出正确的答案。

1.（单选题）2020年，通过海关跨境电子商务管理平台在零售进口中网购保税进口占比逾（　　　）。

    A. 2成　　　　　　　B. 4成　　　　　　　C. 6成　　　　　　　D. 8成

2.（多选题）作为新兴业态的跨境电商，海关的监管理念是什么？（　　　）

    A. 创新　　　　　　　B. 包容　　　　　　　C. 审慎　　　　　　　D. 协同

3.（多选题）跨境电商零售进口从试点探索到成熟发展，大致可分为（　　　）。

    A. 试点探索阶段　　　B. 磨合过渡阶段　　　C. 全面发展阶段　　　D. 成熟阶段

4.(多选题)网购保税进口主要有以下哪些环节?(　　　)

A. 跨境电商商品通过国际物流批量运输至境内

B. 办结一线进境通关手续后,进入区域(中心)专用仓库仓储备货

C. 境内消费者在电商平台下单购买区域(中心)内网购保税商品

D. 相关企业分别向海关传输交易、支付、物流等电子信息,申报《申报清单》

E. 海关通过跨境电商进口统一版系统审核《申报清单》

F. 《申报清单》放行后,仓储企业根据订单分拣打包,办理出区域(中心)手续由国内物流送递境内消费者

◎ 考核评价

根据考核内容,学生完成自我小结并进行自评打分,教师根据学生活动情况进行点评并完成教师打分,最后按自评分×40%＋教师评分×60%计算得分。

表1-4-3　考核评价表

项目一	任务四　跨境进口物流模式				
班　级		团　队		姓　名	
评价类别	考核内容		分　数	自　评	教师评
知识素养	认知跨境电子商务的基本概念		10		
	了解跨境进口的渠道模式		10		
	了解跨境进口物流的模式		10		
	了解跨境进口物流各模式的优劣势		10		
职业技能	掌握跨境进口的渠道模式		15		
	熟悉跨境进口物流的模式		15		
	掌握跨境进口物流各模式的优劣势		15		
职业素养	具有团队合作精神,小组能够协调分工完成任务		5		
	具有创新意识、创新精神,能够在海外仓管理中提出自己的观点		5		
	具备资源整合能力,能够借助外部资源,借鉴相关案例经验熟悉跨境进口物流模式的新知识		5		
小　计			100		
合计＝自评分×40%＋教师评分×60%					

项目二　跨境出口物流操作

◎ 情境导入

"海淘"成为电商大促中的热门品类。在国人采购海外商品的同时,"中国质造"也被越来越多的海外消费者喜爱,商品的国际流通将由跨境物流运输送到全球客户手中。本模块以跨境出口物流操作为主要导向,带领大家了解出口物流运输类型、跨境电商平台出口实战操作以及出口海关清关报税等。

◎ 学习目标

通过本模块的学习,应达到的具体目标如下:

1. 知识目标

(1)学习不同物流平台、运输规则及运费计算方式,能比较不同物流企业的优势劣势;

(2)理解各跨境物流平台的创新物流模式,如无忧物流等模式的含义、特点和操作流程等;

(3)认知跨境电商平台商品发货操作流程,如速卖通、亚马逊平台的订单发货流程。

2. 职业能力要求

(1)能根据买卖双方的运输需求,借助不同物流平台的运输方式、规则制定符合需求的物流运输方案;

(2)能以亚马逊平台、速卖通平台等物流渠道作为跨境物流运输方式,并掌握在其平台上建立不同需求类型的运费模板。

3. 素质目标

(1)具有团队合作精神和协作能力,小组成员能根据引导问题,协调分工完成任务;

(2)具备跨境电商平台商品发货操作能力。

任务一　物流方式比较与选择

◎知识点

一、物流方式的比较

采用何种物流方式将商品发往国外实质上是由多种因素共同决定的,物流成本和物流时效的综合考量决定了采用的物流方式,具体需要考虑的因素如下:

①商品是订单直发客户或海外仓备货;

②商品数量、重量和体积;

③商品价值、利润率和市场销售行情;

④商品库存周转率及商品的备货期(产品生产周期+运输时长);

⑤物流成本和海外仓储成本;

⑥物流时效(含清关时效)及稳定性;

⑦目的国地理位置和海关税收要求等。

不同的跨境零售场景也决定了不同的运输方式,以下用表格的形式对比邮政小包、专线物流、商业快递、空运、海运和铁运等跨境物流方式以及它们适用的商业场景:

表 2-1-1　跨境出口物流方式对照表

物流方式分类	邮政小包	专线物流	商业快递	空　运	海　运	铁　运
重量限制	2 kg 以内	大部分30 kg 以内	单票不超过 100 kg	适合重量超过 100 kg 的货物	一般要求要 1 cbm 起运	一般有最低重量要求
体积限制	单边长度≤60 cm;长+宽+高≤90 cm;轴状:直径×2+长≤104 cm;单边长度≤90 cm。	各国有异	超出一定限制有额外费用	重量和尺寸没有严格限制	一般无	一般无

续表

物流方式分类	邮政小包	专线物流	商业快递	空运	海运	铁运
计费方式	按实际重量(部分国家有首重要求)	按克计费结合实重和体积重取大值(部分国家有首重要求)	20 kg以下是首重500 g/续重500 g方式计费,20 kg以上采取每千克计费,实重和体积重取大值为计费重	实重和体积重取大值为计费重	实重和体积重取大值为计费重	实重和体积重取大值为计费重
体积重计算方式	—	各渠道计算方式不同	长×宽×高(cm)/5 000=体积重量	长×宽×高(cm)/6 000=体积重量	各渠道计算方式不同	各渠道计算方式不同
燃油附加费	无	无	有	无	无	无
其他附加费	挂号费(平邮无挂号费)	挂号费	偏远地址费等	单独报关费等	订舱费、装卸费等	单独报关费等
运输时效	7~30个工作日	5~15个工作日	3~10个工作日	7~15个工作日	20~45个工作日	10~25个工作日
服务商	中国邮政或货代	货代	商业快递公司或货代	航空公司或货代	货代	铁路公司或货代
支持运输国家	多	少	多	多	少	少
适用产品类型	商品价值低,时效要求不高,对物流成本敏感的轻小件	商品价值低,对时效要求不高的货物	价值较高或时效要求高的货物	价值较高、对转运时间有要求、需要出口退税等的货物	时间要求不紧急的重货	时间要求不紧急的重货
适用跨境零售情景	直发客户的订单	直发客户的订单	直发订单和海外仓备货	海外仓备货的头程	海外仓备货的头程	欧亚海外仓备货的头程

二、物流方式的选择

1. 邮政小包

邮政小包是跨境电商使用最广的物流产品。物流价格相对便宜,且按包裹实际重量收费,计费方式最为合理。同时,时效慢且不稳定的缺点也非常显著。此外妥投率也远低于商业快递。

因其在物流成本上的巨大优势,在跨境零售中使用非常普遍,但也仅限于价值不高的轻小货件。

◎ 知识加油站

根据2020年中国跨境电商物流行业市场现状与发展趋势分析发现,邮政小包模式优势明显!

在我国跨境电商出口物流方式选择中,从货量角度看,直邮渠道出货占60%左右,在直邮渠道选择中,65%的货量通过邮政渠道完成。2019年我国跨境电商直邮出口包裹20亿件左右,其中近12亿件通过邮政渠道投递。邮政小包物流模式在行业中占比比较大。请扫描二维码查看详情。

邮政小包模式

2. 专线物流

专线物流是从国内出口到目标国,或目标国到国内进口的门到门的物流运输服务。

专线物流具有时效快,价格便宜,清关顺利等优点。专线主要是点对点的货物运输,从出发地直达目的地往返。

专线物流的优劣很大程度上取决于货代公司的实力,具备一定实力的货代公司往往能提供最具性价比的跨境物流运输体验。专线物流通常比邮政小包贵,但时效和稳定性会更好,在跨境零售中的使用量也非常大。

◎ 知识加油站

请扫描二维码,了解天猫海外直航物流专线。2020年10月27日和11月2日,天猫海外联合菜鸟再添直航物流专线,全力保障双11物流体验。

天猫海外布局跨境电商直航物流专线

3. 商业快递

服务质量、时效性和稳定性无疑是所有跨国物流运输方式中最好的,价格也是最贵的。商业快递既可以用于客户订单的直发,也可以用于海外仓备货。

商业快递一般都是跨境电商卖家向客户提供的收费物流选项,可以有效提升对价格不敏感的客户的满意度。另外对于价值较高的商品,也推荐使用商业快递。

对于对时效性有要求的海外仓备货,超过20 kg以上的货物也可以使用商业快递。

◎ 想一想

请回顾一下国际商业快递的三大巨头分别是？

4. 空运

空运是一种比较常见的海外仓备货运输方式，由于中国卖家通常不具备目的国本土清关和转运的能力，货代公司一般会推出空派服务，即租用航空公司舱位到目的国，目的国本土清关和派送的一体化业务。空派相较于商业快递时效稍慢，但费用也更低，航空燃油附加费一般会包含在报价中。空运主要的问题在于清关能力和时效的稳定性上，选择大的货代公司可以有效地规避风险。

◎ 知识加油站

请扫描二维码学习关于国际空运的相关知识，包括询价、空运费结构、常用空运名词等。空运以其迅捷、安全、准时的超高效率赢得了相当大的市场，大大缩短了交货期，对于物流供应链加快资金周转及循环起到了极大的促进作用。

国际空运知识

5. 海运

海运也是一种比较常见的海外仓备货运输方式。在重货运输上海运具有极大的成本优势，费用往往只有空运的四分之一甚至更低。跟空派一样，货代公司也会提供国内提货并转运+国际海运+本土派送的服务。货物到港后，由货代公司合作的目的国本土运输商提货并派送到目的地。

对跨境电商卖家来说，发往欧洲、北美的重货可以选择海运的方式，但海运受天气状况影响较大，不可控因素众多。这也要求卖家对市场行情有预判和库存管理有一定的水平，因此这种方式比较适合大卖家。

◎ 知识加油站

请扫描二维码了解 2020 年度十大国际航运事件。航运界网统计了 2020 年发布的全部国际新闻，根据曝光量和传播率，评估新闻事件对航运业的影响与现实意义，遴选出十大国际航运新闻。

2020年度十大国际航运事件

6. 铁运

我国铁路国际运输主要通达中亚、欧洲等方向。得力于国家"一带一路"倡议的实施，众多内陆城市如成都、重庆、兰州、郑州等均开设有国际铁路班列。相较海运，铁运除了同样价格便宜外，受不可控因素影响较小，时效稳定性更强。如果需要在铁路沿线国家的海外仓进行大批量备货,铁运是一种非常好的选择。

◎知识加油站

新冠肺炎疫情防控期间,全球海运、空运受阻,中欧班列成为国际邮件应急疏运新通道,在维护全球供应链稳定方面,交出了一份出色的答卷。

请扫描二维码了解中欧班列运邮如何成为"一带一路"上的"新邮差"。

中欧班列成
"一带一路"
上"新邮差"

◎任务实施

【任务要求】

请同学们通过本文的学习,针对邮政小包、专线物流、商业快递、空运、海运以及铁运这几种物流方式,了解各种物流方式及其风险规避。根据引导问题逐步学习、研讨,使用网络市场调研等方式,最终以PPT形式分组汇报实训成果。

【任务分组】

同学自由分组,4~6人为一组。

表2-1-2　学生任务分配表

班　级		组　号		指导老师	
组　长		学　号			
组　员	姓　名	学　号	姓　名	学　号	
任务分工					

【任务计划与实施】

引导问题1:跨境电子商务的出口物流方式包括哪几种?

引导问题2:在选择物流方式时,衡量物流成本和物流速度的过程中,需要考虑哪些因素?

引导问题3:邮政小包适合哪些方面的货品?

引导问题4:我国出口美国的杂货运输,应该选择哪种物流方式? 为什么?

案例分析:张同学在北京,现需要给澳大利亚的买家发送物品,买家希望能够以较低廉的运费,在1周内收到货物。订单不大,是一个首饰盒(300 g),物品价值不高。该用何种方式,何种具体方法才能在最短时间内,相对便宜的价位安全地寄出?

◎ 课程思政

海关总署公告 2021 年第 5 号(关于实施铁路进出境快速通关业务模式的公告)

为进一步畅通向西开放的国际物流大通道,促进中欧班列发展,提高境内段铁路进出口货物转关运输通行效率和便利化水平,海关总署决定推广实施铁路快速通关业务模式。有关事宜请扫描二维码查看。

关于实施铁路进出境快速通关业务模式的公告

【思政考核】

要求:请根据以下选项,选出正确的答案。

1.(多选题)海关通过对铁路舱单电子数据进行(　　　),实现对铁路列车所载进出口货物转关运输监管,无需运营企业另行申报并办理转关手续。

A. 制作　　　　　　B. 审核　　　　　　C. 放行　　　　　　D. 核销

2.(多选题)关于出境快通业务,下列说法正确的是(　　　)。

A. 进出境快通货物可根据需要,向海关申请办理舱单归并和舱单分票手续

B. 未能按规定告知进出境铁路列车负责人的,不允许开展出境快通业务

C. 预配舱单电子数据已被放行的,出境快通货物方可装运提离启运地

D. 铁路列车所载进出口货物属于禁止限制开展转关业务货物的,不允许开展快通业务

◎ 考核评价

根据考核内容,学生完成自我小结并进行自评打分,教师根据学生活动情况进行点评并完成教师打分,最后按自评分×40% +教师评分×60% 计算得分。

表 2-1-3　考核评价表

项目二	任务一　物流方式比较与选择				
班　级		团　队		姓　名	
评价类别	考核内容	分　数	自　评	教师评分	
知识素养	认知物流方式的决定因素	10			
	掌握物流方式的种类	10			
	掌握不同物流方式的特点	10			
	掌握物流方式的优劣势与风险规避	10			
职业技能	掌握物流方式的种类	15			
	掌握不同物流方式的特点	15			
	掌握物流方式的优劣势与风险规避	15			
职业素养	具有团队合作精神,小组能够协调分工完成任务	5			
	具有创新意识、创新精神,能够在海外仓管理中提出自己的观点	5			
	具备资源整合能力,能够借助外部资源,借鉴相关案例经验熟悉物流方式的比较与选择	5			
小　计		100			
合计=自评分×40%+教师评分×60%					

任务二 物流运费报价与计算

运费是在运输中,托运人、承租人或其他有关方对承运人提供的运输服务所支付的报酬。货物运输价格由运输成本、税金与利润构成。运输成本是制定货物运输价格的重要依据,在各种不同的运输工具或者运输方式之间,运输成本存在着一定的差别。

◎ **知识点**

运费的定价可以随着所运货物种类、选择的运输方式和运输距离不同而制定不同的运价。

下面列举邮政小包、专线物流、商业快递、空运、海运和铁运相关报价表,请查看表单,并在各种跨境出口电商商业情景下模拟计算运费。

各物流方式报价表清单:

①邮政易邮宝报价表;

②某货代公司专线物流报价表;

③UPS 小货报价表;

④FedEx IP 大货报价表;

⑤某货代公司空派报价表;

⑥某货代公司头程海运散货报价表;

⑦某货代公司铁派报价表。

一、邮政易邮宝报价表

表 2-2-1 邮政易邮宝报价表

EUB 公布价					渠 道	折 扣	国 家
					省内 EUB	9.7 折	开通 36 个路向（暂停澳大利亚）
国家/地区	重 量	元/kg	挂号费	起 重			
美国	0≤W≤2 kg	80	20	无			
英国	0≤W≤0.499 kg	55	18	无			
	0.499<W≤1.999 kg	45	25	无			
	1.999<W≤5 kg	45	35	无			
法国	0≤W≤2 kg	60	19	无			
澳大利亚	0≤W≤2 kg	60	19	无			
加拿大	0≤W≤2 kg	80	19	无			

续表

	EUB 公布价				渠道	折扣	国家
					省内 EUB	9.7 折	开通36个路向（暂停澳大利亚）
挪威	0≤W≤2 kg	65	19	无			
俄罗斯	0≤W≤3 kg	60	17	无			
以色列	0≤W≤5 kg	60	17	无			
沙特阿拉伯	0≤W≤2 kg	50	26	无			
乌克兰	0≤W≤2 kg	75	6	10 g			
韩国	0≤W≤2 kg	40	20	无			
马来西亚	0≤W≤2 kg	40	15	无			
新加坡	0≤W≤2 kg	40	15	无			
奥地利	0≤W≤2 kg	60	25	无			
比利时	0≤W≤2 kg	65	25	无			
瑞士	0≤W≤2 kg	70	25	无			
丹麦	0≤W≤2 kg	65	25	无			
匈牙利	0≤W≤2 kg	60	25	无			
意大利	0≤W≤2 kg	65	25	无			
卢森堡	0≤W≤2 kg	75	25	无			
荷兰	0≤W≤2 kg	65	25	无			
新西兰	0≤W≤2 kg	80	10	50 g			
波兰	0≤W≤2 kg	60	25	无			
瑞典	0≤W≤2 kg	60	19	无			
土耳其	0≤W≤2 kg	75	25	无			
芬兰	0≤W≤2 kg	80	25	无			
爱尔兰	0≤W≤2 kg	75	25	无			
葡萄牙	0≤W≤2 kg	65	19	无			
日本	0≤W≤2 kg	50	15	50 g			
西班牙	0≤W≤2 kg	60	14	无			
墨西哥	0≤W≤2 kg	85	25	无			
德国	0≤W≤2 kg	60	19	无			
泰国	0≤W≤2 kg	45	14	无			
希腊	0≤W≤2 kg	75	25	无			

续表

EUB 公布价				渠 道	折 扣	国 家
				省内 EUB	9.7 折	开通 36 个路向（暂停澳大利亚）
巴西	0≤W≤2 kg	85	25	50 g		
中国香港	0≤W≤2 kg	30	17	无	广东以外其他地区适用价格	
		20	17	无	广东地区适用价格	

注:所有 EUB 的跟踪号有效期均为 15 天,请下单后尽快安排发货,以免单号过期邮局无法收寄。

邮政易邮宝报价表备注说明

一、注意事项

1.美国、澳大利亚和加拿大 e 邮宝业务提供全程时限跟踪查询,但不提供收件人签收证明;英国 e 邮宝业务提供收寄、出口封发和进口接收信息,不提供投递确认信息。客户可以登录邮政速递物流官网或拨打客服热线 11183 查询。

2.澳大利亚不送达地址及邮编。

Lord Howe Island 2898

Norfolk Island 2899

Christmas Island 6798

Coco(keeling)Island 6799

3.邮政 shipping 系统支持语言:简体中文、繁体中文、日语、意大利语、西班牙语、俄语、英语;不支持语言:韩语、阿拉伯语、葡萄牙语、德语、法语、挪威语。

4.客户通过网站下单功能上传数据,客户可使用网站功能自行打印地址标签粘贴于货物上。

5.对于无法投递或收件人拒收邮件,提供免费集中退回服务。

二、重量 & 尺寸要求

不接受 1 票多件货物,除英国、俄罗斯、以色列以外其他国家单票不超过 2 kg。

最大尺寸限制:方形:单边长度≤60 cm;长+宽+高≤90 cm;轴状:直径×2+长≤104 cm;单边长度≤90 cm。

最小尺寸限制:方形:单边长度≥14 cm;单边宽度≥11 cm;轴状:直径×2+长≥17 cm;单边长度≥11 cm。

三、走货属性

省内 EUB:仅接收普货。

福州 EUB:仅美国/加拿大/英国可走内置电池(发货时需把普货和带电的分开),其余国家只能发普货(带电、电子产品和含有金属材质的物品都会被退回)。

华东 EUB:仅接收普货。

华南特惠 EUB:仅接收普货。

所有 EUB 渠道禁止发液体/粉末/膏状/攻击性武器/仿真枪械玩具/其他航空违禁品。

四、投递范围

1.美国——仅本土。

续表

2. 英国——仅本土。

3. 法国——仅本土区域,海外属地无法投递,包括科西嘉、瓜德罗普、马提尼克、法属圭亚那、留尼旺、圣皮埃尔和密克隆、马约特。

法国海外属地名称	邮政规则
Guadeloupe：Pointe A Pitre	97100-97199
Martinique：Fort De France	97200-97299
Guyane FranCaise：Cayenne	97300-97399
Reunion：Saint Denis	97400-97499
St Pierre et Miquelon：St Pierre	97500-97599
Mayotte：Mamoudzou	97600-97699
St Barthelemy：Saint Barthelemy	97700-97799
St Martin：Saint Martin	97800-97899

4. 其他国家——仅本土。

五、禁寄物品

国家明令禁止出口货物,如古董,货币以及违禁品,航空禁运物品。如果发现客户邮寄航空、仿牌仿冒、海关明令禁止的物品,造成安检不合格被退回的包裹,不退运费。

六、赔偿相关事项

1. 赔偿受理截止时间:发货后30天内必须提出申请,超过30天不再受理。

2. 理赔标准:

(1)我司收寄了但邮局未收寄的,经我司确认丢件,退运费,按申报价值最高不超100CNY/票赔偿;

(2)邮局收寄后,均不提供查询,不提供赔偿。

七、时效延误

因以下原因造成退件导致时效延误,后果由发件人自行承担:

1. 因邮局启用的新系统,要求收件人栏必须填写完整信息(地址、城市、省份、目的国家、电话号码),否则会导致退件;

2. 海关系统要求邮局申报品名必须如实申报,不能出现简单统称为:配件、礼品、生活用品、鞋子等。必须正确详细申报内件详细物品名称,否则可能导致退回。

特别提示:客户一旦同意接受我公司服务,即默认客户已详细阅读过此价格表备注内容以及我司托运条款,并接受各条款的约束。

二、某货代公司专线物流报价表

表 2-2-2 某货代公司专线物流报价表

国 家	参考时效	疫情防控期间参考时效	重 量	运费 CNY/kg	挂号费 CNY/票
美国	6～12 个工作日	8～14 个工作日	0<W≤0.1 kg(首重 50 g)	78	18
			0.1<W≤0.2 kg	73	18
			0.2<W≤0.45 kg	73	16
			0.45<W≤0.7 kg	73	16
			0.701<W≤2 kg	64	9
			2<W≤30 kg	60	9
英国	6～10 个工作日	6～12 个工作日	0<W≤2 kg	38	16
			2<W≤20 kg	41	16
法国	6～10 个工作日	8～12 个工作日	0<W≤0.4 kg	53	20
			0.4<W≤2 kg	46	23
			2<W≤30 kg	46	23
德国	6～10 个工作日	8～14 个工作日	0<W≤0.4 kg	52	18
			0.4<W≤2 kg	43	21
			2<W≤30 kg	43	21
意大利	6～10 个工作日	8～14 个工作日	0<W≤2 kg	53	23
			2<W≤30 kg	53	23
西班牙	6～10 个工作日	8～14 个工作日	0<W≤2 kg	48	18
			2<W≤30 kg	48	18
荷兰	6～10 个工作日	8～15 个工作日	0<W≤2 kg	75	21
			2<W≤20 kg	70	21
比利时	6～10 个工作日	8～15 个工作日	0<W≤2 kg	63	23
			2<W≤20 kg	63	23
奥地利	6～10 个工作日	8～15 个工作日	0<W≤2 kg	63	21
			2<W≤30 kg	63	21
瑞典	6～10 个工作日	8～15 个工作日	0<W≤0.3 kg	83	16
			0.3<W≤2 kg	78	21
			2<W≤30 kg	78	21

续表

国 家	参考时效	疫情防控期间参考时效	重 量	运费 CNY/kg	挂号费 CNY/票
波兰	6～10 个工作日	8～15 个工作日	0<W≤0.2 kg	68	11
			0.2<W≤2 kg	58	15
			2<W≤30 kg	58	15
南非	6～8 个工作日	—	0<W≤2 kg	123	29
塞浦路斯	8～12 个工作日	8～15 个工作日	0<W≤2 kg	133	29
			2<W≤30 kg	133	29
澳大利亚	6～10 个工作日	8～12 个工作日	0<W≤20 kg	55	25
加拿大	8～15 个工作日	25～40 个工作日	0<W≤0.3 kg	94.5	23.5
			0.3<W≤0.5 kg	92.5	24.5
			0.5<W≤1.5 kg	89	30.1
			1.5<W≤2 kg	89	34
			2<W≤30 kg	87	34
爱尔兰	6～10 个工作日	8～15 个工作日	0<W≤20 kg	63	25
希腊	8～12 个工作日	8～15 个工作日	0<W≤30 kg	73	18
保加利亚	6～10 个工作日	8～15 个工作日	0<W≤30 kg	68	18
葡萄牙	6～10 个工作日	8～15 个工作日	0<W≤30 kg	63	20

某货代公司专线物流报价表——备注说明

一、计费重量

美国:50 g 起重;包裹实际重量和体积重量相比,取较大者计算(体积重量计算方式为:长 cm×宽 cm×高 cm/8 000＝体积重 kg)。

加拿大:体积重低于实际重量 2 倍的,按照实际重量收费;达到或超过实际重量 2 倍的,按照体积重量收取。(长 cm×宽 cm×高 cm/6 000＝体积重 kg)

二、以上为包税价格

三、服务国家

1.英国全境通邮(即英国本土及其境内的附属岛屿都通邮),英国的海外领地不通邮(如英属印度洋领地、英属维尔京群岛等)。

2.全美,不包括阿拉斯加、夏威夷等偏远地区,波多黎各、关岛等境外地址;APO/FPO 军事地址。

3.德国,欧洲各国附属岛屿均不提供派送服务。

4.法国,附属岛屿不提供派送服务。

5.欧洲附属岛屿不提供派送服务。

四、申报价值

1. 英国:不接受申报价值超过 135 英镑的产品;自 2021 年 1 月 1 日起,因税改之后由平台代缴或客户自主申报缴税,会按照客户实际销售金额缴税,公司不再承担代缴的义务,不再会提前收取客户的 VAT,请客户按实际成交价格如实申报。

2. 美国:我司不接受申报价值超过 800 美元的货物;且不接受同一个收件人名且同一地址,当天累计包裹申报价值超过 800 美元。

3. 南非:货件品名和申报价值需如实申报,不接受申报价值超过 30 美元的货物。

4. 欧洲其他国家:不接受申报价值超过 163 美元的产品;若申报价值达到 24(包含 24 美元)~163 美元,则会产生增值税,产生的增值税按申报价值的 25% 收取,产生的增值税由发件人承担。

5. 加拿大:2021 年 2 月 25 日起,我司默认为 DDP 的清关方式,不接受申报价值超 99 美元的产品,加拿大免税额为 20 加元,申报超过 20 加元(当前为 15.5 美元),我司将依据客户申报的产品价值,收取 30% 的关税。另需注意:

(1)申报超过 20 加元的货物,必须在填申报品名时注明材质,如塑料玩具:plastic toys,否则数据到了邮局无法计算关税,将导致货物转运延误。

(2)后续美元对加元汇款变动较大时我司会及时进行调整。

五、走货属性

只接受普货;不接受任何带品牌产品(以海关知识产权保护网上记载为准)。

美国:不接受 FDA 认证产品以及成人用品。

加拿大:不走植物类的加工产品(原木,木制品都不走)。

其余禁运产品详见禁运品清单。

六、重量要求

1. 英国、荷兰、比利时、瑞典:0<W≤20 kg;

2. 南非:0<W≤2 kg;

3. 美国:0<W≤30 kg;首重 50g;

4. 其他国家:0<W≤30 kg。

七、尺寸要求

1. 英国:最小尺寸:10 cm×15 cm,最大尺寸:60 cm×40 cm×35 cm;

2. 南非:最小尺寸:10 cm×10 cm,长+宽+高≤90 cm,最长边≤60 cm;

3. 德国、荷兰、比利时、瑞典:最小尺寸:10 cm×20 cm,最大尺寸:60 cm×40 cm×35 cm;

4. 其他国家:最小尺寸:10 cm×15 cm,最大尺寸:60 cm×40 cm×35 cm;

5. 原则上不接收异形件,若客户要发,额外收取 150RMB/票的处理费,异形件示例图见附表。超尺寸附加费 150RMB/票,具体超尺寸最大范围单询(不同线路不一样);

6. 加拿大尺寸限制:长≤0.9 m,长+最小面周长≤1.5 m,不接受圆柱体包装。

八、派送地址要求

1. 所有国家:不接受亚马逊仓库地址。

2. 波兰:只有以下 4 个城市可以接受 packstation,地址:Warsaw、Wroclaw、Poznan、Krakow。

续表

Packstation 代收点最大尺寸与重量限制:60 cm×40 cm×35cm 和 25 kg。

3.附属岛屿均不提供服务。

4.加拿大:不能发亚马逊仓库地址。

九、退件重派

1.本渠道不提供从国外退回国内的服务;

2.可提供二次重派服务:

(1)英国:提供二次重派服务,可重派至英国境内(仅限英国),标准如下:

①包裹若因客户自身原因(收件人不在家、收件人拒收、地址错误或地址不完整等原因),造成退回,重派费用按 40 元/票收取。

②非客户自身原因(如运输过程中标签磨损或包装损坏等原因)导致的退回,我司可免费负责重新派送。

③重派期限为 14 天,即自通知客户包裹退回起,14 天内,客户可选择重派,若不回复,超过 14 天后,包裹默认被销毁。

(2)美国:货件被退至海外仓后,14 天内,客户可选择重派,重派费用为 40 元/票。若不重派,14 天后将自动销毁。

(3)欧洲其他国家:提供二次重派服务,标准如下:

①如果包裹被退回海外仓库,限派本国,重派费用为 50 元/票;

②重派期限为两个星期,即自通知客户包裹退回起,两个星期内,客户可选择重派,若不回复,超过两个星期后,包裹默认被销毁。

(4)加拿大:包裹退回我司海外仓库后重新派送:每票包裹根据重量不同,相应收取重寄费用,运费计算方式如下图所示。重派期限为 1 个月,即自通知客户包裹退回日起,1 个月内,客户可选择重派,若无回复,超过 1 个月,包裹默认被销毁。

重量	人民币(单位:元)
≤500 g	55
501 g ~ 1 kg	66
1.01 ~ 2 kg	69
2.01 ~ 3 kg	74
3.01 ~ 4 kg	77
4.01 ~ 5 kg	79
5.01 ~ 15 kg	112
15.01 ~ 30 kg	137

(5)塞浦路斯:无重派服务。

十、赔偿标准

赔偿受理截止时间:发货后 60 天内必须提出申请,超过 60 天不再受理。

赔偿标准:

1.美国

①若货物在我司至到达服务商的这期间丢失,经我司确认丢件后,将退运费;另再按 2 倍运费赔偿,最高不超过 400 元/票。

②若货物在到达服务商后丢失,经我司确认丢件后,将不退运费,按 1 倍运费赔偿。

2.其他国家

南非:服务商官网有轨迹则默认为包裹是已上网状态。

若货物在我司至到达服务商的这期间丢失,经我司确认丢件后,退运费(全部运费,包含挂号费);另外再按申报价值赔偿,最高不超过 400 元/票。

若货物在到达服务商后丢失,经我司确认丢件后,将不退运费(全部运费,包含挂号费),按申报价值赔偿,最高不超过 400 元/票。

3.索赔资料要求

(1)服务商确认丢件的,需提供:

①平台的网上退款截图;

②若在未退款情况下安排的货物补寄,需提交网上交易截图+争议内容+补寄单号。

(2)包裹在我司中转过程中丢失,经我司确认丢件的,不需要提供证明资料。

4.所有问题件要接受先开查后赔偿的原则,需按渠道要求提供相关资料。

服务商官网显示签收,但客户说没有收到包裹的情况,我司会协助查询,但不提供赔偿。

包裹在运输途中破损,不提供赔偿。

2020 年全球新型冠状病毒(WHO:COVID-19 Pandemic)流行期间,疫情已被政府部门列为不可抗力因素,受疫情影响而产生的物流服务限制、服务商临时措施等情况引发的时效延误等问题,不在我司赔偿范围之内。如包裹侵权或者为其他违禁品导致的销毁,没收或产生的罚金,由发件人自行承担,我司不予以赔偿。

十一、查询网址

1.英国、德国、意大利、等欧洲国家:

http://www.17track.net

2.美国:

www.fedex.com

www.aftership.com/courier/yunexpress

www.17track.net/

3.南非:

http://track.buffaloex.com/

续表

> 4. 法国:
>
> http://www.17track.net
>
> http://www.laposte.fr/particulier/outils/en/track-a-parcel
>
> 5. 加拿大:
>
> https://www.canadapost.ca
>
> **十二、其他要求**
>
> 最好提供销售链接和海关编码(方便清关)。
>
> 特别提示:如客户一旦同意接受我公司服务,即认为客户已详细阅读过此价格表备注内容以及我司托运条款,并接受各条款的约束。

某货代公司专线物流报价表——禁运清单

> **一、枪支(含仿制品、主要零部件)弹药**
>
> 1. 枪支(含仿制品、主要零部件):如手枪、步枪、冲锋枪、防暴枪、气枪、猎枪、运动枪、麻醉注射枪、钢珠枪、催泪枪等。
>
> 2. 弹药(含仿制品):如子弹、炸弹、手榴弹、火箭弹、照明弹、燃烧弹、烟幕(雾)弹、信号弹、催泪弹、毒气弹、地雷、手雷、炮弹、火药等。
>
> **二、管制器具、攻击性武器**
>
> 1. 管制刀具:如匕首、三棱刮刀、带有自锁装置的弹簧刀(跳刀)、其他相类似的单刃刀、双刃刀、三棱尖刀、蝴蝶刀、弹簧刀、折叠刀、军用刀、武士刀等管制刀具等。
>
> 2. 其他:如弩、催泪器、催泪枪、电击器、铁莲花、警棍、电棍、伸缩棍、指虎、双截棍等。
>
> **三、易燃易爆物品**
>
> 1. 爆破器材:如炸药、雷管、导火索、导爆索、爆破剂等。
>
> 2. 烟花爆竹:如烟花、鞭炮、摔炮、拉炮、砸炮、彩药弹等烟花爆竹及黑火药、烟火药、发令纸、引火线等。
>
> 3. 易燃固体:如硫磺、蜡烛,乒乓球等禁运。
>
> 4. 易燃液体:如汽油、煤油、油漆、花露水、香水、指甲油、啫喱膏、驱蚊水、杀虫剂、碳酸饮料、酒精、香蕉水、松节油等禁运。
>
> 5. 自燃物品:如黄磷,油纸、油布及其制品等禁运。
>
> 6. 遇水燃烧物品:如金属钠、铝粉等禁运。
>
> 7. 腐蚀性物品:如盐酸、硝酸、双氧水等禁运。
>
> 8. 易爆品:如雷管、炸药、导火索、鞭炮、烟花、打火机、锂电池等禁运。
>
> 9. 其他:如打火石、镁棒、打火机、活性炭、发射药、硝化棉、电点火头等。
>
> **四、压缩和液化气体及其容器**
>
> 1. 易燃气体:如氢气、甲烷、乙烷、丁烷、天然气、液化石油气、乙烯、丙烯、乙炔、打火机等。
>
> 2. 有毒气体:如一氧化碳、一氧化氮、氯气等。

3. 易爆或者窒息、助燃气体:如压缩氧气、氮气、氦气、氖气、气雾剂等。

五、植物及植物制品

花,水果,蔬菜,种子,植物标本、松果等。

六、动物及动物制品

贝壳、螃蟹、动物标本、毛皮等。

七、任何药品

麻醉药、药膏、足贴等。

八、任何食品

肉类、饮品、咖啡、水果、零食、茶叶等。

九、液体、粉末类制品

精油、卸妆油、化妆水、精华乳、面膜、唇彩、胶水等。

十、纯电池及移动电源

配套电池每个包裹不能超过 2 节电池,不接受任何形式的移动电源。

十一、非法伪造物品

如伪造或者变造的货币、证件、公章等。

十二、侵犯知识产权和假冒伪劣物品

1. 侵犯知识产权:如侵犯专利权、商标权、著作权的图书、音像制品等,侵权包括外观侵权及商标侵权。

2. 假冒伪劣:如假冒伪劣的食品、药品、儿童用品、电子产品、化妆品、纺织品等。

十三、毒性物质

如砷、砒霜、汞化物、铊化物、氰化物、硒粉、苯酚、汞、剧毒农药等。

十四、腐蚀性物质

如硫酸、硝酸、盐酸、蓄电池、氢氧化钠、氢氧化钾等。

十五、毒品及吸毒工具、非正当用途麻醉药品和精神药品、非正当用途的易制毒化学品

1. 毒品、麻醉药品和精神药品:如鸦片(包括罂粟壳、花、苞、叶)、吗啡、海洛因、可卡因、大麻、甲基苯丙胺(冰毒)、氯胺酮、甲卡西酮、苯丙胺、安钠咖等。

2. 易制毒化学品:如胡椒醛、黄樟素、黄樟油、麻黄素、伪麻黄素、羟亚胺、邻酮、苯乙酸、溴代苯丙酮、醋酸酐、甲苯、丙酮等。

3. 吸毒工具:如冰壶等。

十六、非法出版物、印刷品、音像制品等宣传品

如含有反动、煽动民族仇恨、破坏国家统一、破坏社会稳定、宣扬邪教、宗教极端思想、淫秽等内容的图书、刊物、图片、照片、音像制品等。

十七、间谍专用器材

如暗藏式窃听器材、窃照器材、突发式收发报机、一次性密码本、密写工具、用于获取情报的电子监听和截收器材等。

三、UPS小货报价表

表 2-2-3 UPS 小货报价表

分区	11	12	13	14	15	16	17	18	19	美国	欧洲主要国家	
重量段(kg)/分区名	中国香港、中国澳门	韩国、中国台湾	日本	东南亚	南亚(澳、新除外)	加、墨、波	欧洲其他国家	南美	非洲、中东		意、法、西、荷、瑞士、瑞典、波兰、爱尔兰、土耳其	英、德
0.5	90.0	123.0	109.0	109.0	158.0	156.0	176.0	196.0	295.0	152.0	160.0	160.0
1.0	109.0	149.0	130.0	131.0	201.0	184.0	222.0	241.0	359.0	181.0	200.0	200.0
1.5	128.0	176.0	153.0	154.0	244.0	226.0	267.0	284.0	423.0	223.0	239.0	239.0
2.0	146.0	203.0	177.0	178.0	286.0	233.0	282.0	328.0	488.0	230.0	245.0	245.0
2.5	165.0	230.0	200.0	201.0	330.0	250.0	301.0	371.0	552.0	237.0	251.0	251.0
3.0	184.0	257.0	224.0	225.0	373.0	260.0	321.0	415.0	615.0	262.0	304.0	304.0
3.5	203.0	283.0	247.0	248.0	416.0	270.0	357.0	458.0	679.0	269.0	310.0	310.0
4.0	222.0	310.0	270.0	272.0	459.0	285.0	394.0	502.0	742.0	276.0	316.0	316.0
4.5	241.0	336.0	293.0	295.0	502.0	292.0	408.0	545.0	807.0	284.0	322.0	322.0
5.0	259.0	363.0	316.0	319.0	545.0	297.0	419.0	589.0	871.0	291.0	328.0	328.0
5.5	278.0	390.0	340.0	342.0	589.0	302.0	430.0	633.0	935.0	314.0	353.0	353.0
6.0	297.0	416.0	363.0	366.0	632.0	325.0	441.0	677.0	999.0	338.0	379.0	379.0
6.5	315.0	443.0	386.0	389.0	676.0	347.0	471.0	720.0	1 063.0	361.0	404.0	404.0
7.0	334.0	470.0	409.0	412.0	719.0	369.0	500.0	764.0	1 127.0	385.0	429.0	429.0
7.5	352.0	497.0	433.0	436.0	762.0	388.0	531.0	807.0	1 191.0	405.0	440.0	440.0

8.0	372.0	524.0	456.0	460.0	807.0	403.0	561.0	852.0	1 256.0	412.0	451.0	451.0
8.5	390.0	550.0	480.0	483.0	850.0	427.0	591.0	895.0	1 320.0	437.0	460.0	460.0
9.0	409.0	577.0	503.0	506.0	894.0	451.0	621.0	939.0	1 385.0	461.0	485.0	485.0
9.5	428.0	603.0	526.0	529.0	933.0	475.0	651.0	983.0	1 448.0	486.0	511.0	511.0
10.0	447.0	630.0	534.0	553.0	954.0	499.0	681.0	1 027.0	1 513.0	500.0	526.0	526.0
10.5	465.0	655.0	541.0	574.0	974.0	528.0	704.0	1 066.0	1 570.0	524.0	551.0	551.0
11.0	483.0	680.0	548.0	597.0	992.0	547.0	728.0	1 105.0	1 627.0	548.0	576.0	576.0
11.5	501.0	704.0	563.0	618.0	1 013.0	565.0	753.0	1 144.0	1 683.0	572.0	602.0	602.0
12.0	519.0	728.0	583.0	639.0	1 033.0	584.0	777.0	1 183.0	1 741.0	596.0	627.0	627.0
12.5	537.0	753.0	604.0	661.0	1 053.0	602.0	801.0	1 223.0	1 798.0	620.0	652.0	652.0
13.0	555.0	778.0	624.0	683.0	1 073.0	621.0	816.0	1 262.0	1 855.0	644.0	677.0	677.0
13.5	573.0	803.0	645.0	705.0	1 093.0	639.0	838.0	1 301.0	1 911.0	668.0	703.0	703.0
14.0	590.0	827.0	666.0	727.0	1 113.0	658.0	869.0	1 340.0	1 968.0	692.0	728.0	728.0
14.5	609.0	852.0	686.0	748.0	1 133.0	680.0	899.0	1 380.0	2 025.0	716.0	753.0	753.0
15.0	627.0	876.0	707.0	769.0	1 153.0	703.0	929.0	1 419.0	2 083.0	740.0	779.0	779.0
15.5	644.0	900.0	728.0	791.0	1 196.0	726.0	960.0	1 465.0	2 144.0	764.0	804.0	804.0
16.0	663.0	925.0	748.0	813.0	1 231.0	749.0	990.0	1 512.0	2 212.0	788.0	829.0	829.0
16.5	681.0	950.0	769.0	835.0	1 264.0	772.0	1 020.0	1 557.0	2 281.0	812.0	854.0	854.0
17.0	699.0	974.0	789.0	856.0	1 299.0	794.0	1 051.0	1 602.0	2 349.0	836.0	880.0	880.0
17.5	717.0	999.0	810.0	878.0	1 333.0	817.0	1 081.0	1 649.0	2 418.0	860.0	897.0	897.0
18.0	734.0	1 023.0	831.0	899.0	1 367.0	840.0	1 111.0	1 695.0	2 486.0	884.0	903.0	903.0
18.5	753.0	1 048.0	851.0	921.0	1 402.0	861.0	1 141.0	1 742.0	2 554.0	906.0	909.0	909.0

续表

分区	11	12	13	14	15	16	17	18	19	美国	欧洲主要国家	
重量段kg/分区名	中国香港、中国澳门	韩国、中国台湾	日本	东南亚	南亚（澳、新除外）	加、墨、波	欧洲其他国家	南美	非洲、中东		意、法、西、荷、瑞士、瑞典、波兰、爱尔兰、土耳其	英、德
19.0	770.0	1 072.0	872.0	943.0	1 436.0	866.0	1 172.0	1 788.0	2 622.0	913.0	915.0	915.0
19.5	789.0	1 097.0	892.0	964.0	1 470.0	883.0	1 202.0	1 834.0	2 690.0	920.0	921.0	921.0
20.0	806.0	1 122.0	913.0	988.0	1 504.0	906.0	1 232.0	1 880.0	2 758.0	927.0	927.0	927.0
21~46	请参考 红单-E价			请参考 红单-C价		45.0	53.0	请参考 红单-C价		44.0	46.0	46.0
47~70						45.0	53.0			请参考 红单5000	46.0	46.0
71~99						45.0	53.0				46.0	46.0
100~299						45.0	53.0				46.0	46.0
300~1 000											46.0	46.0

以上为人民币报价，体积除以5 000，未含燃油。

带电产品要求：1.产品质量合格，2.有开关目处于关闭状态，3.产品独立包装，4.外箱结实，规整，不超100Wh。

未申报的液体、粉末、食品、仿牌等冲货处罚800元/票，易燃易爆品等处罚2 000元/票，不另作争议。

本渠道不含目的地的税费，如有税金产生，走货则视同发货人愿意承担税金及预付关税手续费（关税账单以UPS官方账单为准）。

美线13:00截止，下午提取；亚马逊地址的货物（可赶当天航班）；所有线路16:00（周一至周四）截止，15:00（周六及节日前一天）截止，当天提取。

收货地址为亚马逊地址的货物，如果有特殊要求，请在交接单显露位置备注好，如果产生关税，我司将实报实销收取关税费用及120元/票的关税手续费。

四、FedEx IP 大货报价表

表 2-2-4　FedEx IP 大货报价表　　　　　　　　　　　体积/5000

地　区	重　量	单价/kg(不含油不含附加)
美国	21 ~ 100 kg	47 元
比利时、法国、德国、荷兰、意大利、西班牙、英国	21 ~ 100 kg	46 元
奥地利、摩纳哥、瑞典、瑞士、爱尔兰、挪威、丹麦、卢森堡	21 ~ 100 kg	46 元

临时附加费加收:美国临时调整附加费为 7 元/kg,最低收费为 10 元;欧洲附加费为 7 元,最低收费为 7 元。生效时间:2021-1-23

请仔细阅读以下条款,在您接受我司报价的同时就表示同时接受以下条款的内容。

1. 人民币报价不含燃油费。

2. 走货属性:普货、不接受电机、马达、液体、粉末、纯电池、配套电池产品以及国家明文列明违禁品;此渠道不接受医疗物资(如口罩、防护服、护目镜等)。

3. 实重轻而体积大的货物按体积重计算:体积重以(长×宽×高)cm³/5 000 为准,大货一进位 1 kg,可一票多件。

4. 申报价值附加费:联邦快递对货件灭失、损坏或延误的责任不超过 20 美元/kg 或 100 美元/件。具体的限额可能以"特别提款权(SDR)"或当地货币表示,而具体金额因不同国家/地区和货币而不同。如果您希望联邦快递对货件实际价值承担较大比例的赔偿责任,则您必须在您的空运提单上申报货件价值并支付"申报价值附加费"。如货件申报价值超出下列较高者:(i)人民币 830 元或(ii)人民币 75.28 元/磅,则对中国大陆出口预付/进口到付货件征收"申报价值附加费",每增加人民币 830 元加收人民币 10.1 元。货件申报价值不得超过以下限额。

5. 关税和税金:如果需对货件征收关税和税款,而且联邦快递为应支付方代为支付了这些费用,那么该支付方必须将该等关税和税款返还给联邦快递。

6. 超长货附加费:此附加费适用于任何最长单边超过 121 cm 的包裹;或任何次长单边超过 76 cm 的包裹;或最长单边长度和其余两边的周长超过 266 cm 的包裹,每票收取人民币 48 元。如果该货件已收取超大货件的费用,则该附加服务费将不适用。

7. 超重货件附加费:此附加费适用于最长单边超过 157 cm 的重货服务包裹。每票收取人民币 1 384 元。

8. 超大货件收费:此附加费适用于货件中含有最长单边超过 243 cm 或最长单边长度和其余两边的周长超过 330 cm 的包裹。每笔空运提单收取人民币 516 元。

9. 偏远地区附加费:每笔空运提单人民币 168 元或每公斤人民币 3.5 元,取其金额较高者收取。

10. 更正地址附加费:由于运单上所填写的收件人地址信息错误导致快件无法派送时,Fedex 通过努力找到正确地址并完成派送收取该项附加费。此费用 83 元/票。

11. 派送范围:不派送军事地址。

12. 加拿大、德国不接受亚马逊地址,欧洲亚马逊地址发货前请提前与我司确认。

13. 一切附加费用请以账单为准。

如因客户原因导致货物退件或销毁产生费用,我司将直接向寄件人收取。

五、某货代公司空派报价表

表 2-2-5　美国空派直飞快线 6000　　　　　　*体积/6000*

国　家	21 kg+	71 kg+	100 kg+	500 kg+	时效
美国(0~6开头的邮编)	36.0	36.0	35.0	35.0	4~6 工作日提取，1~3 工作日派送
美国(7~9开头的邮编)	37.0	37.0	38.0	38.0	4~6 工作日提取，3~4 工作日派送

延误赔偿：

1. 提取时间超过 7 个工作日的,赔偿 1 元/kg/工作日,直至免运费。交货当天不计,产品自身原因及不可抗力造成的除外。

2. 货物提取前丢失的,赔偿 40 元/kg;提取后丢失的,按丢失部分货物价值赔偿,每票最高 100 美元。

3. 单票品名超出 3 个的部分加收 20 元/个。

4. 非亚马逊地址加收 1 元/kg,最低 150 元/票;不收私人地址货物。37310,该邮编为偏远地址,需加收 3 元/kg。

5. 附加费为 1 元/kg 的产品有:纺织品、皮制品、箱包、厨具、餐具、五金制品、玩具(6 岁以上)、竹木制品、太阳能产品、家庭电器。

6. 拒收的产品有:带电、带磁产品、玩具(6 岁以下)、婴幼儿用品、医疗保健用品、食品、液体、粉末、包装或产品带有危险品标志的货物、仿牌、管制刀具等。冲货罚款 1 000 元/票。

单件计费重不足 10 kg 的按 10 kg 计费。

表 2-2-6　美国主要城市邮编表

州		城　市	邮政编码
Alabama（AL）	阿拉巴马州（AL）	Huntsville	35801 至 35816
Alaska（AK）	阿拉斯加（AK）	Anchorage	99501 至 99524
Arizona（AZ）	亚利桑那（AZ）	Phoenix	85001 至 85055
Arkansas（AR）	阿肯色州（AR）	Little Rock	72201 至 72217
California（CA）	加利福尼亚（CA）	Sacramento	94203 至 94209
		Los Angeles	90001 至 90089
		Beverly Hills	90209 至 90213
Colorado（CO）	科罗拉多（CO）	Denver	80201 至 80239
Connecticut（CT）	Conneticut（CT）	Hartford	06101 至 06112
Deleware（DE）	Deleware（DE）	Dover	19901 至 19905

州		城 市	邮政编码
District of Columbia（DC）	哥伦比亚特区（DC）	Washington	20001 至 20020
Florida（FL）	佛罗里达（FL）	Pensacola	32501 至 32509
		Miami	33124 至 33190
		Orlando	32801 至 32837
Georgia（GA）	乔治亚（GA）	Atlanta	30301 至 30381
Hawaii（HI）	夏威夷（HI）	Honolulu	96801 至 96830
Idaho（ID）	爱达荷州（ID）	Montpelier	83254
Illinois（IL）	伊利诺伊州（IL）	Chicago	60601 至 60641
		Springfield	62701 至 62709
Indiana（IN）	印第安纳州（IN）	Indianapolis	46201 至 46209
Iowa（IA）	爱荷华州（IA）	Davenport	52801 至 52809
		Des Moines	50301 至 50323
Kansas（KS）	堪萨斯州（KS）	Wichita	67201 至 67221
Kentucky（KY）	肯塔基（KY）	Hazard	41701,41702
Lousiana（LA）	路易斯安那州（LA）	New Orleans	70112 至 70119
Maine（ME）	缅因州（ME）	Freeport	04032 至 04034
Maryland（MD）	马里兰（MD）	Baltimore	21201 至 21237
Massachusetts（MA）	Massachusetts（MA）	Boston	02101 至 02137
Michigan（MI）	Michigan（MI）	Coldwater	49036
		Gaylord	49734 至 49735
Minnesota（MN）	明尼苏达州（MN）	Duluth	55801 至 55808
Mississippo（MS）	密西西比（MS）	Biloxi	39530 至 39535
Missouri（MO）	Missouri（MO）	St. Louis	63101 至 63141
Montana（MT）	蒙大拿州（MT）	Laurel	59044
Nebraska（NE）	内布拉斯加州（NE）	Hastings	68901 至 68902
Nevada（NV）	内华达州（NV）	Reno	89501 至 89513
New Hampshire（NH）	新罕布什尔州（NH）	Ashland	3217
New Jersey（NJ）	新泽西（NJ）	Livingston	7039
New Mexico（NM）	新墨西哥州	Santa Fe	87500 至 87506
New York（NY）	纽约（NY）	New York	10001 至 10048
North Carolina（NC）	北卡罗来纳州（NC）	Oxford	27565

续表

州		城 市	邮政编码
North Dakota（ND）	北达科他州（ND）	Walhalla	58282
Ohio（OH）	俄亥俄州（OH）	Cleveland	44101 至 44179
Oklahoma（OK）	俄克拉荷马州（OK）	Tulsa	74101 至 74110
Oregon（OR）	俄勒冈（OR）	Portland	97201 至 97225
Pennsylvania（PA）	宾夕法尼亚（PA）	Pittsburgh	15201 至 15244
Rhode Island（RI）	Rhode Island（RI）	Newport	02840 至 02841
South Carolina（SC）	南卡罗来纳州（SC）	Camden	29020
South Dakota（SD）	南达科他州（SD）	Aberdeen	57401 至 57402
Tennessee（TN）	田纳西州（TN）	Nashville	37201 至 37222
Texas（TX）	德州（TX）	Austin	78701 至 78705
Utah（UT）	犹他州（UT）	Logan	84321 至 84323
Vermont（VT）	佛蒙特（VT）	Killington	5751
Virginia（VA）	弗吉尼亚（VA）	Altavista	24517
Washington（WA）	华盛顿（WA）	Bellevue（home of windoze）	98004 至 98009
West Virginia（WV）	西弗吉尼亚（WV）	Beaver	25813
Wisconsin（WI）	威斯康星州（WI）	Milwaukee	53201 至 53228
Wyoming（WY）	怀俄明州（WY）	Pinedale	82941

六、某货代公司头程海运散货报价表

表 2-2-7　某货代公司头程海运散货报价表

国内中转仓	美 西	美 东	英 国	捷 克	澳大利亚（墨尔本）	法 国	德 国（VAT 递延）	单 位
东莞 CNDG	1 000	1 150	1 850	1 950	1 130	2 060	1 900	RMB/CBM
广州 CNGZ	1 060	1 210	1 910	2 010	1 190	2 130	1 960	RMB/CBM
宁波 CNNB	1 200	1 200	1 910	2 090	1 240	2 030	2 010	RMB/CBM

报价说明：

1. 客户货物到达我司中转仓并经查验，确认符合标准后，我司将按以上装柜时间安排出货；如因货物或关务资料等问题未能在计划时间内解决，装柜计划将顺延。客户可向我司客服了解未来几周的船期，以便合理安排发货时间或预定我司上门提货时间。

2. 客户货物送到仓库后，我司仓库需 2 个工作日内完成查验，请预留充足的库内操作时间。

3. 此报价是中转仓至海外仓的运输报价，不包含退税报关费、税金、保险、客户原因或不可抗力导致的其他费用等。

4. 最小计费单位是 0.1 CBM,不足 0.1 CBM 的,按 0.1 CBM 计费。每票最低计费重是 1 CBM,不足的按 1 CBM 计费。

本报价体积与重量比是 1 CBM＝350 kg,如货物体积重大于 350,则按较大值计费。

举例:方数 1.5 CBM,货重 1 680 kg,重量体积比为 1 680/1.5 ＝ 1 120＞350,则计费重取值为 1 680/350 ＝ 4.8,即 4.8 CBM。

5. 海运操作以客户在我司系统下单为准;如未在我司系统下单,则视为我司暂未承运此批货物。

6. 上门取件服务:深圳、广州、宁波,详情请咨询销售或客服。我司仓库联系方式见【上门取件收费标准】底部说明第 6 条。

7. 因客户问题或不可抗力导致延船、甩柜、查验等而产生的其他或有杂费由相关客户承担;由于船东爆仓、甩柜延船产生的费用我司承担。

8. 客户应按我司《客户备货指导》对货物打包及分装,以方便海外仓理货上架。

9. 计费节点/费用生效时间:以第一箱货物收货完成的时间为准。

渠道说明:

美国		美国海运散货渠道支持目的国自有税号清关,也支持物流商税号清关;报价仅包含一份清关费用,如需多个税号清关,需另外加收费用,详见如下报价或单询。
澳大利亚		1. 澳大利亚海运散货渠道不支持自有税号清关;
		2. 我司免费提供中澳原产地证办理服务。
欧洲	英国	此渠道在保税仓清关;英国海运散货渠道请客户提供目的国自有税号,若无自有税号清关,我司则不代接;报价仅包含一份清关费用,如需多个税号清关,需另外加收费用,详见如下报价或单询。
		查验货物派送费标准:1pallet＝75GBP;2pallet＝145GBP;3pallet＝210GBP;4pallet＝264GBP;5pallet＝315GBP;6pallet＝366GBP;7pallet＝406GBP;8pallet＝448GBP;9pallet＝490GBP;10pallet＝530GBP。
	捷克	捷克海运散货渠道不支持自有税号清关,捷克海运受欧盟清关政策影响,为了保证货物安全,去往捷克货物将在荷兰保税仓清关完成后转运捷克。
	法国	法国海运散货渠道不支持自有税号清关,本渠道在荷兰保税仓清关。客户走货需要提供在亚马逊或者 ebay 欧洲站点销售链接,建议申报价值不低于销售链接的 40%。
	德国（VAT 递延）	①要求客户自有税号清关(不支持英国 EORI 和 VAT 号;VAT 号和 EORI 号有关联;可接离岸税号),报价仅包含一份清关费用,如需多个税号清关,需另外加收费用,多税号清关费用请单询。
		②建议申报货值不低于销售价格的 30%,进口 VAT 递延。建议客户尽提高申报货值,特别是零关税和低关税的产品,避免因为货值引起海关查验而产生异常费用。

续表

欧洲	德国 (VAT 递延)	③走货时不需要提供链接,当海关认为申报价值有问题时,客户需配合提供实际售卖的销售链接,对销售链接无强制要求,但海关有权不认可并对货物重新核价。 ④客户第一次出货需要签署委托清关协议;提供税号公司的登记证和签字法人的护照或者身份证复印件;如海关有要求,客户需配合提供 VAT 和 EORI 的完税证明给我司。 ⑤若由于客户单证问题影响货物的运输、派送、清关等,相关的费用和责任由客户自行承担。不接受任何仿牌产品及其他涉及知识产权问题产品(已当地海关鉴定并与相似品牌律师团意见为准)。如因此发生海关扣押、销毁、退运等情况,所有相关费用(包括罚金、销毁费用)由客户自行承担,同时每票另加 3 000 欧元的进口商损失费。侵权产品、药品、粉末、液体、纯电池、危险品等不接受承运,如因此发生海关扣押、销毁、退运等问题的,由客户自行承担所有相关费用(包括罚金、销毁费用),同时加收每票 3 000 欧元的进口商损失费。 ⑥涉电产品要求有正规的 CE 标志和相关认证和报告。如遇到海关检查,需要提供相应的 CE 认证资料,需提供真实有效的文件,如不能,我司概不负责。
		电子产品(带电)到欧盟国家必须符合欧盟相关标准,取得 CE 认证,并具有 CE 标识,详情请咨询我司销售或客服。
查验费		如遇国内外海关查验,产生的查验费及因查验导致一系列费用(如改船费、改单费、改配等),请参考报价,若报价上无此费用,按出账账单或单据。 国外段的仓租柜租堆存费、销毁费、掏箱费等实报实销,由多个客户拼到一个柜子的,装柜到海关查验期间的费用,由柜中所有客户按方数分摊,海关查验后如有发现有问题的产品,则查验后产生的费用均由问题产品的客户承担。 散货查验费应收金额=(客户方数/柜子总方数)×应收总金额,我司对查验费追诉期为柜子放行到仓后的 3 个月。

七、某货代公司铁派报价表

表 2-2-8　某货代公司铁派报价表

地　区 ＼ 重　量	21～45 kg	45～100 kg	100～300 kg	300 kg+
德国	16.5	15	13	13
法国、卢森堡、比利时、奥地利、丹麦	19.5	18	15.5	15.5
荷兰、波兰、捷克、意大利、西班牙	20.5	19	17	17
葡萄牙、拉脱维亚、立陶宛、匈牙利、瑞典、芬兰	23	21	19	19

重　量 地　区	21～45 kg	45～100 kg	100～300 kg	300 kg+
保加利亚、斯洛伐克、罗马尼亚、爱沙尼亚、爱尔兰	24	22	20	20
产品说明				

一、收货属性：

1. 禁止寄仿牌、魔方、陀螺、电视购物类货品、原产为中国以外的货、纯电、液体、粉末食品、药品、易燃易爆、古董、货币、密封性包装等国家禁止出口及铁路公司禁运物品；禁止寄医疗物资（如口罩、额温枪、鞋套、防护服等）。如有发现冲货行为没收货物并罚款 20 000 元/票；

2. 陶瓷、3D 打印机及配件、智能机器人、投影仪、无人机等无线设备及配件、摄影器材及配件等高货值等，加收 2 元/kg；

3. 车载 DVD、播放器、收音机、滑板车等 100 元/台；

4. 纺织品类（服饰、鞋包、家纺等），加收 3 元/kg；

5. 手机、手表、平板电脑、笔记本电脑等，加收 3 元/个；

6. 私人地址派送（非亚马逊地址都算私人地址），加 1 元/kg　最低 100 元/票；

7. 单票品名不超 5 个，超过 1 个品名加收 20 元/个；

8. 特殊高税率产品及其他产品，附加费请单询。

二、操作要求及注意事项：

1. 货物重量的计算方式：（长×宽×高）cm³/6 000，实重与材积重取大值为计费重；

2. 单件实重不足 15 kg 按 15 kg 收取；

3. 尺寸限制：单边长<120 cm，或次长<80 cm，单件重量<30 kg（实重或体积重量），最长边+2×（宽+高）<300 cm，拒收超大超重货物；

4. 不收取金属或木质包装材料的物品和无法完全装入一般纸箱的圆柱形物品，例如：木桶、鼓、圆筒或者轮胎；

5. 交货前需提交电子档箱单与发票，货物品名和价值需要如实申报，资料标明是否带电，是否为一般贸易报关。

三、附加费用：

1. 单独报关费人民币 350 元/票，品名限制 5 个，超出 5 个品名加收 50 元/页续每页费；

2. 偏远费及超长超重附加费，均实报实销；

3. 货交服务商后，需修改地址、更换外箱包装，按 150 元/件；

4. 如需单独提供交货证明（POD），如按 60 元/件加收；

5. 如因客户原因产生额外费用，将实报实销。

续表

四、赔偿说明:
1. 丢件赔偿:未上网提取经核实丢件,最高补偿三倍运费且不退运费。已上网提取丢件,按申报价值赔偿最高不超过 100 美元/票,贵重物品建议购买保险。 2. 提取上网后,如派送异常,必须在 15 天内申请调查(以官网更新的最后一条信息时间为准),否则只接受查询不接受索赔。未提取上网,必须在交货后 1 个月内提出申请调查,超期件将我司不予受理。 3. 非整箱丢失,内装物品短少,不予赔偿。 4. 若亚马逊仓库因包装问题、标签问题产生拒收等原因,我司不承担任何责任。
五、免责申明:
1. 我司无法保证可以逐一审核查验所有货物及其发票箱单和外箱包装等,如因货物本身及发票箱单、包装等问题导致海关扣货、收件人拒收或退回,所产生的一切费用及责任由发件方承担。 2. 不符合目的地国家进口要求的货物不能寄运。出口货物需要办理审批、检验、认证等手续的,发件方应当将办理完有关手续的证明文件提交我司,但我司无鉴别货物出口所需授权、检验、认证等资料文件真实性的能力,发件方所提供的相关文件,我司默认其真实有效。如因产品授权、认证等相关资料缺失或者无效导致货物退运、查没、扣留、销毁等产生的所有责任和相关费用将由发件方承担,给我司或第三人造成经济损失的,发件方应承担相对应责任。 3. 目的地海关认定货物是品牌货物,或者是 CE、蓝牙、HDMI、FDA、FCC、Lacey Act、DOT 等认证和授权的问题,或者货物属于当地反倾销货物或不符合目的地国家进口要求的货物,客人需要提供相应授权书和认证报告(如下货物需要 CE 认证或产品上有 CE 标志,包括:电子产品、电器、灯具、玩具类、机械类、带电产品。其中玩具因为涉及儿童健康,还需要 ENT1 标准测试报告,主要涉及无毒无害证明,玩具上还要有具体吊牌标明适合年龄段等详细的说明)。 4. 因不可抗拒因素造成的延误和丢件,我司不承担赔偿责任。(不可抗拒因素包括但不限于地震、泥石流、洪涝灾害;台风、暴雨雪、雾霾等恶劣天气;罢工、恐怖事件、意外交通事故、法规政策的修改、政府、海关等司法机关的行为、决定或命令;抢劫、飞车抢夺等暴力犯罪等。) 5. 发往亚马逊货物请自行贴好入仓 FBA 标签贴纸,每件外箱包装上须粘贴 2 个以上合格的 FBA 标签贴纸并用透明胶布覆盖(必须达到条码字体清晰、防潮湿耐磨损),我司不再对包装做任何审核。 6. 托寄物可能获得的收益、利润、实际用途、商业机会、商业价值等任何间接损失,我司不承担赔偿责任。 7. 如因客户原因导致货物退件或销毁产生费用,我司将直接向寄件人收取。
六、温馨提示:
1. 根据亚马逊仓 FBA 货物规定,货物单件重量限制在 23 kg 以内,如单件重量若超过 15 kg,在外箱贴上"Heavy Package"(超重标签); 2. 所有货物外箱需贴"MADE IN CHINA"标签; 3. 此渠道为双清渠道,我司概不提供任何清关文件号码以及交税证明。
特别提示:如客户一旦同意接受我公司服务,我司默认为客户已详细阅读过此价格表备注内容,并接受各条款的约束。

◎任务实施

【任务要求】

请同学们仔细查看前面所列举的各物流报价表,请用以上报价表进行物流费用计算并根据以下引导问题假设跨境出口电商商业情景,进行物流费用的计算。注意把计算过程和思路写清楚,最终以PPT形式分组汇报实训成果。

【任务分组】

同学自由分组,4～6人为一组。

表2-2-9　学生任务分配表

班　级		组　号		指导老师	
组　长		学　号			
组　员	姓　名	学　号	姓　名	学　号	
任务分工					

【任务计划与实施】

引导问题1:A公司邮件包裹重0.35 kg,需要通过邮政易邮宝发往德国,请为该包裹计算运费,并写下计算过程。

引导问题2：A 公司邮件包裹重 1.4 kg，需要通过邮政易邮宝发往英国，请为该包裹计算运费，并写下计算过程。

引导问题3：A 公司有个重 40 g 的小件需要发往美国，请分别计算易邮宝和专线物流的运费，并写下计算过程。

引导问题4：A 公司有件服装重 1.5 kg，要发往美国，请问通过易邮宝、专线物流和 UPS 渠道的物流费用分别是多少？

引导问题5：A 公司有个长宽高分别是 40 cm、30 cm、20 cm，重 4.4 kg 的包裹需要发往法国，请问通过专线物流和 UPS 渠道的物流费用分别是多少？

引导问题 6：A 公司有一批货需要通过 FedEx 发往亚马逊美国仓库，该批货物共有 3 箱，分别重 15.8 kg、16.4 kg 和 21.2 kg，3 箱尺寸均为 50 cm×40 cm×40 cm，请为该包裹计算运费，并写下计算过程。

引导问题 7：有位比利时客户在速卖通平台向 A 公司订购了一双鞋，订单商品收入是 39.99 欧元，运费收取 5.45 欧元。产品成本是 128 元人民币，产品包装重量是 1.8 kg。请分别计算采用　　　　　勿流和 UPS 物流渠道下的订单利润，并写下计算过程。（提示：需考虑平台佣　　　

重庆市国丰印务有限责任公司
合格证
检验工号:11

引导问题 8：A 公司有批皮具产品需要发往亚马逊位于洛杉矶的仓库，该批商品共有 6 箱，每箱均重 20.7 kg，箱子包装尺寸均为 55 cm×45 cm×45 cm，请问通过空派渠道和 FedEx 大货渠道的物流费用分别是多少？请写下计算过程。

引导问题9：A 公司有一批货物需要通过海运发往英国。该批货物总计 22 箱，每箱重 25 kg，每箱包装尺寸均为 60 cm×50 cm×50 cm，请为该批货物计算运费，并写下计算过程。

引导问题10：A 公司有一批平板电脑和服装需要通过铁运发往荷兰。该批货物总计 18 箱，其中平板电脑共 12 箱，每箱重 18.3 kg，每箱包装尺寸为 55 cm×45 cm×45 cm。服装共 6 箱，每箱重 22.15 kg，每箱包装尺寸均为 55 cm×50 cm×45 cm，请为该批货物计算总运费，并写下计算过程。

◎ 课程思政

海运是跨境运输中很重要的一种物流方式，每一次的条例都会直接影响运费的变动。下面请了解交通运输部修改的《中华人民共和国国际海运条例实施细则》中的第一章总则。

中华人民共和国交通运输部令2019年第41号

【思政考核】

要求：请根据以下选项，选出正确的答案。

1.（多选题）无船承运业务，是指《海运条例》第七条第二款规定的业务，包括为完成该项业务围绕其所承运的货物开展的下列活动（   ）。

    A. 以承运人身份与托运人订立国际货物运输合同

    B. 以承运人身份接收货物、交付货物

    C. 签发提单或者其他运输单证

    D. 收取运费及其他服务报酬

    E. 支付运费或者其他运输费用

2.（多选题）公布运价，是指国际班轮运输经营者和无船承运业务经营者运价本上载明的运价。运价本由（　　）应当遵守的规定等内容组成。

A.运价　　　　　　B.运价规则　　　　　　C.承运人　　　　　　D.托运人

◎ 考核评价

根据考核内容，学生完成自我小结并进行自评打分，教师根据学生活动情况进行点评并完成教师打分，最后按自评分×40%＋教师评分×60%计算得分。

表 2-2-10　考核评价表

项目二	任务二　物流运费报价与计算				
班 级		团 队		姓 名	
评价类别	考核内容	分　数	自评	教师评分	
知识素养	了解并比较各物流方式的运费报价情况	10			
	认知不同物流方式中,运费报价的注意事项	10			
	能根据案例情景,准确计算其过程	10			
职业技能	掌握各物流方式的运费报价情况	15			
	掌握各物流方式的运费的对比	15			
	熟悉不同物流方式中报价的注意事项	10			
	掌握知识并能运用到现实的情景当中来	15			
职业素养	具有团队合作精神,小组能够协调分工完成任务	5			
	具有创新意识、创新精神,能够在海外仓管理中提出自己的观点	5			
	具备资源整合能力,能够借助外部资源,借鉴相关案例经验熟悉运用物流运费报价及计算	5			
小　计		100			
合计＝自评分×40%＋教师评分×60%					

任务三　亚马逊运费模板设置

之前的任务中我们已经了解了国际配送运费,接下来就可以根据你的产品属性配置运费模板了。无论是亚马逊、速卖通或自建外贸网站,设置运费模板的思路大致都相同,以下以亚马逊美国站为例,讲解设置运费模板的方式。

◎知识点

一、认识亚马逊运费模板

亚马逊物流配送分为两种:FBA 和 FBM。

1. FBA

FBA 全称为 Fulfillment By Amazon,是指卖家将商品批量发送至亚马逊物流运营中心,由亚马逊负责帮助卖家存储,当商品售出后,由亚马逊完成订单分拣、包装和配送,并为这些订单提供买家咨询、退货等客户服务。如果卖家已经将商品送往亚马逊仓库,只需要等到亚马逊接收商品后,在"库存"-"修复无在售信息的亚马逊库存"中将 SKU 设置成"亚马逊物流"配送即可,如图 2-3-1 所示。卖家无须再设置运费模板,亚马逊 FBA 向所有亚马逊会员包邮,亚马逊系统也会根据买家收件地址、选择的物流方式和仓库位置,在商品页面自动匹配预估到货时间。

图 2-3-1　转换 SKU 成亚马逊物流配送

◎知识加油站

什么是 SKU 和 SPU?

SKU＝Stock Keeping Unit,即最小库存单位。例如一款女士连衣裙分为红、黄、蓝三色,每个颜色下又有 XS、S、M、L、XL、XXL 六个尺码,具体到黄色 M 码的连衣裙已经不能再被分解,因此它就是一个SKU。该连衣裙一共由三种颜色 ＊ 六个尺码 = 18 个 SKU 构成。SKU 的说法几乎在全球电商企业中通用,大家认识一致。

SPU= Standard Product Unit,即标准产品单元。是商品信息聚合的最小单位,属性值、特性相同的商品就可以成为一个SPU。例如一款女士连衣裙分为红、黄、蓝三色,每个颜色下又有六个尺码。这里说的"一款"其实就是一个SPU。SPU 的概念在不同电商企业中叫法并不统一,有些叫 Item,有些叫商品 ID,还有的叫作 Listing 或 Product。

2. FBM

FBM 全称为 Fulfillment By Merchant,即卖家自己发货履行订单。做 FBM 之前,卖家需要自己配置运费模板。

亚马逊会在商品信息页和结算页中为买家显示预计的配送时间。这是从买家下单到订单送达预计所用的时间。亚马逊按工作日计算备货时间和运输时间。

$$总配送时间=备货时间+运输时间(即配送时间)+周末及节假日$$

备货时间:这是从买家下单到卖家将订单商品交给配送服务提供商预计所用的时间。

运输时间(也称为配送时间):这是卖家将订单商品交给承运人到订单送达预计所用的时间。

买家更愿意购买总配送时间短的商品,总配送时间短的商品在亚马逊上赢得购买按钮(Buy Box)的概率也更大。

二、亚马逊运费模板设置

在亚马逊账户后台选择【设置】-【配送设置】进入运费模板配置界面。在【配送设置】界面有两块功能区,【一般配送设置】和【配送模板】。配送设置界面如图 2-3-2 所示。

图 2-3-2 配送设置界面

1.首先对【一般配送设置】进行更改

（1）默认配送地址

这是填写卖家默认发货名称和地址以及订单系统的时区。

注意1：亚马逊会根据卖家的发货地址来判断你的运输时长，例如你的发货地址是中国大陆，采用标准配送方式发给美国客户，亚马逊会默认运输时长为14~28天，且不可更改。如果卖家设置默认发货地址为美国第三方海外仓，采用标准配送方式发给美国客户，运输时长则为2~3天，2~4天或5~8天三个可选项。

注意2：在亚马逊系统中目前只能设置一个默认配送地址，亚马逊无法为不同SKU设置不同的发货仓库，这意味着卖家无法配置多个发货地址。例如，一个卖家既有SKU需要从国内发货给美国客户，又有SKU备货在美国海外仓。卖家只能对账户设置一个默认发货地址。假如默认配送地址设置成从中国发货，那么所有的SKU在标准配送方式下均会显示运输时长为14~28天，尽管存放在美国仓库的SKU不需要如此长的运输时间；假如默认配送地址设置成美国海外仓的地址，那所有的SKU在标准配送方式下均会显示运输时长为5~8天（最长运输时长选项下）。以上两种设置均不是最佳方案，对买家来说14~28天的运输时长过久；对卖家来说，同样无法保证不同发货地址下的SKU都在5~8天内妥投。

注意3：时区的设置会影响订单备货期和运输时间的计算，建议将时区设置成买家本地时区即可。

图2-3-3　订单截止时间

（2）订单配送设置

①General Fulfillment Settings：一般配送设置。

首先卖家可以在编辑中调整每天订单"截止时间"。

订单截止时间用于确定商品的预计发货日期。对于在设定的订单截止时间之前收到的订单，应在当天发货，而对于在订单截止时间之后收到的订单，则预计在下一个工作日发货。订单截止时间设置如图2-3-3所示。

其次卖家可以在编辑中设置"工作日"，亚马逊规定星期一至星期五为营业日。卖家可以手动将星期六和星期日选为营业日。将星期六和星期日设为营业日后，在系统计算预计发货日期时会将其考虑进去，也就是说，卖家需要在星期六和星期日配送订单。

②Fulfillment Settings for Shipping Region Automation：配送设置自动化。

当卖家所有商品都在美国第三方海外仓发货时，可以设置该功能。

配送设置自动化可帮助卖家快速创建配送模板，其中包含准确的配送区域和配送到各配送区域所需的运输时间。亚马逊将通过应用卖家使用的配送服务级别（标准、加急、两日达等）的准确运输时间，帮助卖家动态地计算运输时间。亚马逊会定期刷新卖家的配送模板,以反映配送服务级别的最新配送速度,确保卖家的配送设置始终是准确的,且无须卖家自己手动维护配送模板。

（3）备货时间

即备货期,指客户下单到卖家发货前的商品准备期。备货期缺省默认值为 $1 \sim 2$ 天(工作日)。卖家上传产品时可以为每个 SKU 设置不同的备货期。

2. 对【配送模板】进行更改

配送模板界面如图 2-3-4 所示。

图 2-3-4　设置配送模板界面

在【配送模板】页面可以对系统默认配送模板"Migrated Template"进行"编辑模板"操作,也可以"创建新配送模板"。

编辑模板界面,如图 2-3-5 所示。

图 2-3-5　编辑模板界面

（1）运费模型

每件商品/基于重量：当买家购买你的商品时，亚马逊会收取固定的单次配送费用，并计算订单中单位重量或每件商品的相应运费。

基于重量的运费示例：

卖家可以将单次配送运费设置为 4.00 美元，并将每磅运费设置为 0.50 美元。

一位买家购买了两件商品：一台 25 磅的电视和一台 1 磅的 DVD 播放器。

亚马逊将按照如下方式计算要向买家收取的总运费：4.00 美元+0.50 美元/磅×(25 磅+1 磅)= 17.00 美元。

基于商品的运费示例：

卖家可以将单次配送费用设置为 4.00 美元，并将每件商品的运费设置为 1.00 美元。

一位买家购买了两件商品。亚马逊将按照如下方式计算要向买家收取的总运费：4.00 美元+1.00 美元×2 件商品 =6.00 美元。

商品价格分段式配送：借助商品价格分段式配送，卖家能够创建订单价格范围或分段。每个商品价格分段均具有各自的运费。买家购买你的商品时，亚马逊会检查订单总额、识别总额所属的分段，然后收取你为该价格分段指定的运费。

商品价格分段式配送示例：

例如：可以创建价格分段如表 2-3-1 所示。

表 2-3-1　商品价格分段式配送示例

收入分段	运　费
0.00 ~ 50.00 美元	10.00 美元
50.01 ~ 80.00 美元	5.00 美元
80.01 美元及以上	0.00 美元

如果买家的订单总额为 75 美元。

亚马逊根据商品价格分段式配送费用进行计算，应向买家收取的总运费为 5.00 美元。

（2）配送区域自动化

配送区域自动化可帮助卖家根据首选配送服务的配送速度和库房位置，为次日达和隔日达设置配送区域。亚马逊将定期刷新这些区域，以反映卖家的配送服务的最新速度。启用"配送区域自动化"后，卖家将无须为优先配送选项手动设置配送区域。

简单来说由于亚马逊只能默认一个配送地址，一般只有当所有商品都是美国第三方海外仓发货时才会使用这项功能，亚马逊会根据卖家的发货仓地址和指定的物流服务商、每天订单截单时间等因素为买家匹配订单配送时长和可用的物流服务（如当天送达、隔日达等）。

（3）配送选项、地区和运费

在这里来设置可以配送的区域及费用，设置界面如图2-3-6所示。对美国站来说，这里的"国内配送"是指美国境内配送，"国际配送"是指非美国境内的配送，如法国买家也能够在亚马逊美国站下单，订单中送至法国的运费则按照这里设置的"国际配送"规则来收取。

如果卖家是从中国大陆发货，则无须设置"隔日达"和"当天送达"，只需要设置"标准配送"和"加急配送"即可。

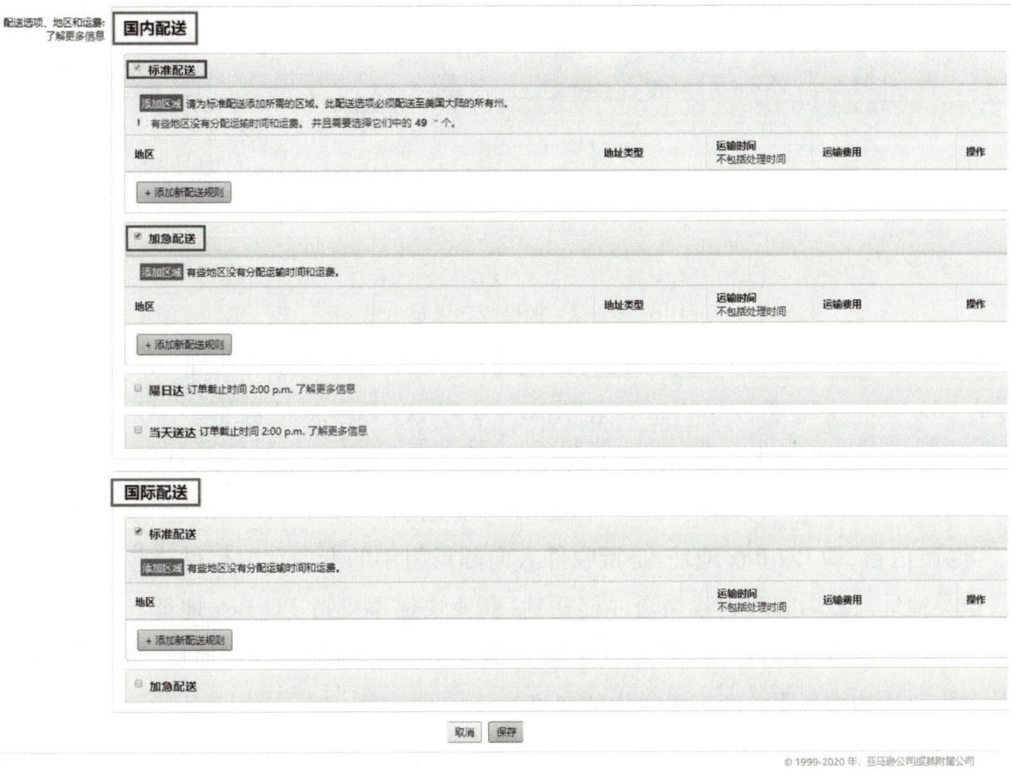

© 1999-2020年，亚马逊公司或其附属公司

图2-3-6 编辑配送地区和运费

仓库默认配送地址在中国的，在"标准配送"方式下，亚马逊默认运输时间为14～28天，且不可更改，适合卖家采用小包、专线物流等方式发货。我们以图2-3-7为例讲解设置"标准配送"规则：（运费模型为：每件商品/基于重量）

第一，亚马逊要求美国所有本土州运费必须相同，即包含缅因州、佛蒙特州在内的48个州运费必须一致。图上我们对本土48个州的每笔订单和每磅重量都设置为0美元，意味着卖家对这48个州包邮。

注意：基于每件商品或基于重量收费，可以通过下拉框进行更改。

第二，针对美国海外州和保护国，如夏威夷、阿拉斯加、关岛等按照每笔订单5.99美元+每件商品3.00美元进行收费。上述地区由于国际航班较少，运费成本高的原因，通常不建议卖家包邮。基于图 2-3-7 的配送规则,假如一位在夏威夷的客户购买了 3 件共重 1.6 磅的商品,则该笔订单的运费应为:5.99 美元+3 件×3 美元＝14.99 美元。

图 2-3-7　标准配送设置示例

第三,针对 AA/AE/AP 运费的设置。它们都是美军军事邮局地址,AA 表示 Armed Forces (the) Americas 美洲军事;AE 表示 Armed Forces Europe 欧洲军事;AP 表示 Armed Forces Pacific 太平洋军事。这类地区订单较少,卖家可以设置不配送到这些地址。

注意: 在图 2-3-7 中地址类型有"街道"和"邮政信箱"选项,其中"街道"系统默认选项中。"邮政信箱"即 PO Box 地址,是指收件人向邮局租用的专门存取信件或包裹的邮箱地址。这类地址只能用邮政物流渠道才能送达,商业快递不支持 PO Box 地址。如果你所售的商品超出邮政小包 2 kg 的包裹重量限制,建议不要支持"邮政信箱"地址,因为你很可能无法找到合适的物流服务商来配送你的包裹。

同样,我们也可以编辑"加急配送"规则,"加急配送"适合卖家采用商业快递的方式进行发货。因为在系统后台,"加急配送"最长的运输时间选项也仅只有 3~5 天,见图 2-3-8。

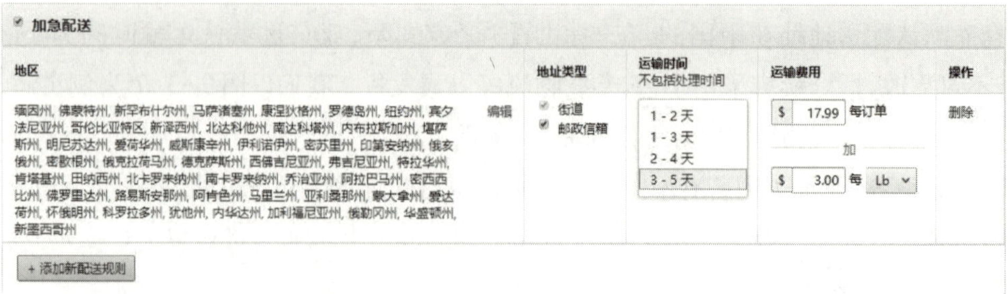

图 2-3-8　加急配送设置示例

只有商业快递能够满足"加急配送"的时效要求。卖家可以根据物流服务商提供的商业快递报价来确定如何收取运费。

再来看"国际配送"的设置。在这里可以设置配送到美国以外国家的运费,如图2-3-9所示。

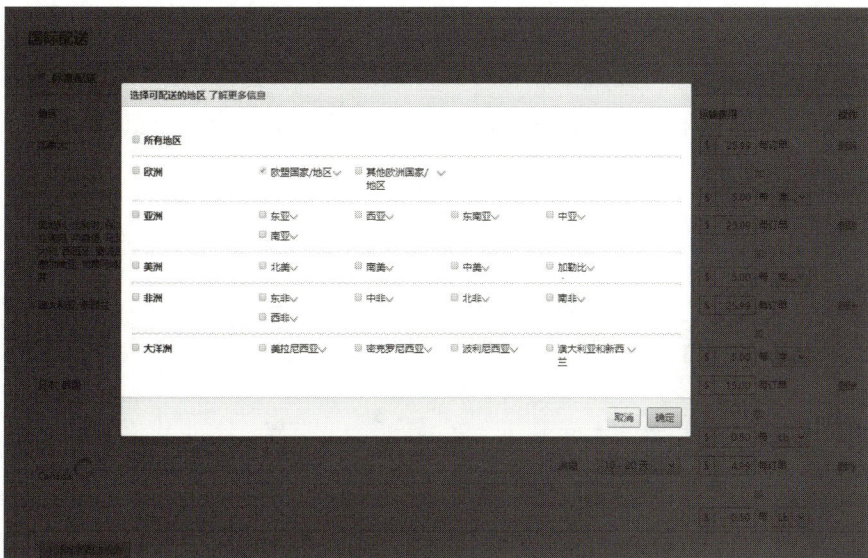

图2-3-9　国际配送地区设置示例

卖家可以按照洲或者国家添加新的配送规则,并且为每个规则设置不同的运输时间和运输费用。同样的,国际配送也分为标准配送和加急配送,如图2-3-10所示。

图2-3-10　国际配送规则添加示例

◎任务实施

【任务要求】

通过课程学习清楚亚马逊物流订单的发货流程及配送设置,请根据引导问题逐步学习、研讨,并登录亚马逊平台进行实训操作,最终以PPT形式分组汇报实训成果。

【任务分组】

同学自由分组,4~6人为一组。

表2-3-2　学生任务分配表

班　级		组　号		指导老师	
组　长		学　号			
组　员	姓　名	学　号	姓　名	学　号	
任务分工					

【任务计划与实施】

引导问题1:亚马逊物流配送分为:FBA和FBM,它们分别是什么意思? 有什么不同?

引导问题2:请你以亚马逊卖家身份,以亚马逊美国站为例,在Seller Central后台创建新的运费模板。(以标准运输为例)

Shipping country:China。

Set Shipping Model:为运费选择运费模式:

①Price Banded。

设置如下：

订单金额	运 费
0 ~ US $10	US $2
US $10.01 ~ 50	US $5
US $50.01 ~ UP	US $10

②Per Item/Weight-Based。

A. 设置按件数收费，每票货固定收取 5 美元，每件货收取 1 美元。如果客户选购 A 和 B 两件物品，请计算这一票货的运费。

B. 设置按重量收费，每票货固定收取 5 美元，每磅(LBS)收取 1 美元，如果客户选购的产品包裹重量为 5 磅(LBS)，请计算这一票货的运费。

选择愿意运送到的国家和地区、运送服务、选择能提供的服务时效。（系统的时效是默认设置，不可以改变。）

引导问题3：“标准配送”和“加急配送”一般应该采用何种策略收取客人运费？

引导问题4：运费定价需要考虑的因素包含哪些？

◎ 课程思政

【思政考核】

要求:回顾学习内容,请根据以下选项,选出正确的答案。

1.(判断题)国内配送时,必须至少为每个模板提供标准配送。提供隔日达配送的区域也须提供标准配送。　　　　　　　　　　　　　　　　　　　　　　　(　　)

2.(判断题)您可以选择不将商品配送到邮政(P.O.)信箱,但必须配送到街道地址。
　　　　　　　　　　　　　　　　　　　　　　　　　　　　　　　　　(　　)

3.(判断题)对于标准配送选项,美国大陆的所有区域(不包括夏威夷、阿拉斯加和美国保护国/地区)均须采用不同运费。　　　　　　　　　　　　　　　　　　(　　)

◎ 考核评价

根据考核内容,学生完成自我小结并进行自评打分,教师根据学生活动情况进行点评并完成教师打分,最后按自评分×40％＋教师评分×60％计算得分。

表 2-3-3　考核评价表

项目二	任务三　亚马逊运费模板设置				
班　级		团　队		姓　名	
评价类别	考核内容	分　数	自　评	教师评分	
知识素养	认知亚马逊物流配送的两种模式	10			
	懂得设置亚马逊运费模板	10			
	掌握修改运费模板	10			
	认知运费定价需要考虑的因素	10			
职业技能	掌握亚马逊物流配送方式	15			
	懂得设置及修改运费模板	15			
	掌握不同运费定价	15			
职业素养	具有团队合作精神,小组能够协调分工完成任务	5			
	具有创新意识、创新精神,能够在海外仓管理中提出自己的观点	5			
	具备资源整合能力,能够借助外部资源,借鉴相关案例经验熟悉对亚马逊运费模板的设置	5			
小　计		100			
合计＝自评分×40％＋教师评分×60％					

任务四 速卖通运费模板设置

◎ 知识点

跟亚马逊分国家站点不一样的是,阿里速卖通店铺几乎是面向全球买家。因此速卖通在设置运费模板的时候需要针对国家和物流方式进行配置。

一、速卖通物流类型

速卖通里的物流方式有很多种,卖家可以在设置运费模板时自行选择想要使用的物流方式,主要有以下几大类型的物流方式。

1. 经济类物流

限5美元以下(部分路线限2美元以下)订单使用。物流运费成本低,目的国包裹妥投信息不可查询,适合运送货值低、重量轻的商品。经济类物流仅允许使用线上发货,即利用速卖通后台创建线上物流运单。目前速卖通提供以下几种经济类物流方式,菜鸟超级经济(Cainiao Super Economy)、菜鸟超级经济Global(Cainiao Super Economy Global)、菜鸟专线经济(Cainiao Expedited Economy)、菜鸟特货专线—超级经济(Cainiao Super Economy for Special Goods)、中国邮政平常小包+(China Post Ordinary Small Packet Plus)、4PX新邮经济小包(4PxSingapore Post OM Pro)、菜鸟超级经济—顺友(SunYou Economic Air Mail)、菜鸟超级经济—燕文(Yanwen Economic Air Mail)。它们在价格、配送范围、重量限制、订单金额限制等方面各不相同。附速卖通官方介绍,请扫码查看。

经济类物流介绍

2. 简易类物流

邮政简易挂号服务,可查询包含妥投或买家签收在内的关键环节物流追踪信息。限5美元以下(西班牙限10美元以下)订单使用。目前速卖通提供AliExpress无忧物流—简易和菜鸟特货专线—简易两种服务。附速卖通官方介绍,请扫码查看。

简易类物流介绍

3. 标准类物流

包含邮政挂号服务和专线类服务,全程物流追踪信息可查询。目前速卖通提供以下几种标准类物流服务:AliExpress无忧物流—标准(AliExpress Standard Shipping)、菜鸟大包专线(Cainiao Heavy Parcel Line)、菜鸟特货专线—标准(Cainiao Standard Shipping for Special Goods)、菜鸟专线—标准(Cainiao Expedited Standard)、无忧集运(Cainiao Consolidation)、Aramex中

标准类物流介绍

东专线、DHL eCommerce 小包、中国邮政挂号小包(China Post Registered Air Mail)、e 邮宝(ePacket)、中邮 e 邮宝（ePacket）、4PX 新邮挂号小包（Singapore Post 4PX）、燕文航空挂号小包(Special Line-YW）。附速卖通官方介绍,请扫码查看。

4. 快速类物流

包含商业快递和邮政提供的快递服务,时效快全程物流追踪信息可查询,适合高货值商品使用。目前速卖通提供以下几种快速类物流服务:

AliExpress 无忧物流优先（AliExpress Premium Shipping）、香港 DHL（HK DHL）、DPEX、EMS、e＿EMS、顺丰国际标快、UPS Expedited、UPS Express Saver、FedExIE、FedExIP。附速卖通官方介绍,请扫码查看。

快速类物流介绍

5. 线下类物流

不通过速卖通平台创建运单,卖家通过自己的物流渠道发货。

6. 海外仓物流

已备货到海外仓的货物所使用的海外本地物流服务。在之后的任务中我们会学习如何对速卖通海外仓进行操作。

物流方式的选择需要考虑的因素很多,国际物流受到国家政策法规、物流成本、天气等多种客观因素的影响。卖家所经营的产品特征(如重量、体积、是否带电、是否为限寄产品)也各不相同,因此需要结合各类物流方式的特点设置不同的运费模板。

二、无忧物流

速卖通平台和同为阿里集团旗下的菜鸟物流合作推出的 Aliexpress 无忧物流,为速卖通卖家提供国内揽收、国际配送、物流详情追踪、物流纠纷处理,售后赔付一站式的物流解决方案。

目前 AliExpress 无忧物流提供 4 种物流服务,如表 2-4-1 所示。

表 2-4-1　无忧物流服务列表

物流名称	物流类型	运送范围	寄送限制
无忧简易（AliExpress Saver Shipping）	简易类物流	俄罗斯、西班牙、乌克兰、白俄罗斯本土、智利全境邮局可到达区域	白俄罗斯、乌克兰、智利不支持任何带电货物及化妆品;俄罗斯向接受含电池类物品(电池须内置),不接受纯电池类物品
无忧标准（AliExpress Standard Shipping）	标准类物流	全球 254 个国家及地区(部分区域暂停)	不接受配套电池和纯电池;南非不支持任何带电货物及化妆品,多米尼加共和国不支持任何带电货物

续表

物流名称	物流类型	运送范围	寄送限制
无忧自提（AliExpress PickUp Service）	标准类物流	覆盖俄罗斯本土66个州，183个城市的近800个自提柜	只支持承运普通货物，不支持带电、纯电及化妆品
无忧优先（AliExpress Premium Shipping）	快速类物流	全球176个国家及地区（部分区域暂停）	只支持承运普通货物，不支持带电、纯电及化妆品

针对使用无忧物流发货的卖家，速卖通提供了诸多政策支持。

1. 保护政策1

物流纠纷无须卖家响应，直接由平台介入核实物流状态并判责。非物流问题导致的纠纷，仍然需要卖家自行处理。速卖通平台纠纷详情页面如图2-4-1所示。

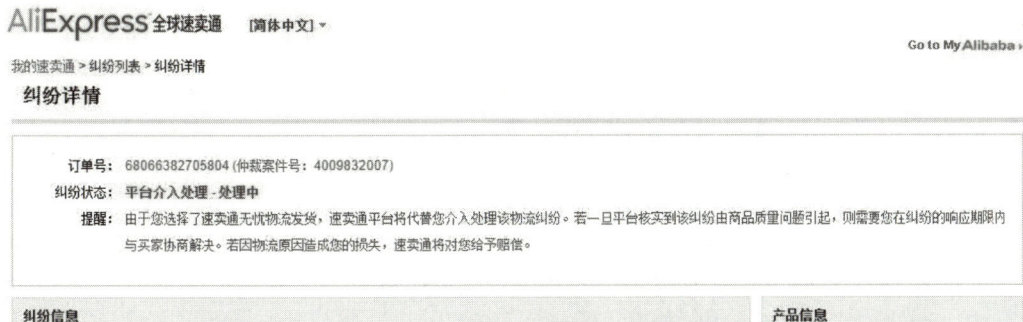

图2-4-1　速卖通-纠纷详情页面

2. 保护政策2

因物流原因导致的纠纷、DSR[①]分不计入卖家账号考核。具体保护政策如下：

①在订单交易结束后，买家匿名给予DSR分项评分——物流运送时间合理性（shopping speed）1、2、3星评价，不计入买家不良体验订单中DSR物流1、2、3分；

②对于买家提起的未收到货纠纷/纠纷处理人员修改为未收到货的纠纷，最终速卖通进行裁决的情况，不计入纠纷提起率、仲裁提起率及卖家责任率；

③买家以未收到货提起的纠纷，最终速卖通平台判断是货物有问题的纠纷且卖家无责任的情况，对纠纷提起率、仲裁提起率进行免责。

3. 保护政策3

你敢用我敢赔，物流原因导致的纠纷退款由平台承担。速卖通-无忧物流赔付界面如

---

①　速卖通DSR是指卖家服务评级系统（Detailed seller ratings），包括买家在订单交易结束后以匿名方式对卖家在交易中提供的商品描述的准确性（Item as described）、沟通质量及回应速度（Communication）、物品送送时间合理性（Shipping speed）三方面服务作出的评价（单向评分）。

图 2-4-2 所示。

无忧物流敢用敢赔：

①AliExpress 无忧物流—标准：赔付上限 800 元人民币；

②AliExpress 无忧物流—优先：赔付上限 1 200 元人民币；

③AliExpress 无忧物流—简易：赔付上限 35 元人民币。

图 2-4-2　速卖通-无忧物流赔付

因以下问题导致的纠纷退款由平台承担：

A. 货物仍然在运输途中（超过限时达时间/货物丢失）；

B. 物流原因导致的运单号无法查询到物流信息；

C. 物流商发错地址的情况。

卖家责任平台不赔付，例如：

A. 卖家延迟发货，自创建物流订单起 5 工日内货物未到达仓库；

B. 卖家填写了错误的运单号；

C. 卖家填错地址；

D. 卖家未按约定方式发货，例如买家下单时选择优先服务，卖家擅自更换为标准服务；

E. 卖家商品包装不当，导致商品因缺乏必要的缓冲保护材料而破损。

4. 保护政策 4

物流服务不满意卖家可在线投诉。线上物流服务投诉入口界面如图 2-4-3 所示。

①标准服务：从物流订单创建起 120 天内，卖家可针对入库前丢件、费用争议（重量不符为 60 天）在线发起投诉。

图 2-4-3　线上物流服务投诉入口

②优先服务：从物流订单创建起 40 天内，卖家可针对入库前丢件、费用争议在线发起投诉。

三、运费模板设置

卖家可以选择新手运费模板或自定义的运费模板，下面我们依次了解一下新手运费模板和"自定义模板"。

1. 新手运费模板

登录店铺后台以后，在【商品】页面下面的【物流模板】进行设置。

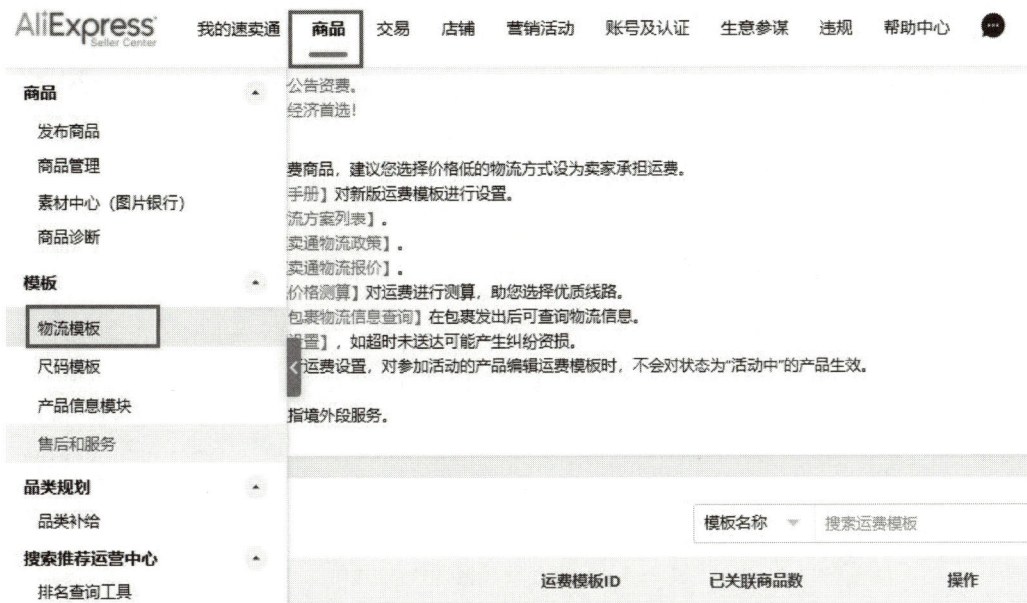

图 2-4-4　物流模板设置

如图 2-4-4 进入【物流模板】页面，系统默认已有一个运费模板"Shipping Cost Template for New Sellers"，即新手运费模板，该模板可以查看和复制，但不可编辑修改。

点击查看新手运费模板，会发现默认发货地为中国，该模板设置有三种物流方式，分别是简易类、标准类和快速类。如图 2-4-5 所示。

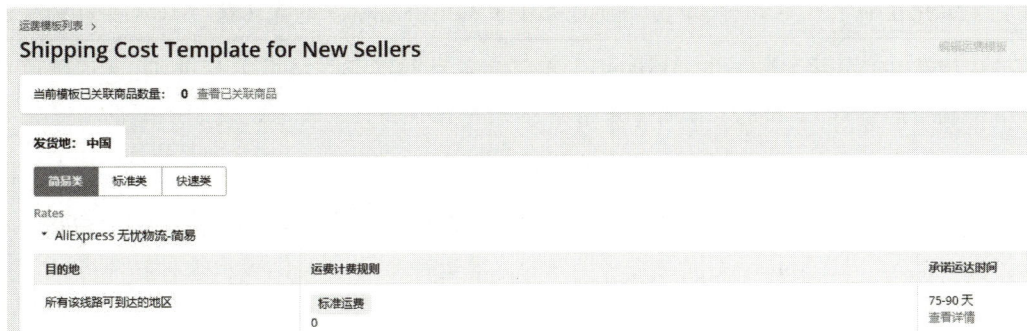

图 2-4-5　速卖通新手物流模板

点击【简易类】下面的"AliExpress 无忧物流-简易",标准运费显示为 0,意味着此种物流模式下订单为包邮。点击"承诺运达时间"下面的【查看详情】能看到该种物流支持的国家和承诺运达时间。

切换到【标准类】,如图 2-4-6 所示。下面关联了三种物流方式:e 邮宝、中国邮政挂号小包和 AliExpress 无忧物流-标准。

发货地:中国

简易类　标准类　快速类

Rates

▾ e邮宝

目的地	运费计费规则	承诺运达时间
所有该线路可到达的地区	标准运费 0	27 天 查看详情

▾ 中国邮政挂号小包

目的地	运费计费规则	承诺运达时间
共26个国家/地区　全部 澳大利亚, 比利时, 巴西, 加拿大, 瑞士, 德国, 丹麦, 西班牙, 法国, 爱尔兰, 以色列, 意大利, 日本, 马来西亚, 挪威, 新西兰, 波兰, 俄罗斯, 瑞典, 新加坡, 泰国, 土耳其, 英国, 美国, 奥地利, 韩国	标准运费 按照标准运费计算, 标准运费查询	75-90 天 查看详情
若不在以上国家/地区内	不发货	

▾ AliExpress 无忧物流-标准

目的地	运费计费规则	承诺运达时间
所有该线路可到达的地区	标准运费 0	75-90 天 查看详情

图 2-4-6　新手物流模板-标准类

e 邮宝和 AliExpress 无忧物流—标准的标准运费显示为 0,则这两种物流方式支持的国家均为包邮。中国邮政挂号小包的计费规则显示为按照标准运费计算,意味着客户订单如选择使用中国邮政挂号小包这种物流方式,则按照中国邮政挂号小包的公布价进行收费。

◎ 快速问答

某客户在加拿大,e 邮宝、中国邮政挂号小包和 AliExpress 无忧物流—标准三种物流方式均支持发货。其中 e 邮宝和 AliExpress 无忧物流—标准显示运费为 0 加元,中国邮政挂号小包显示运费为 13 加元。请问速卖通平台对 A 客户的订单实际收取多少运费?(　　)

　　A.0 加元　　　　B.13 加元　　　　C.根据客户选择的物流方式进行收费

切换到【快速类】,如图 2-4-7 所示。下面关联了两种物流方式:EMS 和 AliExpress 无忧物流—优先。AliExpress 无忧物流—优先的标准运费显示为 0,则表示这种物流方式支持的国家均为包邮。

EMS 计费规则比较复杂,我们举例说明。

例1:巴西

系统显示巴西所在的国家组计费规则为按照标准运费减免59.0%计算,则实际运费=EMS公布价[①]×41%,相当于在EMS公布价的基础上打了41折。

例2:马来西亚

系统显示马来西亚所在的国家组计费规则为按照标准运费减免55.0%计算,则实际运费=EMS公布价×45%,相当于在EMS公布价的基础上打了45折。

图2-4-7　新手物流模板-快速类

新手运费模板适合第一次接触速卖通的卖家,系统已经为你配置好了各类物流方式,你只需要在创建商品时匹配该物流模板即可。但通过我们上面的分析,我们会发现新手运费模板的大部分物流方式都是由卖家承担运费,这意味着卖家需要在对商品定价时考虑到

[①]　公布价:中国邮政小包、EMS和商业快递公司对外都有所谓"公布价",即不含折扣的价格。在实际运作过程中,会根据客户发货量的大小、金额等给予不同的折扣。其中中国邮政小包通常折扣比较少,如97折,而EMS因公布价较高,折扣力度会比较大。

运费成本。此外由于速卖通店铺面向全球销售,运输到各个国家的物流成本迥异,这就要求卖家按照物流实际成本新建自定义运费模板。

2. 新建运费模板

新建运费模板有三种方式,一是直接新建运费模板,二是通过复制 Shipping Cost Template for New Sellers 新手运费模板之后再编辑,三是跨店铺口令复制模板。

(1)新建运费模板

在【商品】界面选择【物流模板】点击【新建运费模板】。如图 2-4-8 所示。

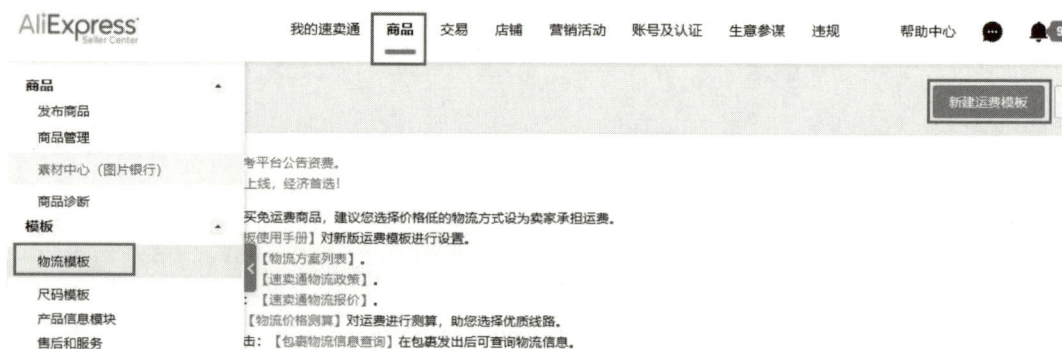

图 2-4-8　新建运费模板

然后输入模板名称,如图 2-4-9 所示。系统默认发货地为中国,如果卖家已经添加备案了海外仓,这里还可以选择海外仓所在国家为发货地。

接下来根据需要对经济类、简易类、标准类、快速类、其他类物流方式进行选择。系统已默认选中经济类的中国邮政平常小包+和标准类的 AliExpress 无忧物流-标准,可以根据需要自行调整。

建议尽量多配置几种物流方式以满足不同客户的时效需求以及覆盖尽可能多的目的国。

勾选了物流方式后,下方还需要对选中的物流方式进行价格和承诺运达时间进行设置。注意,目前受新冠疫情影响,全球物流运输时效波动较大,大部分的物流方式都不允许自定义承诺运达时间,而是由平台进行标准配置,平台会根据实际情况随时调整运达时间,不需要卖家修改。

承诺运达时间并非包裹实际上从发出到买家签收的时间,而是对买卖双方的保护。举例:平台对美国的承诺运达时间是 75 天,但实际运达时间可能只有 15 天,而 15 天在承诺的 75 天范围内,因此此是受平台保护的。假如速卖通平台的承诺运达时间只有 7 天,那超过 7 天还未妥投的订单很容易引起买家投诉;同样的,按照平台规则,买家需在承诺运达时间内确认收货,在确认收货后的 15 个自然日内申请退换货。如果平台承诺运达时间只有 7 天,也很容易造成提前默认买家已收货而错过退换货期。

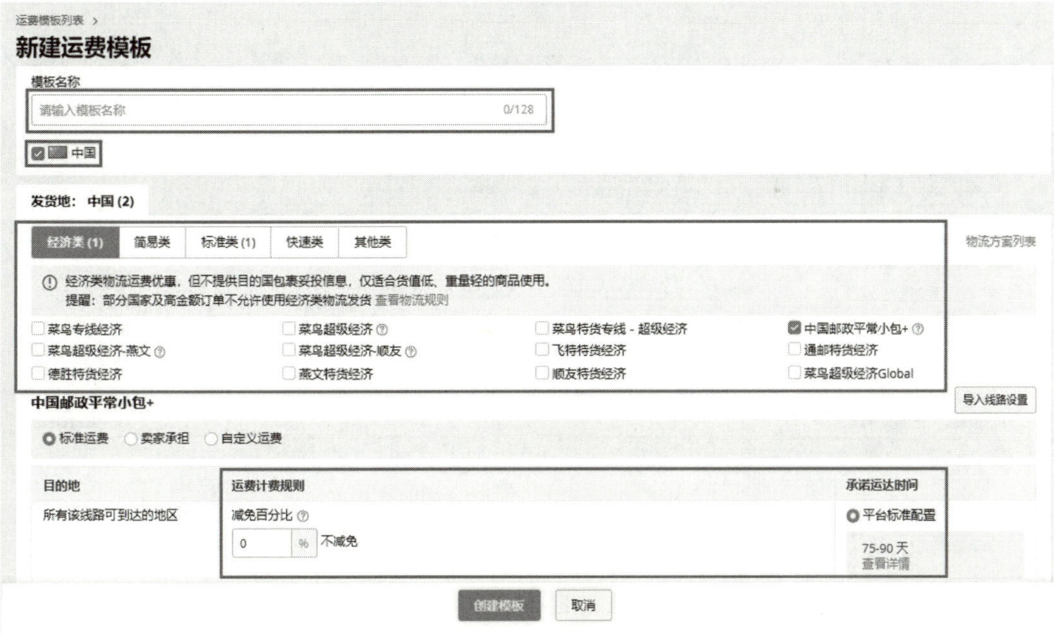

运费模板列表 >

新建运费模板

模板名称

请输入模板名称   0/128

☑ 🏳 中国

发货地：中国 (2)

| 经济类 (1) | 简易类 | 标准类 (1) | 快速类 | 其他类 |

ⓘ 经济类物流运费优惠，但不提供目的国包裹妥投信息，仅适合货值低、重量轻的商品使用。
提醒：部分国家及高金额订单不允许使用经济类物流发货 查看物流规则

物流方案列表

☐ 菜鸟专线经济 ⓘ   ☐ 菜鸟超级经济 ⓘ   ☐ 菜鸟特货专线 - 超级经济   ☑ 中国邮政平常小包+ ⓘ
☐ 菜鸟超级经济-燕文 ⓘ   ☐ 菜鸟超级经济-顺友 ⓘ   ☐ 飞特特货专线 - 超级经济   ☐ 通邮特货经济
☐ 德胜特货经济   ☐ 燕文特货经济   ☐ 顺友特货经济   ☐ 菜鸟超级经济Global

中国邮政平常小包+   导入线路设置

◉ 标准运费   ○ 卖家承担   ○ 自定义运费

目的地	运费计费规则	承诺运达时间
所有该线路可到达的地区	减免百分比 ⓘ 0 ⌷ % 不减免	◉ 平台标准配置 75-90 天 查看详情

创建模板   取消

图 2-4-9 输入运费模板名称

◎知识加油站

判断买家订单收货超时的逻辑

自卖家申明全部发货之时起，买家须在卖家承诺的运达时间内确认收货。如卖家承诺的运达时间小于平台的默认值，则以平台默认值为准。期间卖家应与买家及时沟通收货情况。如果卖家确实一直未收到货物，可以由卖家延长订单收货时间。如果买家超过平台承诺运达时间默认值还未确认收货且未申请退款的，则系统自动确认收货并视为交易完成。

接下来以 AliExpress 无忧物流-标准为例，进行运费计算规则设置说明。

在"标准运费""卖家承担"和"自定义运费"中选择一种计费方式。

标准运费：按照 AliExpress 无忧物流-标准的收费标准向买家收费。

卖家承担：对所有国家均采取卖家承担运费，即包邮。

自定义运费：按照国家或者区域对运费进行折扣设置。

如果勾选"标准运费"，还可以对标准运费的减免百分比进行设置，当减免百分比为0%时为不减免。当减免百分比为10%时即打9折。如图2-4-10所示。

图 2-4-10 设置收费方式

图 2-4-11 编辑自定义运费模板

如果勾选"卖家承担"则不能设置减免百分比。

如果勾选"自定义运费",需要设置国家和折扣比例。点击图 2-4-11 中国家/地区编辑位置。

假如要对"荷兰"和"乌克兰"两个国家包邮,展开欧洲国家组,勾选荷兰和乌克兰,然后点击确定。如图 2-4-12 所示。

点击确定后,返回国家组合界面,下拉"运费计算方式"并选择"卖家承担"。如图 2-4-13 所示。

按大洲选择目的地　按物流商分区选择目的地

手动选择地区　批量选择地区

☑全选　　全部已选 2　　　　　　　　　　　　　　　　　　　　　搜索

☐ 亚洲　　　▸已选地区 0

☐ 北美洲　　▸已选地区 0

☐ 南极洲　　▸已选地区 0

☐ 南美洲　　▸已选地区 0

☐ 大洋洲　　▸已选地区 0

☑ 欧洲　　　▾已选地区 2

☐ 比利时 热门　　　　☐ 德国 热门　　　　☐ 西班牙 热门

☐ 法国 热门　　　　　☐ 意大利 热门　　　☑ 荷兰 热门

☐ 波兰 热门　　　　　☐ 俄罗斯 热门　　　☑ 乌克兰 热门

☐ 英国 热门　　　　　☐ 阿尔巴尼亚　　　☐ 奥兰群岛

☐ 奥地利　　　　　　☐ 保加利亚　　　　☐ 白俄罗斯

☐ 瑞士　　　　　　　☐ 捷克　　　　　　☐ 丹麦

☐ 爱沙尼亚　　　　　☐ 芬兰　　　　　　☐ 奥尔德尼岛

确定　　取消

图 2-4-12　勾选荷兰和乌克兰

AliExpress 无忧物流-标准　　　　　　　　　　　　　　　　　　　　导入线路设置

○ 标准运费　　○ 卖家承担　　● 自定义运费

目的地	运费计费规则		承诺运达时间	操作
共2个国家/地区 🖉 荷兰, 乌克兰	运费计算方式 卖家承担 ▲		◉ 平台标准配置 75-90 天 查看详情	
若不在以上国家/地区内	标准运费 ✓ 卖家承担 自定义运费 不发货	减免百分比 ⑦ 0 ％ 不减免		

+ 新增目的地组合

创建模板　　取消

图 2-4-13　对荷兰和乌克兰设置包邮

假如要对亚洲所有国家的运费打9折,则需要点击"新增目的地组合",然后编辑国家/地区,如图2-4-14所示。

图2-4-14 新增目的地组合

全选亚洲国家组,点击确定按钮,如图2-4-15所示。

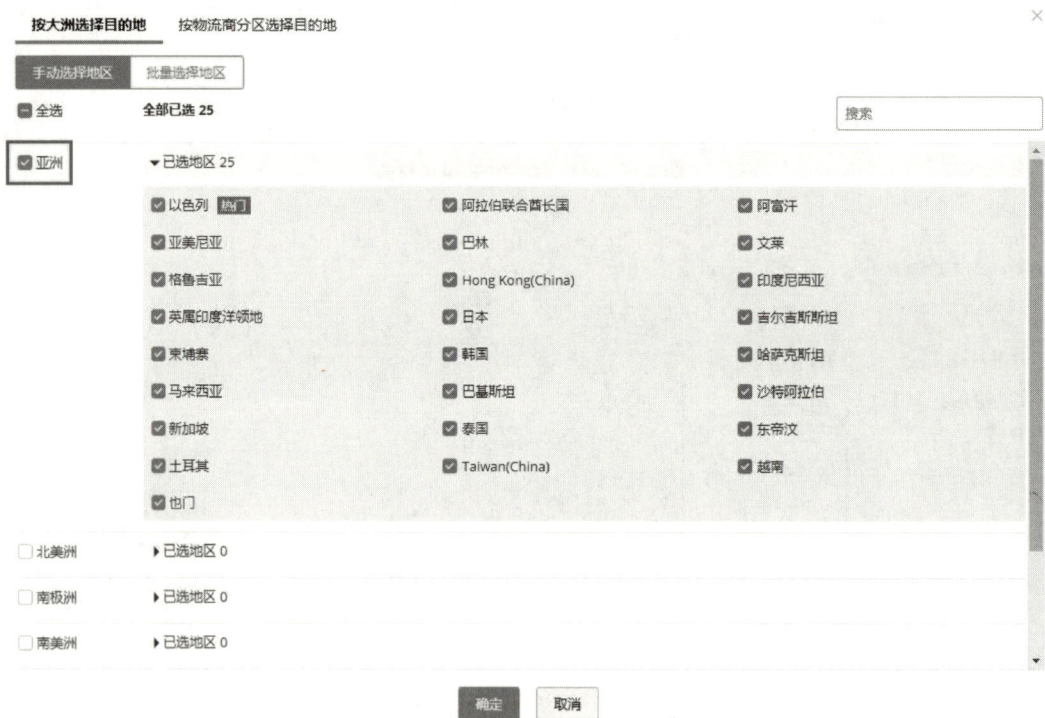

图2-4-15 选择大洲和国家

返回国家组合界面,在"运费计算方式"中选择"标准运费"。然后在"减免百分比"中写入"10",即对亚洲所有国家运费打9折,如图2-4-16所示。

图 2-4-16 对亚洲国家设置 9 折

假如要对澳大利亚设置不发货,则继续"新增目的地组合",然后编辑国家/地区,在大洋洲国家组勾选澳大利亚,点击确定,返回国家组合界面。在"运费计算方式"中选择"不发货"如图 2-4-17 所示。

图 2-4-17 对澳大利亚设置不发货

假如要对"墨西哥"单独设置运费,则再次"新增目的地组合",然后编辑国家/地区,在北美国家组勾选墨西哥,点击确定,返回国家组合界面。在"运费计算方式"中选择"自定义运费"。选择"按照重量计费"或者按照数量计费。如图 2-4-18 所示。

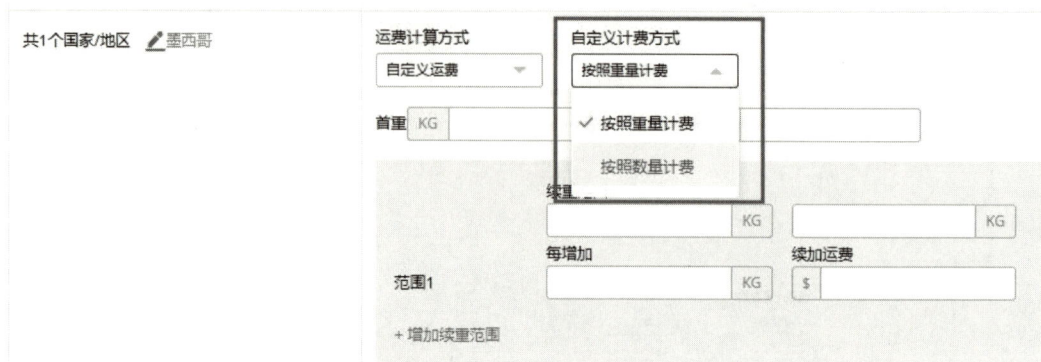

图 2-4-18 自定义运费设置

如选择"按照重量计费",则需设置"首重""首重运费"和续重范围及运费,这里举例说明如何设置,如图 2-4-19 所示。

图 2-4-19 自定义运费重量计费规则

如上图所示,此时首重为 0.5 kg,首重运费为 10 美元;范围段 1:0.5 ~ 3 kg,每增加 0.5 kg,运费增加 2.5 美元;范围段 2:3 ~ 10 kg,每增加 0.5 kg,运费增加 2 美元;范围段 3:10 ~ 100 kg,每增加 1 kg,运费增加 1 美元。

计算题 1：请问包裹重量为 0.45 kg 时，客户需支付多少运费？

计算题 2：请问包裹重量为 1.5 kg 时，客户需支付多少运费？

计算题 3：请问包裹重量为 5.77 kg 时，客户需支付多少运费？

计算题 4：请问包裹重量为 12.1 kg 时，客户需支付多少运费？

此外在国家组合界面中，最下方为"若不在以上国家/地区内"，即只要不在上方设置的运费规则中的国家，均按照本条规则执行。如图 2-4-20 所示。

	续重范围			
	0.5 KG		3 KG	
	每增加		续加运费	
范围1	0.5 KG		$ 2.5	删除

	续重范围			
	3 KG		10 KG	
	每增加		续加运费	
范围2	0.5 KG		$ 2	删除

	续重范围			
	10 KG		100 KG	
	每增加		续加运费	
范围3	1 KG		$ 1	删除

+ 增加续重范围

若不在以上国家/地区内	运费计算方式	减免百分比 ⑦	
	标准运费 ▾	0 %	不减免

+ 新增目的地组合

创建模板　取消

图 2-4-20　不在以上国家/地区的规则

（2）导出/导入物流路线

速卖通允许卖家从已有的运费模板规则中导出某些线路的规则，再通过"导入线路设置"导入规则。查看某一运费模板，点击"导出路线"，选择某一条物流规则"导出到本地"，如图 2-4-21。

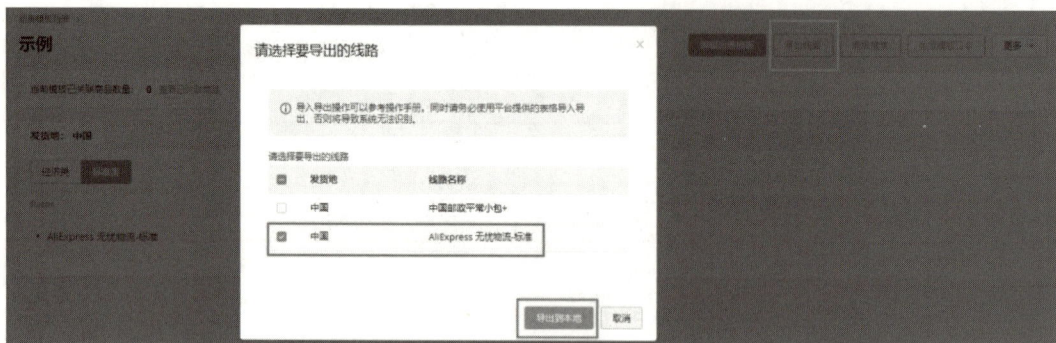

图 2-4-21　导出路线操作

在新的运费模板中，勾选同样的物流规则，点击"导入路线设置"，从本地"上传文件"到新运费模板，如图 2-4-22 所示。

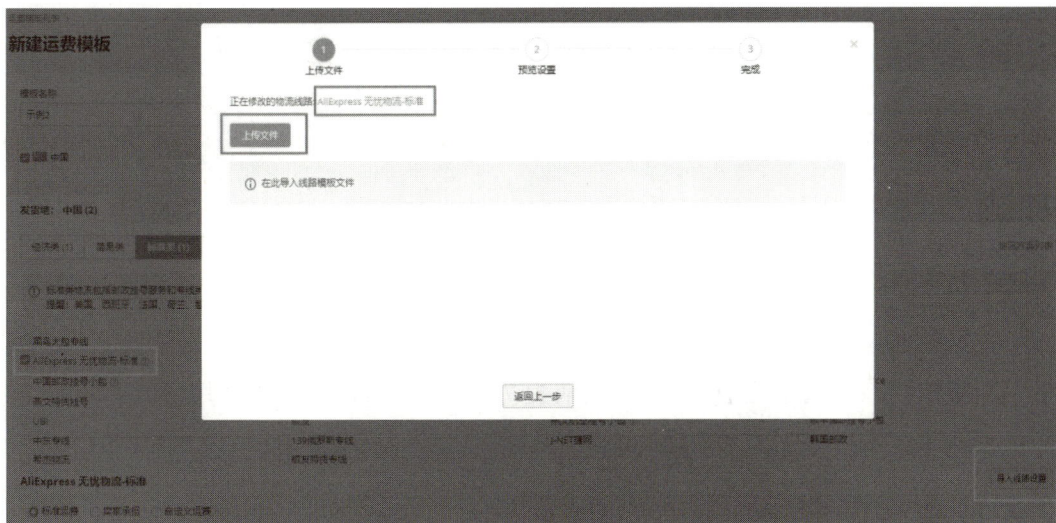

图 2-4-22　上传导出的路线规则

3. 跨店铺口令复制模板

本功能可以对店铺与店铺之间的运费模板进行复制。跨店铺复制功能是基于指定模板中的,通过对应模板中生成模板口令,实现对应模板中的线路跨店铺复制,提升跨店铺模板运营维护的效率。

跨店铺复制大概分为以下四个步骤:

①登录要被复制运费模板的店铺复制的模板,在运费模板里表中点击"更多"找到生成模板口令,或进入模板详情生成模板口令,如图 2-4-23 和图 2-4-24 所示。

xunche_ddp 中国	722088058	10	查看 | 编辑 | 复制 | 更多 ▼		
e都宝test 中国	722831086	1	查看 | 编辑 | 复制 | 更多 ▼		
3pl4pl 比利时,西班牙,波兰	722913005	0	查看 | 编辑 | 复制 | 更多 ▼		
ae logistics-moyi 中国	720369012	49	查看 | 编辑 | 复制 | 更多 ▼		
波兰快递 波兰	722913004	2	查看 | 编辑 | 复制 | 更多 ▼		
xunche_add 中国	722913003	1	查看 | 编辑 | 复制 | 更多 ▼		
3PL_4PL 比利时,西班牙,波兰	722612005	0	查看 | 编辑 | 复制	设为默认模板	
3pl-4pl标准 比利时,西班牙,波兰	722612006	0	查看 | 编辑 | 复制	查看已关联商品 生成模板口令	
MAD601TEST 西班牙	722853090	0	查看 | 编辑 | 复制 | 更多 ▲	删除	

图 2-4-23　在运费模板列表中的生成模板口令

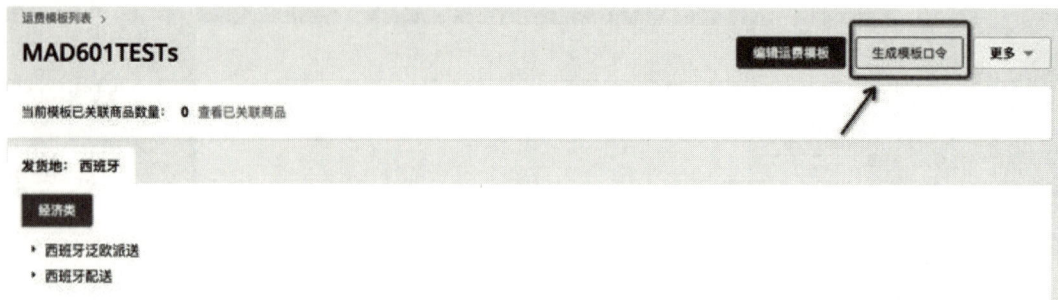

图 2-4-24　在运费模板列表中的生成模板口令

②生成模板口令，请注意，口令有效期为 7 天，失效的口令无法使用，如图 2-4-25 所示。

图 2-4-25　生成模板口令和复制口令

③进入需要生成模板的店铺，点击"从口令复制模板"按钮进行口令复制，如图 2-4-26 所示。

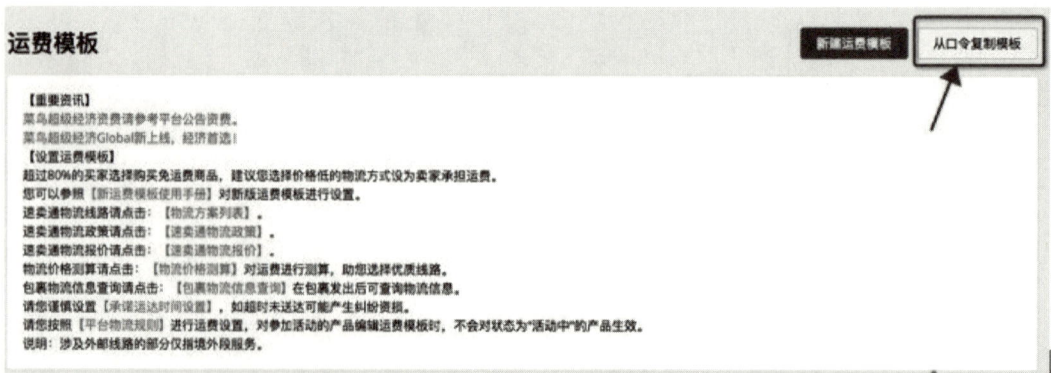

图 2-4-26　目标店铺从口令复制模板

④点击图2-4-27中的OK,即可进入模板编辑,到此,跨店铺复制模板完成,如图2-4-28所示。

图2-4-27 系统自动载入已复制的口令

图2-4-28 目标店铺运费模板复制成功

◎ 任务实施

【任务要求】

对一个速卖通新卖家在店铺运营操作当中,设置物流模板是关键,决定了店铺的曝光率和转化率。针对不同的国家、区域需要选择不同的物流方式。根据引导问题逐步学习、研讨,使用网络搜索等方式,最终以PPT形式分组汇报实训成果。

【任务分组】

同学自由分组,4~6人为一组。

表2-4-2　学生任务分配表

班　级		组　号		指导老师
组　长		学　号		
组　员	姓　名	学　号	姓　名	学　号
任务分工				

【任务计划与实施】

引导问题1：速卖通物流有哪些类型？

引导问题2：速卖通无忧物流与邮政服务、商业快递对比,分析无忧物流方式的优势和劣势。

引导问题3：请解释速卖通物流模板设置类型：

1.标准运费：

2.卖家承担运费：

3.自定义运费：

引导问题4：请你以速卖通卖家身份，在后台创建运费模板。

发货地：中国

1. 选择需要发货的物流方式

2. 了解物流方式的时效和价格

3. 按照国家或地区来设置

4. 设置无法到达的国家

5. 设置多套模板模式（需要包含学习内容中的多种设置方式）

◎ 课程思政

【思政考核】

要求：请根据本节课程知识点，给出正确的答案。

1.（填空题）快速类物流：包含_____和_____提供的快递服务，时效快全程物流追踪信息可查询，适合_____使用。

2.（判断题）经济类物流的运费成本低，目的国包裹妥投信息不可查询，适合运送货值低重量轻的商品。经济类物流仅允许使用线上发货。

3.（简答题）一带一路推动中俄跨境贸易快速发展，中国商品在俄罗斯海外包裹中占比超9成。在货物寄送方面有何限制？

4.(简答题)美国是中国跨境出口电商第一大市场,也是跨境进口电商主要商品来源国。在货物寄送方面有何限制?

◎ 考核评价

根据考核内容,学生完成自我小结并进行自评打分,教师根据学生活动情况进行点评并完成教师打分,最后按自评分×40%+教师评分×60%计算得分。

表2-4-3　考核评价表

项目二	任务四　速卖通运费模板设置				
班　级		团　队		姓　名	
评价类别	考核内容	分　数	自　评	教师评分	
知识素养	认知速卖通物流类型	10			
	认知无忧物流的物流解决方案	10			
	懂得设置运费模板	10			
	懂得计算不同运费设置的运费价格	10			
职业技能	熟悉速卖通物流运输方式,明白速卖通物流方式的优势和劣势	15			
	掌握运费模板设置	15			
	懂得计算不同运费设置的运费价格	15			
职业素养	具有团队合作精神,小组能够协调分工完成任务	5			
	具有创新意识、创新精神,能够在海外仓管理中提出自己的观点	5			
	具备资源整合能力,能够借助外部资源,借鉴相关案例经验熟悉对速卖通运费模板的设置	5			
小　计		100			
合计＝自评分×40%+教师评分×60%					

任务五 发货包装方法与设备

◎知识点

跨境电商订单金额小、件数多,物流方式多以按克或按体积重计费,因此选择合适的包装材料和包装方式对运输成本有着直接的影响。

一、包装材料

包装材料俗称包材。国际物流常见的包材主要有:气泡信封、气柱袋、气泡膜、瓦楞纸箱、胶带、包装袋、文件袋、缠绕膜、泡沫箱、木架等。卖家需要根据订单商品的实际情况选择合适的包装材料。

1. 气泡信封

气泡信封(图2-5-1)是跨境电商发货使用最多的包装材料之一,气泡信封具有两层结构,有体积轻又环保的优点,外层为牛皮纸,内衬为气泡。袋子美观大方,表面易书写,其独特的韧性可防止袋子破裂。内层透明气泡具备良好的缓冲作用,防止所装物品因压、碰、跌落而损坏,同时也有一定的防水、防潮作用。气泡信封有多个尺寸型号,对于包装小件的首饰、工艺品、小件3C产品、电子产品、小件玩具等是都非常好的外包装选择。

图2-5-1 气泡信封

图2-5-2 气柱袋

2. 气柱袋

组成材料为PE和尼龙,在充气袋充气后,每个气柱通过压强差独立封锁起来,充气之后气体不会释放出来。正是由于这种压强差的原理,气柱袋(图2-5-2)达到了自锁的效果。每一个气柱中按照设定好的压强注入空气,空气的抗压能力以及缓冲能力相当出色,因此能够有效防止运输中货物的相互碰撞。气柱袋适用于玻璃、陶瓷产品、塑料元件、电子产品的内包装。

3. 气泡膜

气泡膜(图2-5-3)是一种很常见的包装材料,跟气泡袋不同,气泡膜可以覆盖的范围更大,适合大尺寸商品的减震、防潮。气泡膜有单层和双层之分,双层气泡膜更加结实。气泡膜都是按卷售卖,可以根据自身需要随意剪裁,用于各种易碎品、电子产品的内包装。

图 2-5-3　气泡膜

图 2-5-4　普通纸箱

4. 瓦楞纸箱

瓦楞纸箱(图2-5-4)俗称纸箱,按隔层数量一般可分为三层、五层或者七层,层数越多,硬度越强,比较常见的是三层和五层的纸箱。纸箱并没有固定的大小规格,卖家可以根据需求专门定制合适的纸箱,比如刚好装进一台某型号平板电脑的纸箱、刚好装进某型号手机的纸箱等。在国际物流中,纸箱也适用于多个商品的集中包装运输。比如发往亚马逊物流运营中心的货物,要求必须使用纸箱包装,不接收包装袋形式的包裹。

5. 胶带

胶带(图2-5-5)是平时打包使用量最大的包装材料。胶带一般有透明胶带、黄色胶带,可以用在纸箱封口和加固、包装袋加固、保护运单不受损等多种场景。卖家可以在胶带上印刷提示语或者品牌LOGO,用以加强品牌宣传。

图 2-5-5　胶带

图 2-5-6　包装袋

6. 包装袋

包装袋(图2-5-6)也叫快递袋,是指带封口胶的塑料袋,它是一种典型的商品外包装。在跨境物流上可以用于包装不怕挤压、摔落的产品,也可以用于气柱袋的外包装等。

包装袋没有固定尺寸,厚度可分为6丝、8丝、10丝、12丝、14丝、16丝等,一丝为0.01 mm,丝越多包装袋越结实,价格也会越贵。包装袋常见的颜色有白色、黑色、灰色、绿色等。

包装袋的特点是防水、防划伤,能够较好地保护内装产品。需要注意的是在包装袋表面所贴的各类标签一定要注意贴平整,如果在贴标签的时候包装袋表面留有内陷空隙,则很可能会在运输过程中因包装袋扯动变形而导致标签被撕破。

7. 文件袋

快递文件袋(图2-5-7)是专门用于装文件或轻小件商品的纸质信封。但在跨境电商中使用远不如气泡信封多,主要因为纸质文件袋容易被不规则或尖锐商品刺破,而稍大体积的商品又无法装入。

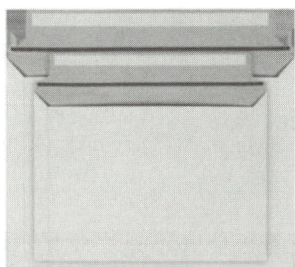

图2-5-7　纸质文件袋　　　　图2-5-8　缠绕膜和打包效果

8. 缠绕膜

缠绕膜(图2-5-8)又叫打包膜,PE材质。它具有拉伸性好、高韧性、耐穿刺、回缩力强、透明度高和自粘性强等特点。广泛用于货物托盘包装,例如用缠绕膜覆盖纸箱的外部,使纸箱在国际运输中不受潮、不变形、不受污损等。

9. 泡沫箱

泡沫箱(图2-5-9)是不常用的包装材料,在跨境电商中主要用作包装手机、昂贵手表、钢化玻璃膜等带屏幕或者极易受到外力碰撞影响的产品。泡沫箱的箱壁厚度在0.5~1 cm,放进泡沫箱的产品需要辅以适当的填充物,比如放入气泡膜来避免产品在箱内晃动。泡沫箱一般用于内包装,外部用胶带固定后再套一层纸箱。

10. 木架

木架(图2-5-10)是一种较少用的打包方式,主要用在大型陶瓷制品、铝制品或大型设备等易碎或易变形产品的外包装上,木架常见于海运。木架一般没有成品规格,需要按照产品规格用木条制作,这个过程叫打木架。打木架的目的是对商品进行加固,由木架来承受压力,纸箱内部几乎不会受到什么外力,能够最大程度上保护产品。

但是由于各国海关对原木进口的管制,使用原木木架的包裹(海运、空运、快递等)都需要提供木架的熏蒸证书。打木架也是一项技术活,不牢固的木架不仅增加了运货成本还极容易在运输过程中变形散架,起不到保护产品的作用。

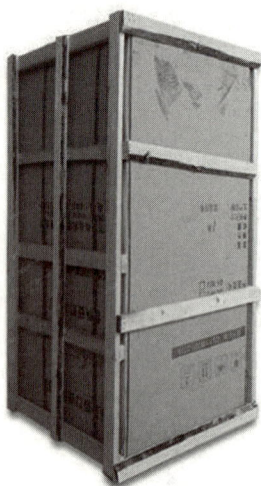

图2-5-9　泡沫箱　　　　　　　图2-5-10　木架

二、物流配套设备介绍

在物流发货过程中,经常还需要使用到一些设备。有些设备可能并不是必须的,但是好的设备能够大大提高工作效率,减少出错概率。可用于物流发货过程中的设备非常多,这里只介绍热敏打印机、扫描枪、打包器和电子秤。

1. 热敏打印机

热敏打印机(图2-5-11)被广泛应用于快递面单的打印,最早的手写快递单的方式不仅效率很低,而且很容易出错。使用热敏打印机可以批量打印出拣货单、快递面单、SKU 条码等,极大地提高了效率且不会出错。热敏打印机不仅价格便宜,更方便的是它不需要像喷墨或激光打印机一样使用成本昂贵的墨盒或硒鼓。

热敏打印机的原理是,在淡色材料上(通常是纸)覆上一层透明膜,将膜加热一段时间后变成深色(一般是黑色,也有蓝色)。图像是通过加热,在膜中产生化学反应而生成的。这种化学反应是在一定的温度下进行的。高温会加速这种化学反应。当温度低于 60 ℃时,膜需要经过相当长,甚至长达几年的时间才会衰变。

配合热敏打印机使用的是热敏纸(图2-5-12),热敏纸是一种特殊的涂布加工纸,其外观与普通白纸相似。热敏纸表层光滑,由普通纸张作为纸基,上面涂布一层热敏发色层,涂在普通纸张表面的一面,发色层是由胶粘剂、显色剂、无色染料(或称隐色染料)组成。化学反应处于"潜伏"状态。当热敏纸遇到发热的打印头时,打印头所打印之处的显色剂与无色染料发生化学反应而变色,形成图文。在物流领域使用的热敏纸是可粘贴打印纸,打印出来的面单像不干胶一样撕开后平整粘贴在包裹上即可。

图 2-5-11　热敏打印机

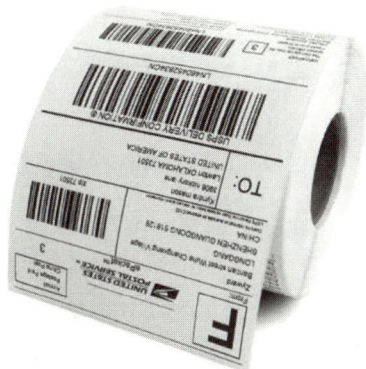

图 2-5-12　可粘贴热敏纸

2. 扫描枪

扫描枪(图 2-5-13)又叫条码枪、扫码枪、巴枪(Barcode 枪的简称)等。国际运输协会规定,货物运输中,物品的包装上必须贴上条码符号,以便所运物品进行自动化统计管理。扫描枪的作用就是识别条码,利用光学原理,把条形码的内容解码后通过数据线或者无线的方式传输到电脑或者别的设备中。广泛应用于超市、物流快递等行业。

比较知名的扫描枪有:斑马(Zebra)、霍尼韦尔(Honeywell)、得利捷(Datalogic)、摩托罗拉(Motorola)、得力(Deli)等品牌。

图 2-5-13　扫描枪

图 2-5-14　打包器和胶带

3. 打包器

打包器又叫胶带封箱器(图 2-5-14),是专门为快速拉伸和切割胶带而设计的,选购打包器的时候要注意仓库经常使用的胶带的宽度和厚度,因为有些打包器的宽度不够,导致无法适配较宽的胶带;有些打包器内腔空间不够,导致无法适配较厚的胶带。

4. 电子秤

这里提到的电子秤(图 2-5-15)是物流发货前称重的一种专用电子秤。它是一种可以把重量信息直接输入电脑的秤,一般配合物流仓储系统和扫描枪使用。

图 2-5-15　电子秤

电子秤具体使用过程如下：

①把包裹放到电子秤上，电子秤即时显示重量信息；

②用扫描枪扫描跟踪条码；

③物流出货系统会自动记录这个包裹的跟踪条码并将重量对应记录起来。

如果仓库操作出货不是用公司内部系统，可以不使用电子秤；如果公司内部有出货系统，则一定要使用电子秤提高称重效率。快递公司在揽收货物之后也会称重，并以自身测重数据作为计费依据，当快递公司的称重结果和卖家发货前的称重结果差异较大时，可以要求快递公司进行重量复核。

三、包装技术和注意事项

跨境电商销售的商品种类繁多，这就要求物流包装上需要针对不同的品类、商品属性等采用合适的包装方法和技术。包装是否符合要求，对保证货件安全、准确、迅速地传递，起着极为重要的作用。尤其是流质和易碎物品，如果包装不妥，不但快件自身容易遭受损坏，而且还会污损其他货件，危及工作人员的安全。判断包装是否牢固，主要要看经过包装后的快件是否能够经受长途运输和正常碰撞、摩擦、震荡、压力以及气候变化，而不致损坏。因此一定要按照物品性质、大小、轻重、寄递路程以及运输情况等，选用适当的包装材料对货件进行妥善包装。同时我们还要在保障商品运输安全的前提下，达到节省物流成本、节约包材消耗的目的。这里列举一些需要注意的包装事项。

1. 单订单、多商品的包装

商品数量少可使用包装袋作为外包装，数量较多时可使用质地坚固、大小适中的纸箱作为外包装，并用填充材料填充箱内的空隙，使得商品在箱内相对固定，避免填充过满而导致内包装破裂引起快件散落丢失。每件商品之间应使用气泡膜等缓冲材料隔开。缓冲材料在运输过程中可能会移动，所以使用气泡膜等材料时必须压实。

2. 使用合适的包材

了解被包装物在物流过程中，尤其在运输和储存环节中可能经受的外界影响、危害等情况。适度包装原则根据快件尺寸、重量和运输特性选择合适大小的外包装及填充物，不足包装和过度包装都不可取。不足包装容易造成快件损坏，过度包装造成包装材料浪费。大小合适的包材可以减少商品在包材中的移动。可以使用胶带配合，封固包材的同时也固定住内包装的商品。

3. 避免使用异形包装

例如圆柱形的包装盒或袋子，这些包装可能会在运输过程中滚下卡车或集装箱。形状和样式奇特的箱子和袋子可能会给运输中的产品带来不必要的麻烦，例如被海关查验等。

4. 避免面单条码无法扫描

包装上的物流面单条码必须在不被拆开的前提下可以被扫描到,面单必须平整,不受污损,可以使用透明胶带覆盖面单。

5. 货物信息描述

尽量清晰地在物流面单中描述货物信息,如价值、名称、材质等,避免因申报名称或价值不符造成扣关。

6. 包装重量较大的物品

如机器零件、模具、钢(铁)块等,此类货件先使用材质较软的包装材料(如气泡膜等)包裹,然后采用材质较好、耐磨性能好的塑料包装袋包装,或以材质较好的纸箱包装后并用打包带或胶带加固,还可使用木箱进行包装。若快件属易碎品,还须在外包装上加贴易碎标识以作警示。

7. 符合目的国法律法规的要求

例如,美国、加拿大、澳大利亚、新西兰等国,对未经过加工的原木或原木包装有严格的规定,必须在原出口国进行熏蒸,并出示被承认的熏蒸证,进口国方可接收货物进口。否则会罚款或将货物退回原出口国。欧洲对松树类的木制包装规定,货物进口时必须有原出口国检疫局出示的没有虫害的证明。

8. 特殊商品的包装

以带电商品为例,带电商品属于敏感类物品,由于电池易燃、易泄漏,因此此类特殊商品在包装时需要单独分装,不能和普货混装。包装盒要坚固,能通过一米以上的坠落测试,保证内部电池不移动,不会让内部物件外露。干电池还需要做好绝缘包装,带线电池必须把线头密封好。

◎ 任务实施

【任务要求】

在配送过程中,内部包装可以为货件提供保护。好的内部包装应该可以使产品免受冲击和震动,并且可以还原为原始形状以进一步提供缓冲。运输包裹前可以从众多内部包装材料和方法中进行选择。根据引导问题逐步学习、研讨,使用网络市场调研等方式,最终以PPT形式分组汇报实训成果。

【任务分组】

同学自由分组,4~6人为一组。

表 2-5-1 学生任务分配表

班　级		组　号		指导老师	
组　长		学　号			
组　员	姓　名	学　号	姓　名	学　号	
任务分工					

【任务计划与实施】

引导问题 1：在电商平台网购时,购买不同商品会使用不同包装材料。观察或回想收过的快递包裹是否使用包装材料,不同的商品会使用什么包装材料。请列举不少于 6 种商品及其包装方式。

引导问题 2：请选择三种不同种类、不同大小的商品,根据商品的特征,选择合适的包装材质。

例如:布料类、易碎品、液体类、食品类以及零部件较多的商品等。

引导问题3：结合跨境物流操作流程中，哪个流程中会使用到物流设备？可使用流程/思维图，将流程与物流设备结合描述。

引导问题4：请判断一下商品包装中出现了什么错误，会产生什么后果，并写出正确的包装方法。

①外箱太大或太小：

②劣质包装：

③滥用二手包装：

④易碎品处理欠缺：

⑤卖家因纸箱不耐磨，容易破损，所以在纸箱边缘增加填充物，入亚马逊仓时被拒收。拒收原因：对标准纸箱的边缘加高，扩充。

引导问题5：通过网络搜索或调研快递企业是如何实施绿色包装的。

◎ 课程思政

在商品发货前,需要对商品进行预处理,包括商品打包、整体包装入箱和箱子贴标。除选择合适的商品包装外,邮件快件包装带来的资源消耗、环境污染等问题也日益突出。阅读《邮件快件包装管理办法》,思考以下问题。

《邮件快件包装管理办法》

【思政考核】

要求:请根据以下选项,选出正确的答案。

1. (多选题)封装用品,是指( )等。

　　A. 邮件快件封套　　　　B. 填充材料　　　　C. 包装箱　　　　D. 包装袋

2. (多选题)国际物流常见的包装材料主要有( )。

　　A. 气泡信封　　　　B. 气柱袋　　　　C. 气泡膜　　　　D. 瓦楞纸箱

　　E. 文件袋　　　　F. 木架　　　　G. 泡沫箱

3. (多选题)在包装商品时,除应该对应商品类型选择合适的包装材料外,还应优先采用( )进行包装。

　　A. 可重复使用材料　　　　　　　　　　B. 环保材料

　　C. 一次性塑料制品　　　　　　　　　　D. 易回收利用的包装物

4. (多选题)一方面是新经济、新零售带来的快递业高速发展,另一方面是包裹量激增带来的快递垃圾如影随形。在中央经济工作会议上,"做好碳达峰、碳中和工作"被定为2021年八大工作重点之一。作为物流从业人应如何践行?( )

　　A. 据箱装产品的货运需求来选择尺寸大小合适的包装箱,从而提高装箱率并降低包裹总数量。

　　B. 使用合适商品尺寸的环保材料,尽量压缩多余空气,提高货箱装载数量

　　C. 共用或专用仓储和货物配送

　　D. 选用拥有绿色物流的服务商

◎ 考核评价

根据考核内容,学生完成自我小结并进行自评打分,教师根据学生活动情况进行点评并完成教师打分,最后按自评分×40%+教师评分×60%计算得分。

表 2-5-2 考核评价表

项目二	任务五　发货包装方法与设备			
班　级		团　队	姓　名	
评价类别	考核内容	分　数	自　评	教师评分
知识素养	认知不同包装材料	10		
	能根据订单商品选择合适包装材料	10		
	认知物流配套设备	10		
	了解包装技术的注意事项	10		
职业技能	熟悉并掌握包装材料	15		
	熟悉物流配套设备	15		
	掌握包装材料使用方式	15		
职业素养	具有团队合作精神,小组能够协调分工完成任务	5		
	具有创新意识、创新精神,能够在海外仓管理中提出自己的观点	5		
	具备资源整合能力,能够借助外部资源,借鉴相关案例经验熟悉发货包装方法和设备	5		
小　计		100		
合计＝自评分×40％＋教师评分×60％				

任务六　亚马逊订单发货操作

对于已经备货到亚马逊海外仓的商品,只需要将商品转化为亚马逊物流配送,亚马逊会对这些商品产生的订单自行处理和配送。在模块三中我们会详细讲解海外仓的操作,这里只讨论卖家自行发货的订单。首先需要了解亚马逊的几种订单状态。

◎知识点

一、亚马逊订单状态

亚马逊订单状态分为:等待中、未发货、已取消和已发货四种。

等待中:买家已经在亚马逊下单并付款,但亚马逊在进行付款验证时不成功,订单就会出现等待中状态。等待中的订单最长会保留21天,在此期间卖家无法对订单执行任何操作,一旦最终亚马逊没有对买家付款验证成功订单状态就会自动变为已取消。

未发货:买家订单的付款已验证成功,等待发货的订单。

已取消:一是亚马逊未成功验证付款的订单;二是卖家因为各种原因主动取消的客户订单;三是买家主动取消的订单。

已发货:已经填写物流单号并确认发货的订单。

◎知识加油站

关于取消订单的注意事项

买家支付成功后在30分钟内可以取消自己的订单。

超过30分钟后买家无法直接取消未发货的订单,买家可以通过亚马逊站内信要求卖家取消订单。

除开亚马逊付款验证不成功的其他取消订单操作均需要匹配相应的原因,原因有:

①买家取消;

②一般盘点;

③无法送达配送地址;

④买家换货;

⑤错价。

取消订单会影响账户取消率。

取消率(Cancellation Ratio)是在给定的7天时间内,卖家取消的所有订单占订单总数的百分比。CR仅适用于卖家自配送订单。此指标包括所有由卖家取消的订单和商品,买家使用其亚马逊账户中的订单取消选项请求取消的订单除外。买家在亚马逊上直接取消的等待中订单或商品不包括在内。也就是说只有当买家向卖家发送一条以 Order cancellation request 开头的消息时,卖家选择取消原因为"买家取消",这时亚马逊才不会将该取消订单计入取消率的考核。

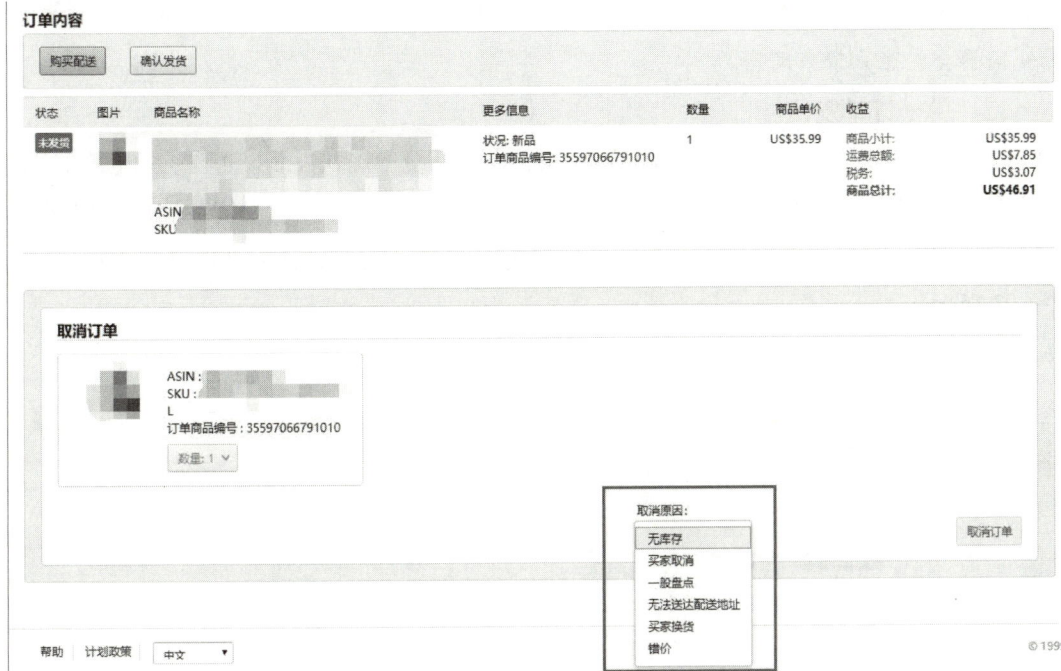

图 2-6-1　取消订单界面

图 2-6-2　买家取消订单的消息

　　值得提醒的是,如果买家没有发送以 Order cancellation request 开头的消息,而又在消息内容中要求取消订单,此时卖家需要引导买家重新选择以 Order cancellation request 开头发送消息,否则该订单会被计入取消率;卖家因商品无库存而取消订单,但取消时在系统选择取消原因为"买家取消",该订单同样会被计入取消率,因为亚马逊无法在系统中匹配到买家要求取消订单的 Order cancellation request 开头的消息。

　　对于自发货订单,卖家应维持低于 2.5% 的 CR,这样才能在亚马逊上销售商品。高于 2.5% 的 CR 可能会导致账户停用。优先配送订单的绩效目标与上述目标不同,它的 CR 目标是低于 0.5%。在美国站,所谓"优先配送选项"包括"次日达"和"隔日达"。

退款和取消订单的区别是:在确认发货前决定不配送订单被视为取消订单。在订单确认发货后,决定接受退货或不配送商品被视为退款。

有些卖家会因为 CR 过高会选择在系统中先进行虚假发货,随后退款的方式来规避取消订单带来的惩罚。但亚马逊也会考核自发货订单的物流"有效追踪率",有效追踪率低于95% 同样会对账户带来风险。

二、单一订单发货

在收到订单通知并发送订单商品后,卖家必须在系统中确认发货。方法是在【订单】菜单中找到【管理订单】,切换选择"查看卖家自配送订单",点击【确认发货】按钮或者【购买配送】按钮进入订单详情界面。也可以通过点击订单单号的形式进入订单详情界面,如图2-6-3 所示。

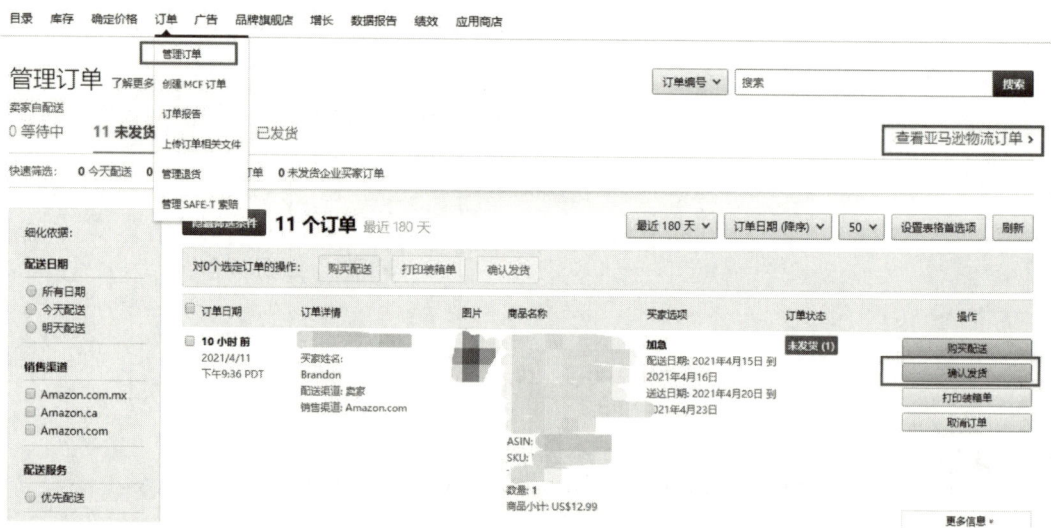

图 2-6-3　查看未发货的卖家自配送订单

卖家自配送的订单有两种发货方式:购买配送和确认发货。

1. 购买配送(Buy Shipping)

亚马逊针对卖家自配送订单的线上发货服务。卖家可以通过卖家平台、"购买配送"服务 API,或者已对接的 ERP 服务商,直接向第三方物流商购买货件标签,从中国发货给海外消费者。

亚马逊目前合作的美国国内配送服务商有:USPS、UPS、联邦快递、OnTrac

亚马逊目前合作的国际配送服务商:中国邮政(从中国发货)、燕文物流(从中国出发)、USPS(从美国发货)、DHL Express(从美国配送至墨西哥)

中国邮政(截至 2020 年已开通全国 12 省)和燕文物流(截至 2020 年已开通全国 50 城市)已经加入亚马逊"购买配送"服务。欧洲站自配送卖家可通过卖家平台"购买配送"使用中国邮政和燕文物流;美国站自配送卖家可使用中国邮政配送自发货订单。

表 2-6-1　中国邮政和燕文物流的购买配送服务范围

中国邮政	
产品种类	e 速宝/e 邮宝/e-EMS(欧洲站还可选择邮政小包)
上线站点	美国站、欧洲站
使用方式	通过"购买配送"直接下单使用
服务范围	全国 12 个省(150 个城市) *卖家在亚马逊后台搜索："中国邮政"可查询提供揽收服务城市网点
能力范围	提供"购买配送",为服务覆盖范围内的卖家提供取件功能
燕文物流	
产品种类	15 种
上线站点	欧洲站
使用方式	请先注册燕文账号再使用亚马逊购买配送,如果您已经注册了燕文账号,请在您的燕文网站个人中心将亚马逊卖家账户与燕文客户账号进行绑定。 *更多详情请在卖家平台搜索"燕文物流"
服务范围	全国 17 个省(50 个城市) *卖家在亚马逊后台搜索"燕文物流"可查询提供揽收服务城市网点
能力范围	提供"购买配送",为服务覆盖范围内的卖家提供取件功能

"购买配送"会根据卖家要配送的商品、尺寸和重量,自动筛选出第三方物流商可以按时交付并满足亚马逊发货要求(如配送追踪和清关)的物流配送选项,确保卖家的自配送订单符合亚马逊的配送政策。卖家通过"购买配送"直接选择承运人下单,购买货件标签,订单就可以从中国配送到买家所在地区。

购买配送的优势:

①不担心物流原因引起的负面反馈:卖家通过"购买配送"按时发货并提供了追踪信息,而买家却提交了负面反馈,且内容只涉及包裹延迟或未送达问题,卖家可以请求对该反馈进行审核删除。如果获批,该负面反馈将不会影响卖家的订单缺陷率,且此买家的评论会显示有删除线和以下声明:与此订单相关的配送问题不是因卖家而起,如图 2-6-4 所示。

②交易索赔(A-to-Z)[①]有保障:通过亚马逊的"购买配送"服务按时发货,当买家举报配送问题时,这些(A-to-Z)将不会影响卖家的订单缺陷率。

---

① A-to-Z 全称为亚马逊商城交易保障索赔(Amazon A-to-Z Guarantee claim),只要买家不满意第三方卖家销售的商品或服务,都可向亚马逊官方发起 A-to-Z 索赔。简言之,它是亚马逊用来保障买家利益的一项政策,类似于淘宝网无理由 7 天退换货服务,却又有所不同。

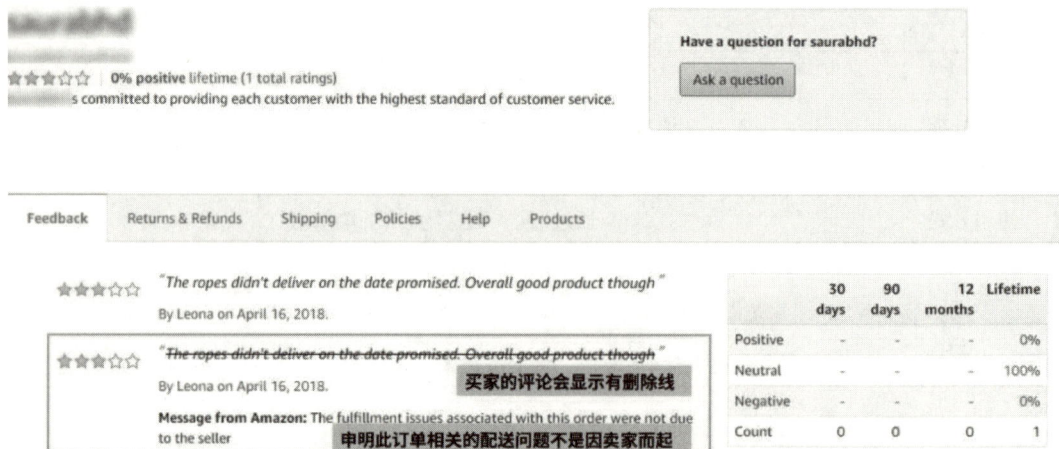

图 2-6-4　购买配送因物流问题造成负面评价被自动删除

③配送状态可追踪：通过"购买配送"进行配送的订单不需要单独进行发货确认，亚马逊会自动上传追踪信息。可以在【订单详情】页面上追踪配送状态。此外，买家可以一目了然地看到订单追踪号码和状态，减少问询。亚马逊会基于卖家展示给买家的配送时效，推荐匹配的物流方式供卖家选择，让卖家的自配送更准时，如图 2-6-5 所示。

图 2-6-5　订单详情页面展示的物流追踪状态

通过卖家账户后台操作购买配送的操作步骤：

①进入卖家平台【设置】->【账户信息】->【发货和退货信息】->【"购买配送"偏好设置】。

②设置常用的包裹尺寸，【保险设置】选择"无"，并保存。

③保存包裹尺寸后，在【管理你的发货地址】中，添加或编辑你的仓库地址，如图 2-6-6 所示。

④进入【管理订单】页面，在其中一个订单右侧点击【购买配送】，即可使用购买配送和打印标签，如图 2-6-7 所示。

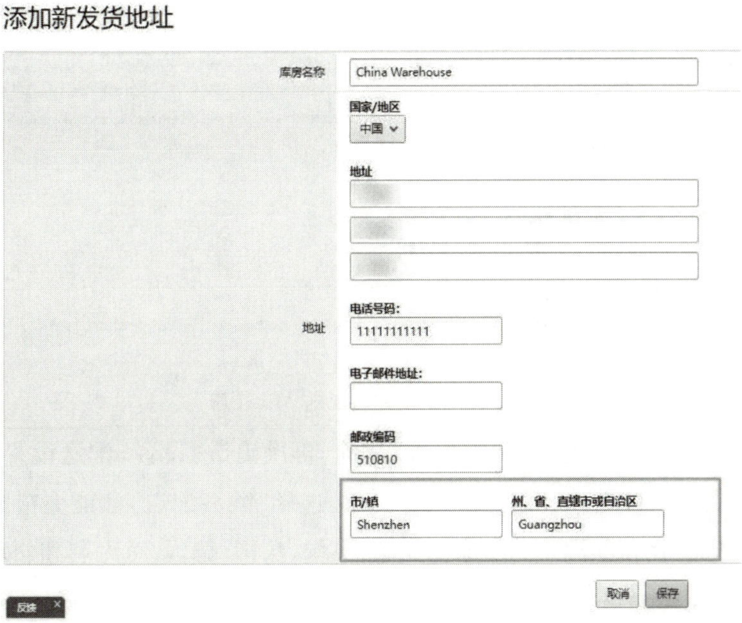

添加新发货地址

图 2-6-6　添加新发货地址

图 2-6-7　购买配送按钮

通过对接了"购买配送"API 的 ERP 软件批量处理订单的步骤：

①通过支持 Buy shipping 的第三方 ERP 软件（包括 ECPP、马帮、塞盒、店小秘、通途等，使用方法请咨询 ERP 服务商）。

②卖家自有 ERP 系统直接对接购买配送 API，可联系 buyshipping-cn@amazon.com 获取更多"购买配送"对接技术支持资料。

使用 ERP 前，记得在"设置>购买配送偏好设置>卖家自配送 API 注册"中阅读承运商规则，每一个新上线的承运商都需要卖家再次阅读相应规则，如图 2-6-8 所示。

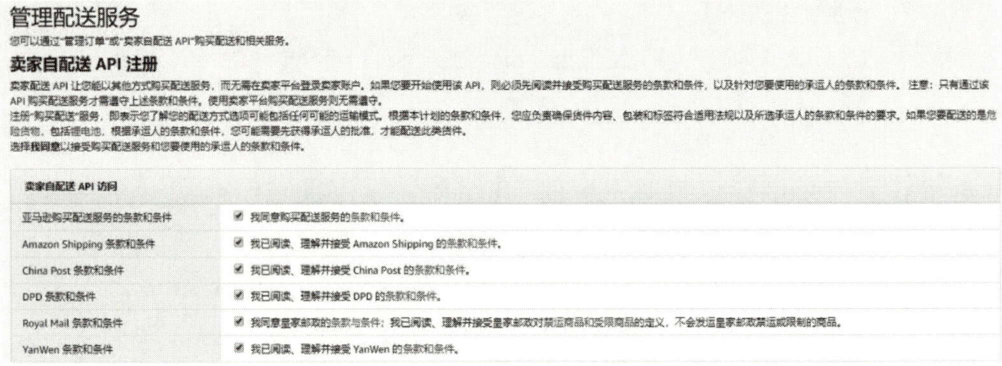

图 2-6-8　卖家自配送 API 注册

③除了上述设置外，在使用"购买配送"之前，再次确认"设置>配送设置"中的运输时间，需要合理设置国内配送 1 和国际配送 2 时效，这样"购买配送"才能更精准地为卖家推荐匹配的物流产品（运营欧洲站的卖家要注意，英国、法国、德国、意大利和西班牙站点均需要单独设置），如图 2-6-9 和图 2-6-10 所示。

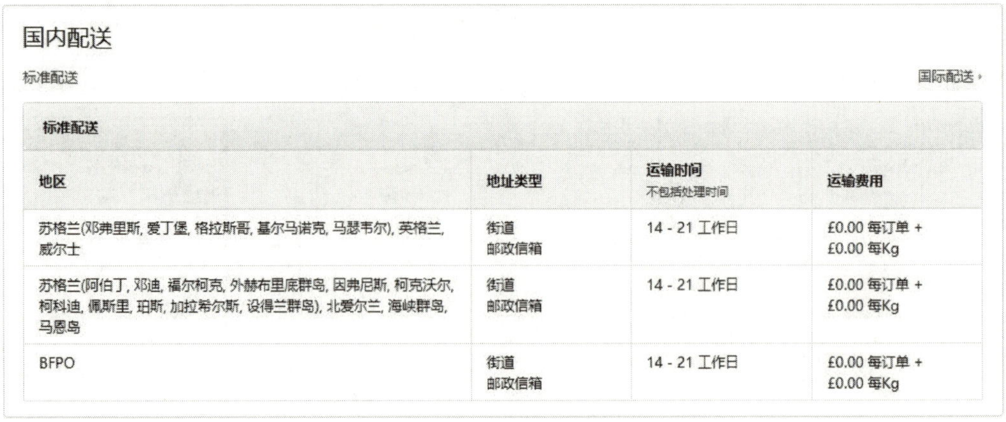
国内配送

标准配送　　　　国际配送 ›

标准配送

地区	地址类型	运输时间 不包括处理时间	运输费用
苏格兰(邓弗里斯, 爱丁堡, 格拉斯哥, 基尔马诺克, 马瑟韦尔), 英格兰, 威尔士	街道 邮政信箱	14 - 21 工作日	£0.00 每订单 + £0.00 每Kg
苏格兰(阿伯丁, 邓迪, 福尔柯克, 外赫布里底群岛, 因弗尼斯, 柯克沃尔, 柯科迪, 佩斯里, 珀斯, 加拉希尔斯, 设得兰群岛), 北爱尔兰, 海峡群岛, 马恩岛	街道 邮政信箱	14 - 21 工作日	£0.00 每订单 + £0.00 每Kg
BFPO	街道 邮政信箱	14 - 21 工作日	£0.00 每订单 + £0.00 每Kg

图 2-6-9　国内配送运输时间设置

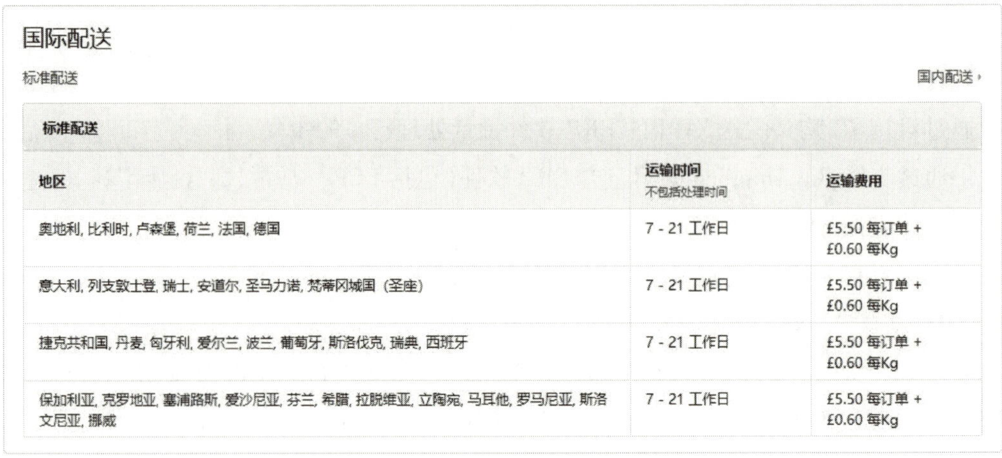
国际配送

标准配送　　　　国内配送 ›

标准配送

地区	运输时间 不包括处理时间	运输费用
奥地利, 比利时, 卢森堡, 荷兰, 法国, 德国	7 - 21 工作日	£5.50 每订单 + £0.60 每Kg
意大利, 列支敦士登, 瑞士, 安道尔, 圣马力诺, 梵蒂冈城国（圣座）	7 - 21 工作日	£5.50 每订单 + £0.60 每Kg
捷克共和国, 丹麦, 匈牙利, 爱尔兰, 波兰, 葡萄牙, 斯洛伐克, 瑞典, 西班牙	7 - 21 工作日	£5.50 每订单 + £0.60 每Kg
保加利亚, 克罗地亚, 塞浦路斯, 爱沙尼亚, 芬兰, 希腊, 拉脱维亚, 立陶宛, 马耳他, 罗马尼亚, 斯洛文尼亚, 挪威	7 - 21 工作日	£5.50 每订单 + £0.60 每Kg

图 2-6-10　国际配送运输时间设置

　　这里的国内配送指的是当前站点内的国家地区,如英国站的国内配送指的是英国境内的以下地区:英国、英国大陆(威尔士、英格兰和苏格兰)、苏格兰高地和群岛、北爱尔兰、海峡群岛、不列颠群岛、UK BFPO(英国军队邮局)。

　　国际配送指当前站点以外国家/地区,如欧洲国际配送包含 28 个欧盟国家。

　　购买配送注意事项:

　　①亚马逊不会代收"购买配送"的物流费用,卖家产生的物流运费直接同承运人进行线下结算。具体费用以承运人当地揽收机构实际称重和计费结果为准。详情请参考卖家平台帮助页面相关介绍。

　　②"购买配送"暂不支持商品价值超过目的国家/地区的进口增值税免税额度和进口关税免税额的订单(英国:15 英镑;欧洲其他国家:22 欧元;美国:800 美元)。

2. 确认发货

　　要确认发货,卖家需要提供以下 5 项内容:

　　①发货日期:只能是选择当天或者昨天的日期;

　　②承运人:即物流服务商名称;

　　③配送服务(或配送方式):如标准、次日达等;

　　④追踪编码(来自承运人):由物流服务商提供,用于追踪货件运输状态;

　　⑤发货地址(配送订单的实际发货地址)。

　　需要在【配送设置】中提前设置好【默认配送地址】,如图 2-6-11 所示。

图 2-6-11　配送设置-默认配送地址

　　具体的发货步骤如下:

　　①在【管理订单】中找到要发货的订单,然后点击订单对应的【操作】列中的【确认发货】,如图 2-6-12 所示。

　　②在【确认发货】页面上,点击【确认发货】,如图 2-6-13 所示。

　　③输入【发货日期】【承运人名称】【配送服务级别(或配送方式)】【发货地址】和【追踪编码】(由承运人提供)。最后点击【确认发货】,如图 2-6-14 所示。至此自配送订单的发货流程就完成了。

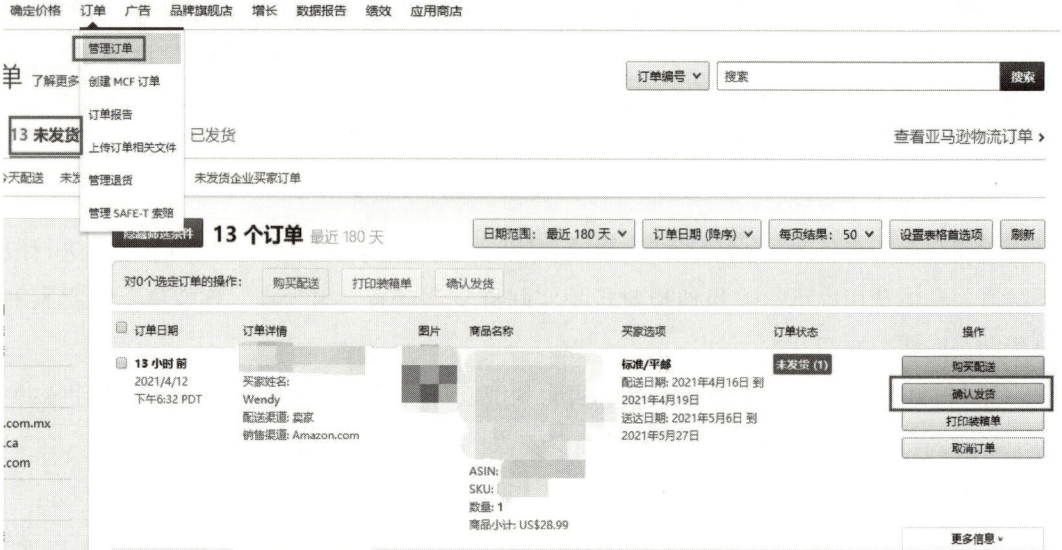

图 2-6-12　找到未发货订单确认发货

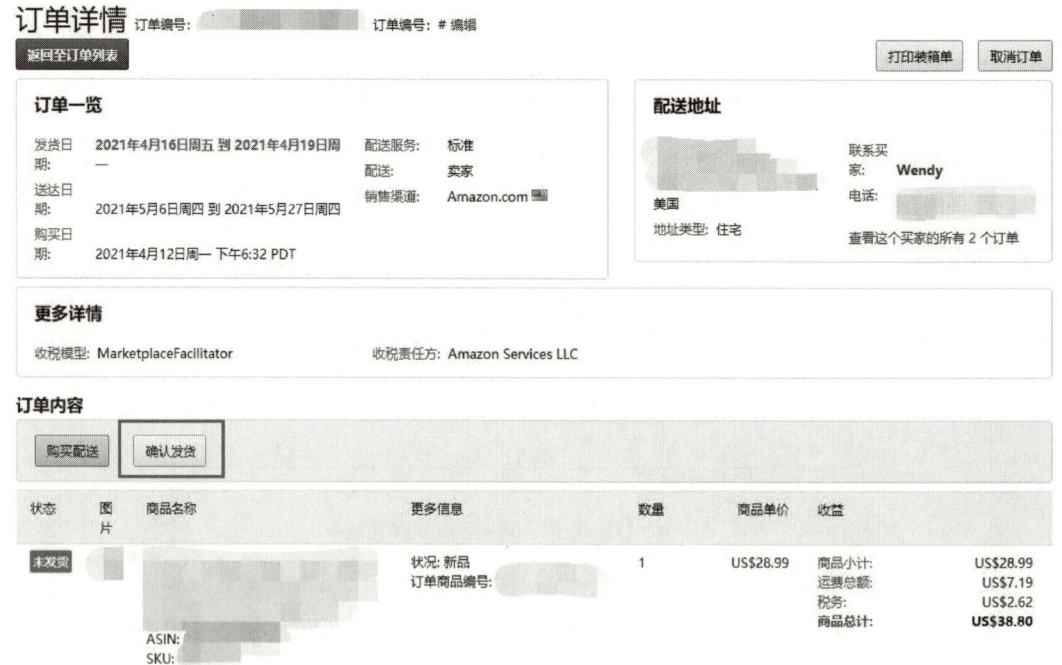

图 2-6-13　点击确认发货按钮

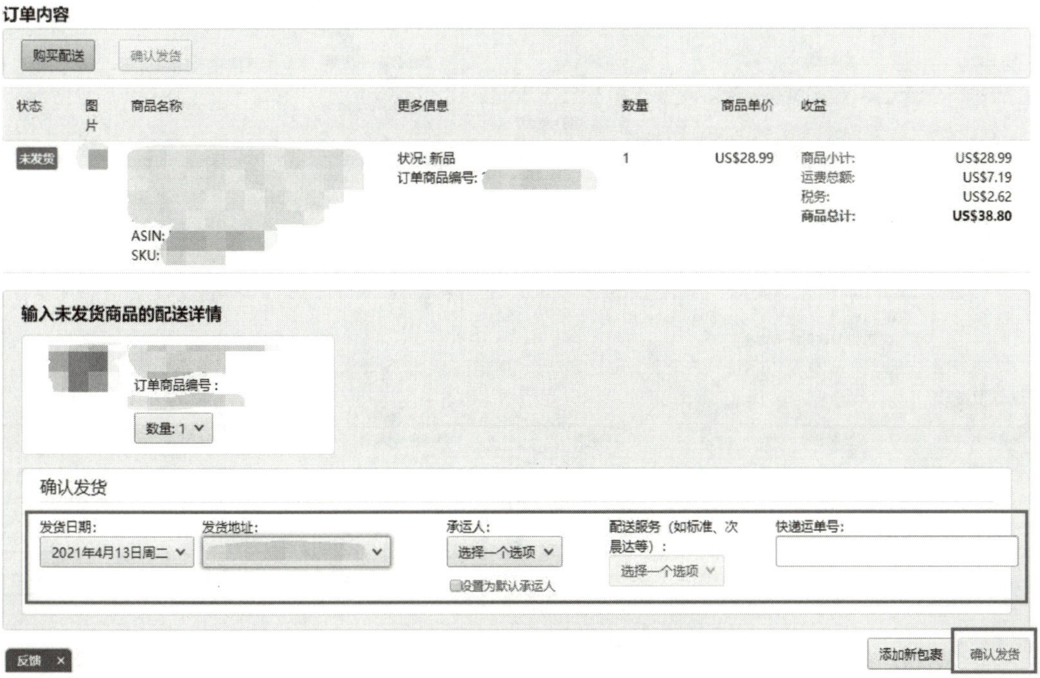

订单内容

图 2-6-14 确认发货信息

④如果同一个买家订购的商品多于 1 件,卖家也可以对订单进行拆分发货。要拆分订单发货,则在上一步骤中点击【添加新包裹】,如图 2-6-15 所示。

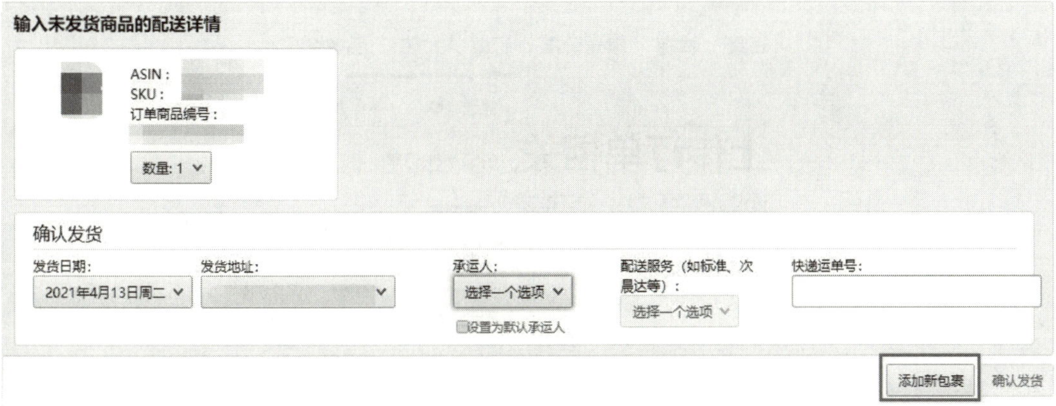

图 2-6-15 添加新包裹

然后对要发货的商品选择发货【数量】,选择【发货日期】【承运人名称】【配送服务级别(或配送方式)】【发货地址】和【追踪编码】(由承运人提供)。最后点击【确认发货】。对剩余商品发货也采用一样的操作。

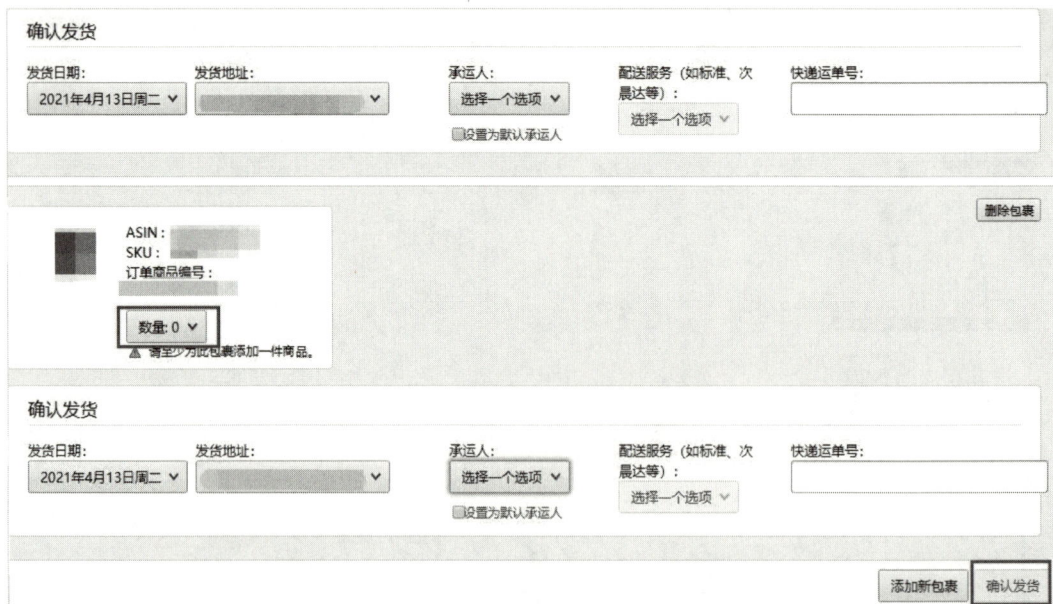

图2-6-16　选择发货数量-确认发货

三、订单批量发货

亚马逊允许通过使用"配送确认模板"文件上传多个订单的配送信息。在【订单】菜单点击【上传订单相关文件】进入相关界面。

图2-6-17　批量上传文件按钮

具体步骤如下：

①下载并保存【配送确认模板】的副本。查看【数据定义】选项卡上的说明,尤其是可接受值(亚马逊允许输入的数据值)。

②在【配送确认】选项卡中输入您的配送信息。一些需要记住的常见提示如下：

配送确认模板包含验证宏,可帮助您正确填写模板。这些宏可以关闭,但我们建议您在第一次学习使用模板时将其保持开启状态。

将所有列设置为【文本】格式(包括【ship-date】),以防止 Excel 删除任何以"0"开头的数值。

按照以下格式输入【ship-date】:【yyyy-mm-dd】。

实际发货地址:货件的实际发货地址。

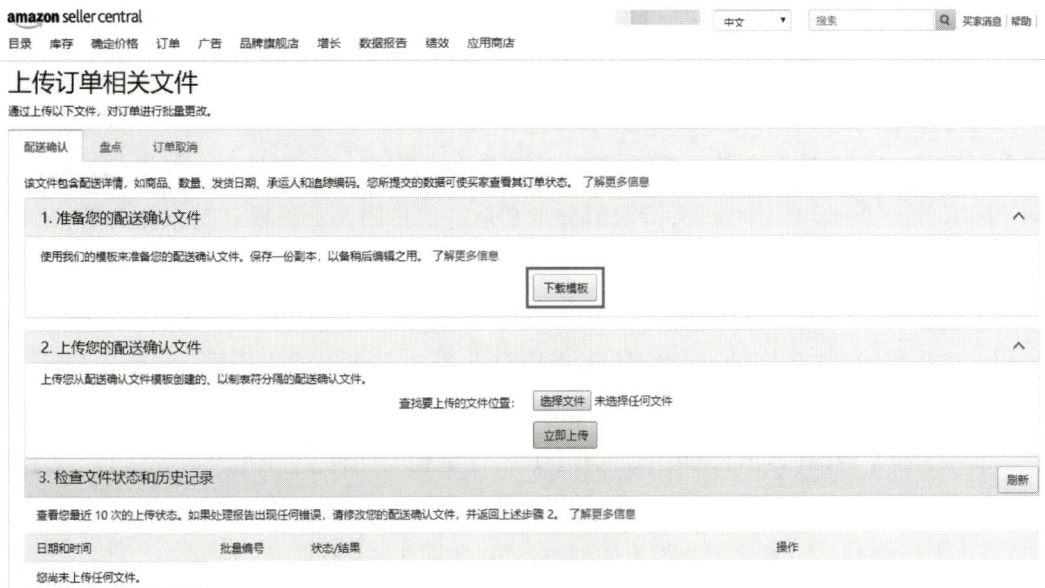

图 2-6-18　下载配送确认模板

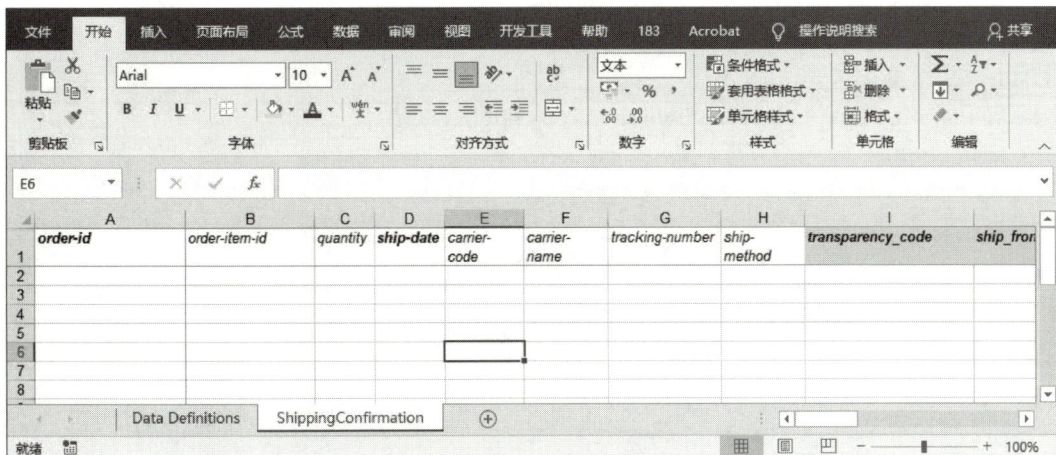

图 2-6-19　配送确认模板

③更新已经存在的配送信息时,请根据您想要的结果从以下选项中选择:

【覆盖已经存在的数据:】:新数据会覆盖或替代现有数据。示例:【追踪编码】字段中的新数据将覆盖现有追踪编码数据。

【不覆盖已经存在的数据：】：空字段不会覆盖现有数据或使其无效。示例：将【追踪编码】留空，这样之前上传的数据就不会被覆盖或作废。

【删除已经存在的数据：】：输入"NULL"（不含引号），该字段中的数据将被删除。示例：在【追踪编码】字段中输入"NULL"以清除之前的数据。

注意：如果一份订单中包含多种商品或多件商品，且您将订单拆分为多个货件，那么您需要在每个发货确认记录中包含以下字段：【order-id】【order-item-id】【quantity】【发货日期】【承运人代码】【承运人名称（仅当使用"其他"作为承运人名称时）】【发货地址】。

此外，如果您要向英国境内的买家配送商品，且使用多个包裹配送单个订单，则这些包裹必须从同一国家/地区配送。否则，亚马逊将默认使用同一国家/地区。如果您无法从相同的国家/地区配送第二个包裹，请取消分批装运。这是因为征税模式是根据为第一个货件提供的发货地址确定的。

④完成操作后，请点击【另存为】，并从文件类型列表中选择【文本（制表符分隔）（*.txt）】。如果您看到"选定的文件格式不支持包含多个工作表的工作簿"的警告，请点击【是】。

⑤在卖家平台的【订单】菜单中，选择【上传订单相关文件】。在【配送确认】选项卡的【上传您的配送确认文件】下，点击【浏览】。找到您保存的模板，选择文件，然后点击【打开】。点击【立即上传】将您的文件上传到亚马逊，如图2-6-20所示。

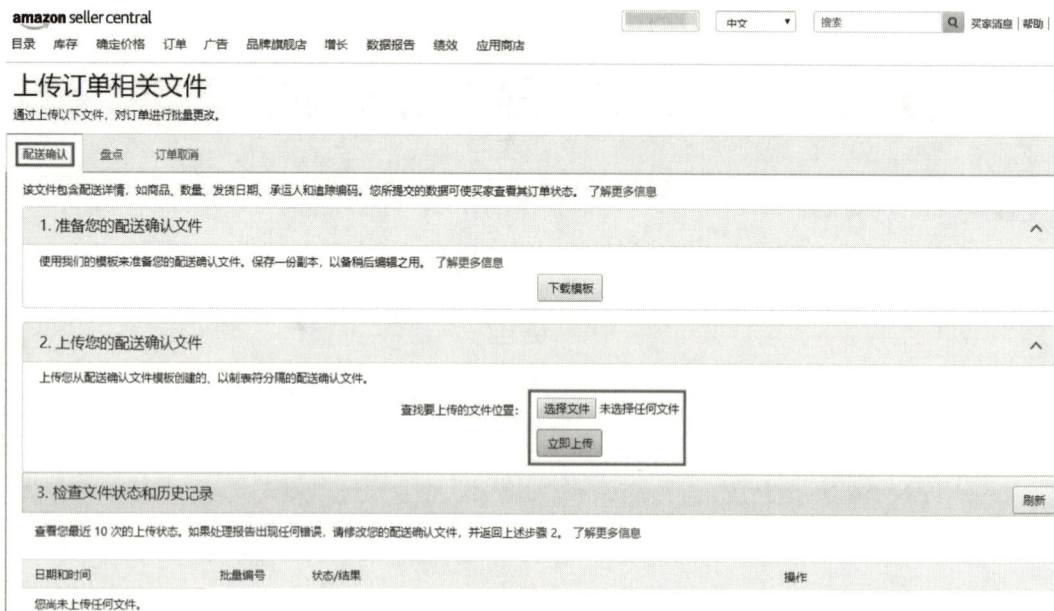

图2-6-20　上传已填写完成的配送确认模板

⑥可以在上传页面底部的【查看文件状态和历史记录】下，查看已上传文件的状态，如图2-6-21所示。您的处理报告将显示上传过程中可能发生的任何错误。

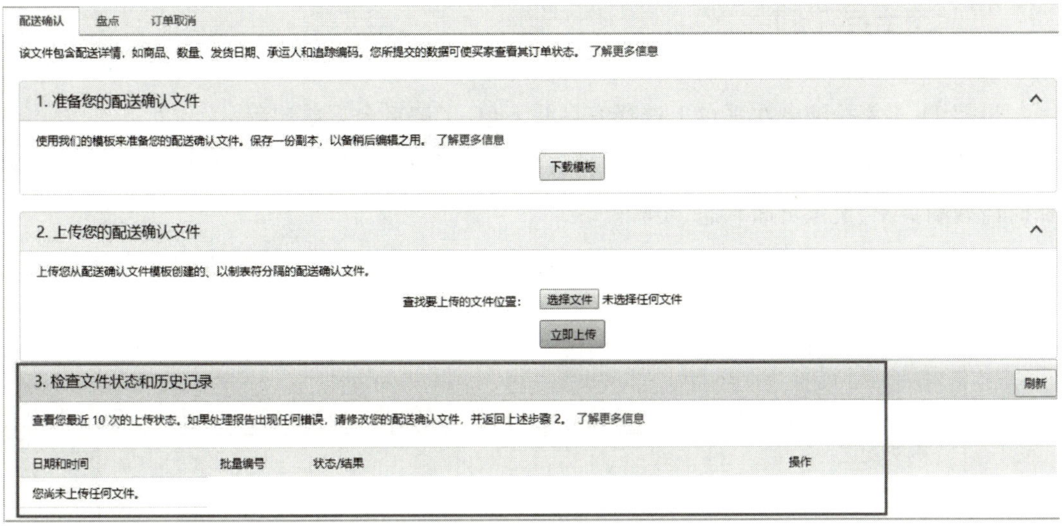

图 2-6-21　查看已上传文件的状态

◎ 任务实施

【任务要求】

了解亚马逊订单发货操作流程后,根据引导问题逐步学习、研讨,并通过在速卖通平台上实训,最终以 PPT 形式分组汇报实训成果。

【任务分组】

同学自由分组,4～6 人为一组。

表 2-6-2　学生任务分配表

班　级		组　号		指导老师
组　长		学　号		
组　员	姓　名	学　号	姓　名	学　号
任务分工				

【任务计划与实施】

引导问题1：进入亚马逊平台。

步骤①：买家扮演者在平台上选择商品并下单，了解平台下单流程。

步骤②：登录卖家订单后台，查看四种订单状态：等待中、未发货、已取消和已发货。操作时请截图买家、卖家页面状态、步骤。

引导问题2：卖家接收到订单通知后，卖家对未发货的自配送订单的发货方式有哪些？

发货方式	配送方式	优　势	后台操作步骤
购买配送			
确认发货			

引导问题3：选择一个未发货订单，操作购买配送流程。操作时请截图记录操作页面。

引导问题4：使用"配送确认模板"文件上传多个订单的配送信息。

①下载并保存【配送确认模板】的副本；

②按照模板格式，填写5个不同跨境地区的发货地址信息。完成后，将文件上传到亚马逊平台。

◎ 课程思政

通过课程实践学习，掌握在亚马逊平台上进行物流配送的流程。以本节课文知识，再结合阅读亚马逊卖家中心的《使用"购买配送"服务从中国发货》帮助文章，思考以下问题。

【思政考核】

要求：请根据以下选项，选出正确的答案。

1.（简答题）卖家自配送订单有三项指标：取消率、有效追踪率和准时交货率，了解这三个指标的概念，思考为何设定这些指标？

使用"购买配送"服务从中国发货

提示:①指标的订立都基于哪些方面?

②卖家按照规定执行,是否便于店铺运营管理?

_____

_____

_____

2.(多选题)购买配送的优势包括( )。

A. 有助于保持您的绩效指标

B. 配送状态可追踪

C. 提供可满足向买家承诺的配送时效的配送解决方案

D. 交易索赔有保障

◎ 考核评价

根据考核内容,学生完成自我小结并进行自评打分,教师根据学生活动情况进行点评并完成教师打分,最后按自评分×40%+教师评分×60%计算得分。

表 2-6-3 考核评价表

项目二	任务六 亚马逊订单发货操作				
班 级		团 队		姓 名	
评价类别	考核内容		分 数	自 评	教师评分
知识素养	了解亚马逊订单状态类型		10		
	明白自配送订单发货方式及流程		15		
	掌握平台订单发货配送操作流程		15		
职业技能	熟悉并掌握亚马逊平台订单发货状态类型		15		
	掌握发货配送操作流程		15		
	掌握配送模板填写,并正确上传至平台		15		
职业素养	具有团队合作精神,小组能够协调分工完成任务		5		
	具有创新意识、创新精神,能够在海外仓管理中提出自己的观点		5		
	具备资源整合能力,能够借助外部资源,借鉴相关案例经验熟悉对亚马逊订单的发货操作		5		
小 计			100		
合计=自评分×40%+教师评分×60%					

任务七 速卖通订单发货操作

◎ 知识点

速卖通订单发货分为线上发货和线下发货两种。线上发货指的是由速卖通、菜鸟联合多家优质第三方物流、为卖家提供的包括揽收、配送等服务在内的统一物流服务体系。卖家使用"线上发货"需要您在买家下单后先创建物流订单，再通过上门揽收或自寄交货到国内集货仓，线上发货流程如图2-7-1所示。线下发货是相对线上发货而言的，除了线上的物流渠道，卖家用任何其他非线上物流渠道发货都被称作线下发货，线下发货流程如图2-7-2所示。

图2-7-1 线上发货流程

图2-7-2 线下发货流程

一、线上发货

1. 线上发货的优势

卖家使用速卖通线上发货可享受如下保护政策：

①平台网规认可：使用线上发货且成功入库的包裹，买卖家双方均可在速卖通后台（订单详情页面）查看全程物流追踪信息，且平台网规认可。后续卖家遇到投诉，无须再提交发货底单等相关物流证明。

②规避物流低分，提高账号表现：卖家服务等级评定时，使用线上发货的订单，若产生"DSR物流服务1,2,3分"和由于物流原因引起的"纠纷提起""仲裁提起"，平台会对该笔订单的这4项指标进行免责。

③物流商赔付保障：阿里巴巴作为第三方将全程监督物流商服务，卖家可针对丢包、货物破损、运费争议等问题在线发起投诉，获得赔偿。

2. 线上发货操作

①登录速卖通后台，点击【交易】-【所有订单】，找到要发货的订单，在列表页面点击【去发货】按钮，如图2-7-3所示。

图 2-7-3　订单列表待发货订单

②选择【线上发货】,如图 2-7-4 所示。

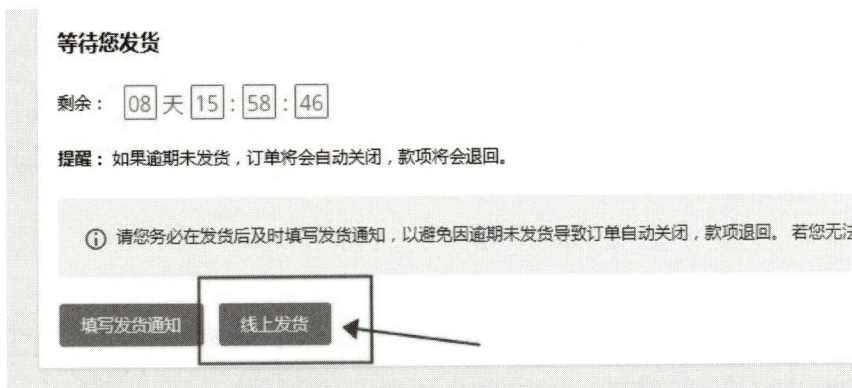

图 2-7-4　选择线上发货

③选择对应的物流方式后,点击【下一步,创建物流订单】,如图 2-7-5 所示。也可以点击下面的"不可用物流方式",查询到对应的原因。(确认商品信息;注:若商品为带电,化妆品等特殊品类,必须勾选货物类型用于申报。)

图 2-7-5　选择对应的物流方式

④选择发货数量、确认订单是否含电池,是否含液体,是否含特殊特货,如图2-7-6所示。

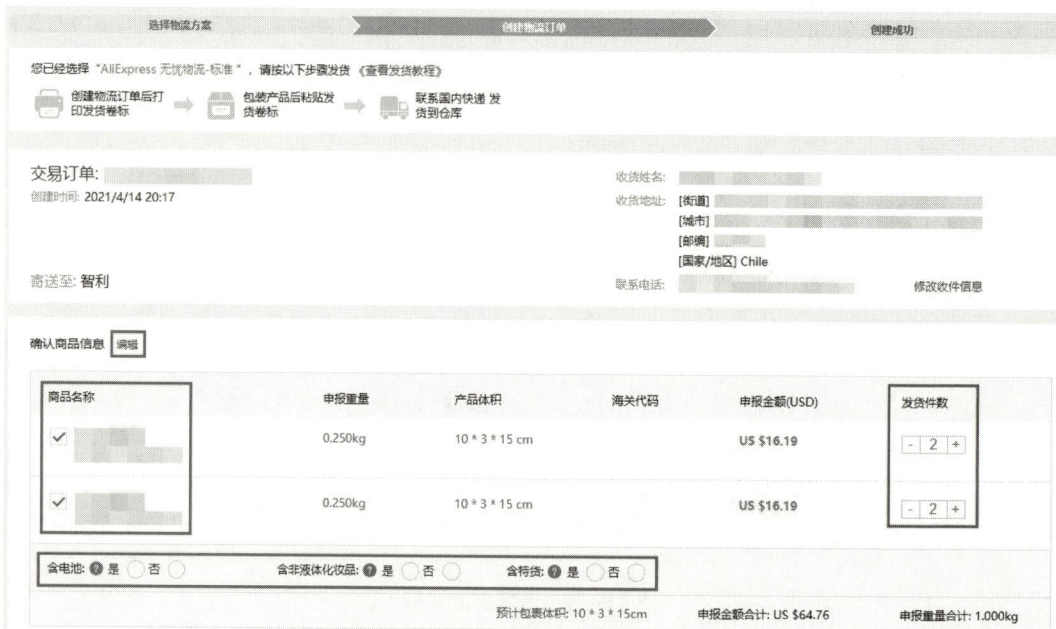

图 2-7-6 确认商品发货数量、电池等信息

特货解释:可以寄送液体、粉末、干电池、带磁商品,无法寄送枪支弹药、易燃易爆商品。

⑤点击【编辑】确认商品信息。填写中文品名、英文品名、申报金额和申报重量(kg),点击【保存】,如图2-7-7所示。

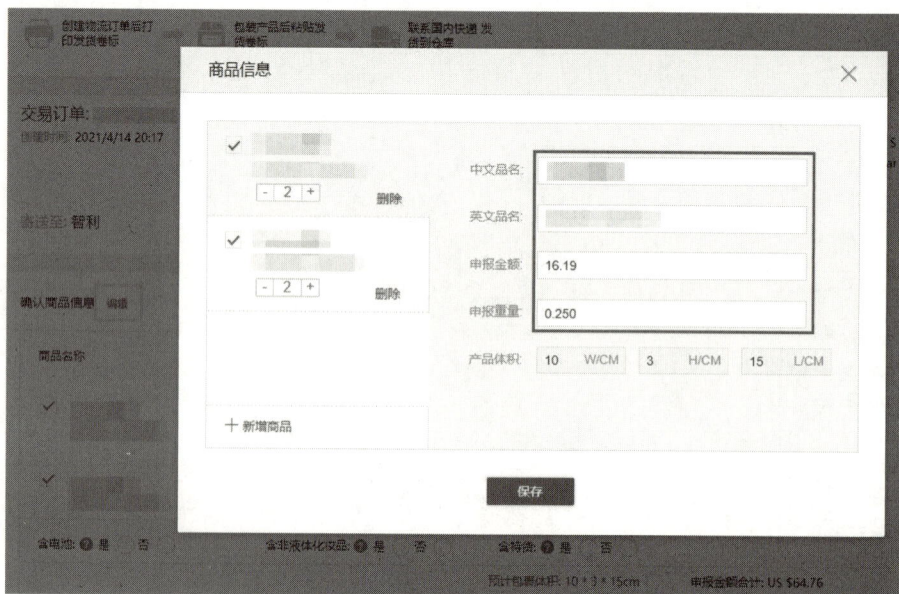

图 2-7-7 填写商品信息

⑥保存后自动回到上一界面,勾选"升级赔付"(可不选)。编辑"确认发件信息(海关)",填写发件姓名、联系电话、联系地址、邮政编码。选择"包裹揽收方案",可以是"菜鸟上门揽收"(免费)或者"自送至中转仓库(运费寄付),如图2-7-8所示。

注意:编辑中文揽收地址后,系统会自动匹配距离该地址最近的揽收服务商,需要电话联系服务商确认揽收时间。

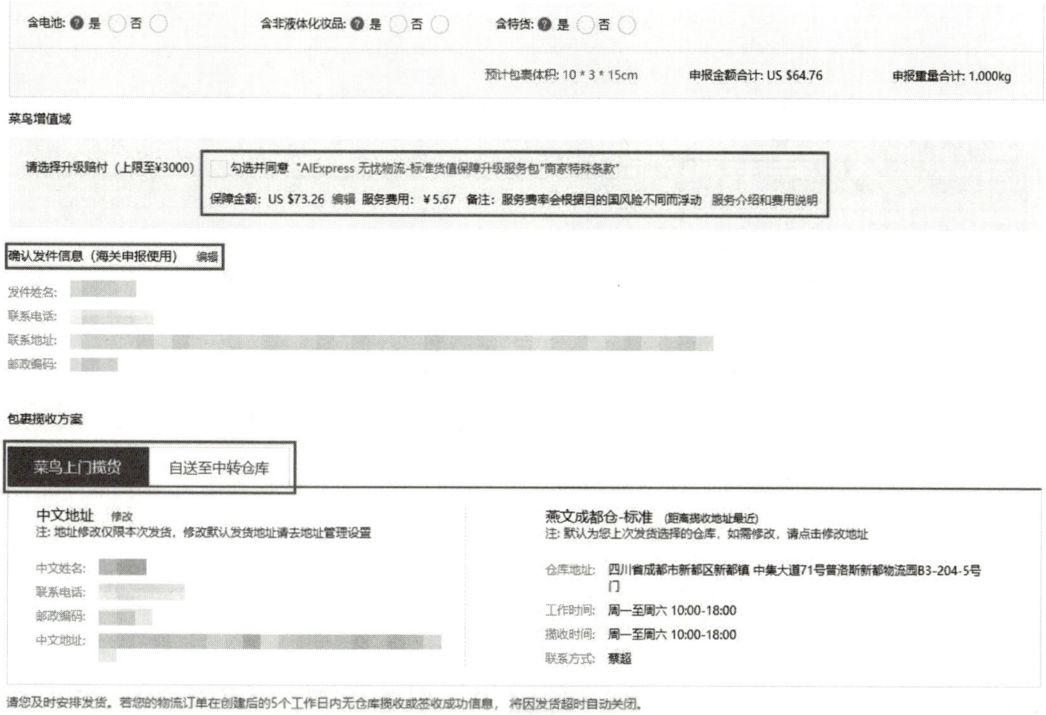

图2-7-8 确认包裹揽收方案

⑦编辑退货地址,选择"如何处理海外无法投递的退件",最后点击【提交发货】,如图2-7-9所示。

注意:海外无法投递的退件,选择"退回"服务后,卖家可以享受以下服务:

A.货品在交航后到买家签收前,发生无法投递、拒收等情况时,菜鸟可向卖家提供退货服务;

B.菜鸟提供部分退回物流详情展示及相关的技术服务;

C.菜鸟赠送卖家"无法投递退货运费险",若退回运费在800元以内(含800元),卖家无须承担;超出800元以上的部分由卖家承担。如包裹中含有相应线路介绍的限运、禁运、违禁品或禁售商品,则需根据线路介绍的包裹处置方式处理。

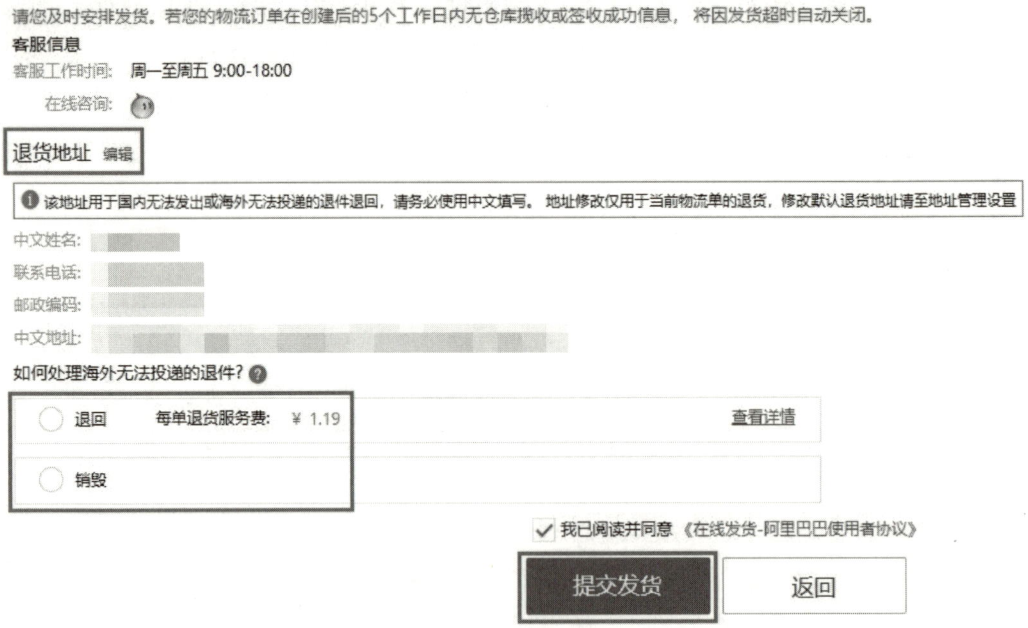

请您及时安排发货。若您的物流订单在创建后的5个工作日内无仓库揽收或签收成功信息，将因发货超时自动关闭。
客服信息
客服工作时间：周一至周五 9:00-18:00
在线咨询：
退货地址 编辑
该地址用于国内无法发出或海外无法投递的退件退回，请务必使用中文填写。地址修改仅用于当前物流单的退货，修改默认退货地址请至地址管理设置
中文姓名：
联系电话：
邮政编码：
中文地址：
如何处理海外无法投递的退件？
退回
每单退货服务费：¥ 1.19
查看详情
销毁
我已阅读并同意《在线发货-阿里巴巴使用者协议》
提交发货
返回

图 2-7-9　提交发货

⑧提交成功后，在【交易】—【国际小包订单】页面，通过交易号找到物流运单号，然后点击【打印发货标签】，贴在包裹外包装上，如图 2-7-10 所示。

我的速卖通
商品
交易
店铺
营销活动
账号及认证
生意参谋
违规
帮助中心
99+
退货状态(可多选)
国内退回中 0
国内退回签收失败 0
国内退回签收成功 0
海外退回中 0
代扣账户绑定设置
绑定人民币扣款支付宝账号：
解绑支付宝
绑定美元扣款支付宝账号：
如果您账户余额充足但没有及时扣款，可点此手动执行代扣
执行代扣
交易订单号
国际物流单号
物流订单号
物流渠道
请选择
物流仓库
请选择
订单状态
请选择
创建时间
2021-01-14
2021-04-14
搜索
默认查询最近三个月的订单
物流订单号
国际物流单号
交易订单号
国内物流信息
发往仓库
物流订单状态
操作
物流订单创建时间
2021-04-13 23:57:36
上门揽收
AliExpress 无忧物流-标准
发往燕文成都仓-标准
待组包交接
打印发货标签
查看详情
投诉
创建交接单

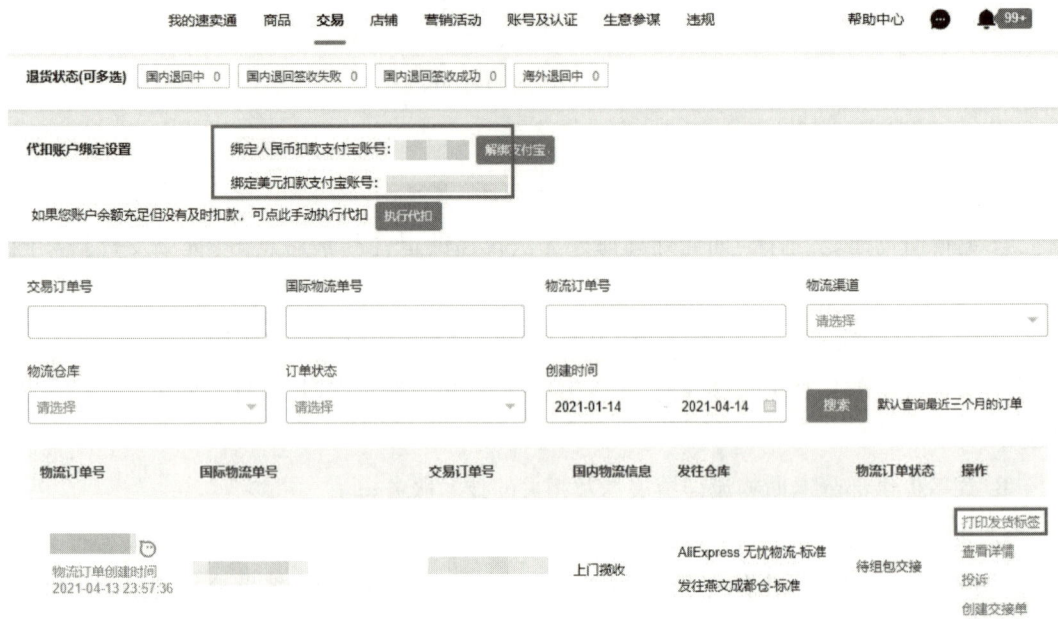

图 2-7-10　打印发货标签

注意：发货前需要先绑定线上运费代扣账户。线上运费代扣账户是用于支付线上国际小包订单运费，首次使用线上发货的时候，会让卖家签订线上代扣协议。可以登录【交

易】—【国际小包订单】绑定人民币扣款账户。目前线上发货运费代扣仅支持"国际小包线上发货以及无忧物流线上发货渠道;商业快递线上发货以及 e 邮宝线上发货暂时不支持运费代扣功能。

　　⑨发货后,在订单详情页面点击【填写发货通知】并填写货运追踪号,如图2-7-11和图2-7-12 所示。

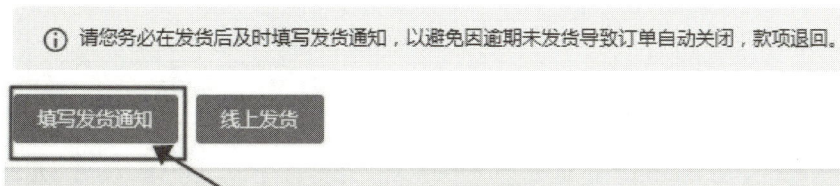

图 2-7-11　填写发货通知

图 2-7-12　填写货运追踪号

　　注意:需要分批发货请选择【部分发货】,等最后一批发货时选择【全部发货】。卖家需要在备货期内全部发货,否则订单会被关闭并全额退款。

3. 线上发货常见问题

(1)线上发货是否可以开发票

若您是国际小包线上发货,您可以联系菜鸟客服申请发票。

(2)清关的费用由谁来承担

一般情况下货物在进口国所发生的费用由买家承担,您也可以和买家积极协商来处理清关费的问题。

(3)周末和节假日算在发货期内吗

遇到周末及节假日,系统会自动加上发货期。如遇到周末系统会相应地顺延。

例如:当您的订单风控审核通过的时间是在北京时间的周五,系统会顺延2天;若风控审核通过的时间是在北京时间的周六,则系统会顺延 1 天;若风控审核通过的时间是在北京时间的周日,因第 2 天即是工作日,所以系统不会进行顺延。

(4)把全部发货填成了部分发货如何处理

①搜索订单号找到那笔订单,点击后面的【继续发货】,进入交易详情页,如图 2-7-13 所示。

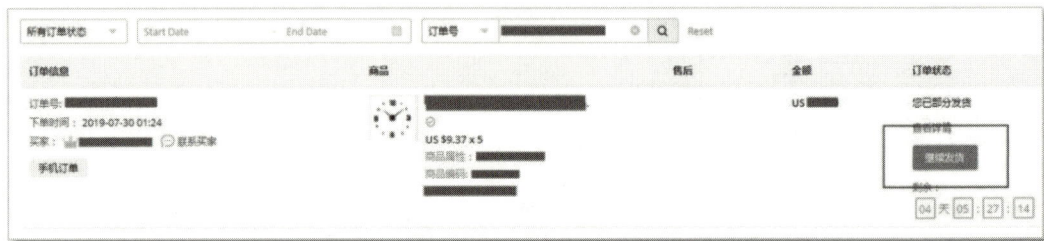

图 2-7-13　订单继续发货

②点击【确认全部发货】后就可以全部发货完毕,如图 2-7-14 所示。

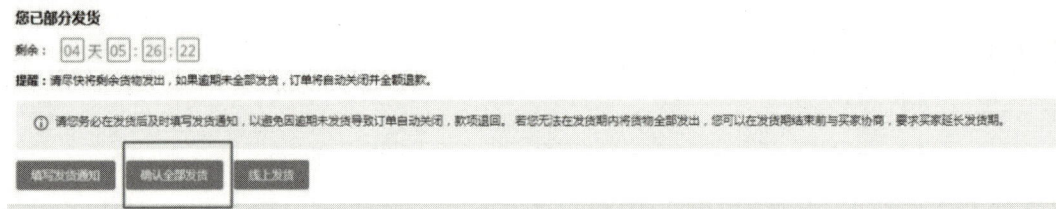

图 2-7-14　确认全部发货

(5)如何修改发货运单号

修改时间为第一次填写发货通知后的 10 个工作日内,次数为 2 次,修改页面如图 2-7-15 所示。

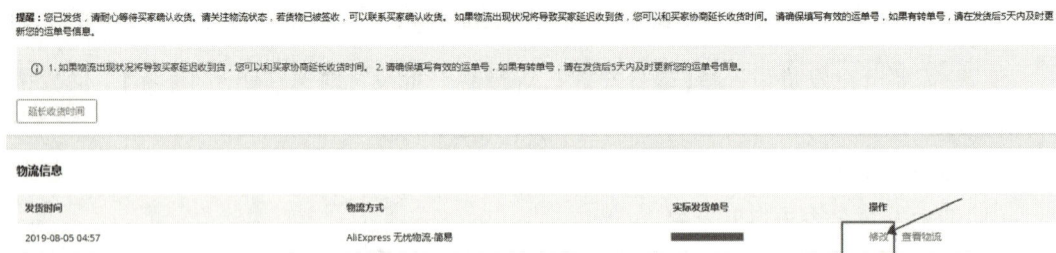

图 2-7-15　修改发货运单号通知

(6)交易已经全部发货还可以补发货吗

全部发货的交易订单已经关闭线上创建物流订单的入口,所以无法再次通过线上发货。若和买家协商一致补发给买家,可以通过线下的物流渠道给买家补发,同时保留好所有的聊天记录以及重新发货的物流单号。但是这样操作也会有一定的风险,因为这些信息在平台这边是没有任何记录信息的。

（7）超过发货日期还没有发货怎么办

如果来不及发货,请务必在发货期内联系买家延长发货期。若超过发货期订单会及时关闭,同时计算成交不卖率。建议在发布产品时根据实际情况设置合理的备货期。

如果您超时未填写发货通知,订单会自动关闭并退款给买家。款项无法通过平台追回。建议联系物流公司追回货物,同时可以联系买家讲明情况重新下单付款。

（8）虚假发货的处罚规则是什么

虚假发货行为根据严重程度,分为虚假发货一般违规和虚假发货严重违规。

虚假发货严重违规行为包括但不限于以下情况:虚假发货订单金额较大;买卖双方恶意串通,在没有真实订单交易的情况下,通过虚假发货的违规行为误导全球速卖通平台放款;多次发生虚假发货一般违规行为。平台会根据违规行为情节程度,按次扣分。

表 2-7-1　虚拟发货处罚规则

违规情形	处罚措施
虚假发货一般违规	2 分/次
虚假发货严重违规	12 分/次
虚假发货特别严重	48 分/次
说明:速卖通平台将根据卖家违规行为情节严重程度进行扣分或直接关闭账号的判定。被平台认定虚假发货的,平台将采取包括但不限于取消海外仓发货权限、虚假发货订单关闭退款、商品发布权限、在线商品下架、关闭账号等限制措施。	

二、线下发货

如果卖家有熟悉和稳定的物流渠道,可以采用线下发货模式。如果卖家每天订单比较多,可以尝试直接和中国邮政、商业快递和货代公司建立合作,拿到不错的价格折扣。

1. 货代公司的选择

跨境电商销售的国家广泛,中国邮政或者商业公司提供的服务相对来说比较单一,很难满足卖家的全部要求,这时候货代公司的优势就发挥出来了。较有实力的货代公司不仅会跟邮政、多个商业快递建立合作关系,还会跟一些国家的本地物流商直接合作开发专线物流产品。货代公司负责从国内揽收和发运,国外的本地物流商负责当地的转运和派送。无论小包渠道、商业快递还是空运、海运,货代公司基本都能满足,但市面上的货代公司众多,如何才能选择到一家靠谱的货代公司呢? 这里介绍挑选货代公司的几个要点。

（1）企业规模

在选择货代公司时需要了解货代公司的规模,如果是那种刚成立的小公司,就可能在服务体系上不完善,物流渠道没有那么多。在物流服务上如果遇到突发事件,就可能因缺乏经验无法保证能够处理。因此,货代公司要选择成立时间较长,有一定的规模,有经验的物流公司,这种比较有保障,不用担心出现跑路等现象。此外还可以通过天眼查等网站查询企业信誉状况、法律风险等。

(2)公司口碑

需要了解货代公司的服务水平、口碑评价。服务水平包括客服服务水平、业务员专业度。口碑评价可以提前在网上或者通过同行了解该货代公司,最好选择那些拥有良好口碑或者经营多年的公司。

(3)产品线丰富度

考察货代公司的物流渠道和线路是否能够满足你的需要,以及这些渠道是否是自己研发和运营的。有些小货代公司在市面上揽收货件之后转手给大货代公司,自己在其中赚取差价,一旦出现物流问题,解决起来流程漫长。

(4)ERP 系统便捷度

大的货代公司拥有完善的物流 ERP 系统,客户下单、打单、结算、追踪和对账在系统中进行。在跨境电商运营中使用的一些店铺管理 ERP 例如店小秘、马帮 ERP 等也会对接大货代公司的物流系统,这样就能做到在店铺管理 ERP 中直接向货代公司申请运单发货,并将运单号回填进跨境店铺中,非常地便捷。

(5)上门服务范围

货代公司是否在卖家当地提供上门取件服务也很关键。上门取件能为卖家节省邮寄时间和物流成本。即便货代不提供上门取件服务,也最好在卖家当地有服务团队。

2. 批量上传运单号

速卖通支持批量上传物流单号,方便通过线下发货的卖家在系统中批量发货。具体操作方法如下。

(1)选择批量填写发货通知功能

在【交易】—【所有订单】中,下拉选择订单状态为"等待您发货",点击【批量填写发货通知】,如图 2-7-16 所示。

图 2-7-16　批量填写发货通知功能

（2）卖家可以手动填写发货信息，也可以使用表格批量上传发货信息

①手动填写发货信息。选择"发货状态"为"全部发货"或"部分发货"，选择"物流服务名称"，填写"货运追踪号"，最后点击【确认发货】，如图2-7-17所示。

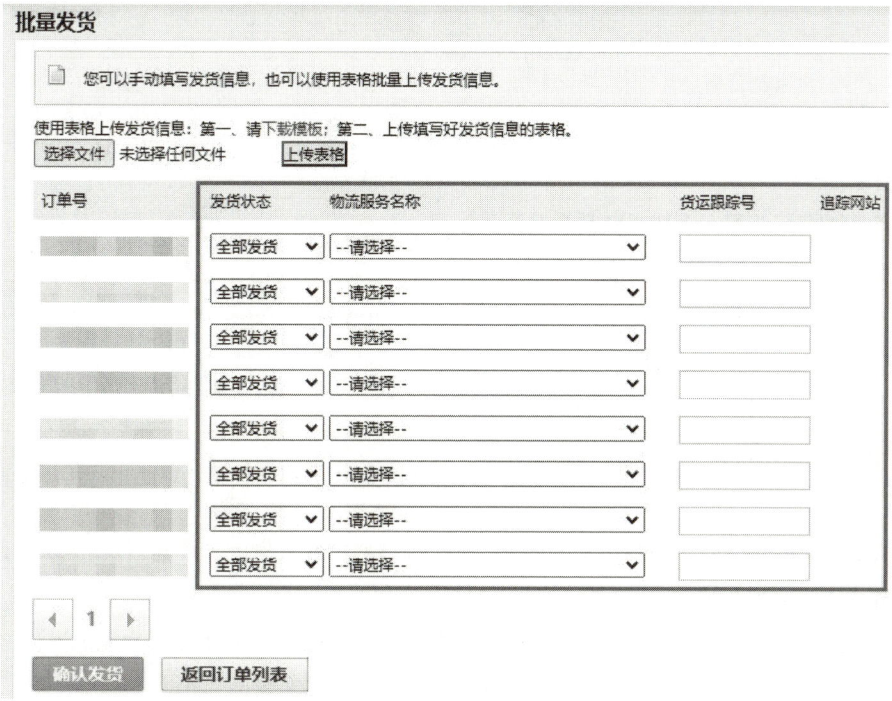

图2-7-17　手动填写发货信息

②使用表格批量上传发货信息。先点击【下载模板】，打开下载好的 EXCEL 表格。填入订单号（Order Number）、发货状态（Delivery Status）、物流服务商名称（Logistics Company）和货运追踪号（Tracking Number）等信息并保存，如图2-7-18所示。

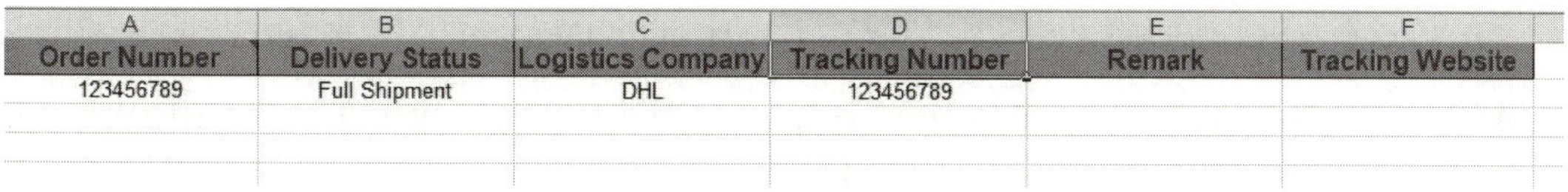

Order Number	Delivery Status	Logistics Company	Tracking Number	Remark	Tracking Website
123456789	Full Shipment	DHL	123456789		

图2-7-18　使用表格批量上传发货信息

③点击【选择文件】从本地选择填好的 EXCEL 表格，然后点击【上传表格】，完成批量上传，如图2-7-19所示。

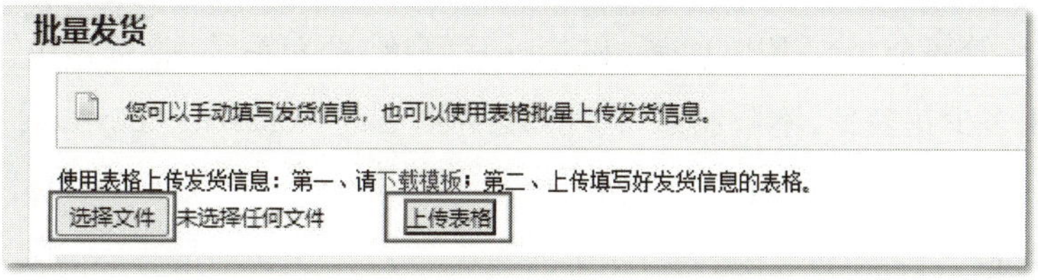

图2-7-19　选择发货模板上传表格

3. ERP 软件的使用

如果卖家经营多个速卖通店铺或多平台经营,并且订单量比较大,推荐使用第三方的 ERP 软件来集中管理账号,ERP 管理软件的优势如表 2-7-2 所示。

表 2-7-2　ERP 管理软件的优势

卖家经营痛点	ERP 管理软件的优势
多平台、多账号经营,账号切换和登录麻烦	集成到一个系统中操作,不用各种切换
产品刊登数量多,多平台多账号产品刊登工作量大	能够快速编辑产品并发布到多平台、多个店铺
订单量大,仓库处理复杂	集成到一个系统中,按照订单来源、订单状态进行操作
仓库管理能力差,难以及时准确发货,时长有漏发、错发、延迟发货等现象出现	对仓储进行规划,出入库配合条码,操作准确快速
库存采购和销售不协调,导致囤货积压或缺货	库存实时监控,及时提供采购建议和生成采购单
客服消息处理乱、多平台多店铺回复消息费时费力,容易遗漏或超时	统一到一个系统中集中处理和回复,系统内置回复模板
物流渠道五花八门,人工选择渠道容易出错	根据自定义物流规则,自动选择物流渠道,减少人为操作
数据报表多,绩效汇总困难	数据准确、维度丰富,有预警和指导意义

这里简单介绍几个国内比较知名的跨境电商 ERP 软件。

（1）马帮 ERP

国内最早的跨境 ERP,系统功能主要分为产品刊登、订单、商品、仓库、FBA、物流、客服、采购管理以及财务、报表、员工考核、小工具等。马帮 ERP 已经不单纯是一个 ERP 软件,而是一个综合的跨境电商服务平台,有面向中小卖家的 SAAS 版本,也有面向高阶用户的本地部署版本,以及马帮 WMS 仓库管理系统。除此之外,马帮还提供很多在线的付费应用和 ERP 模块。

（2）通途 ERP

整体功能比较齐全,分 ERP（刊登）和 listing（订单）两套系统,收费算比较合理,根据订单量来计算,用多少花多少,不限制账号。深度对接 ebay、Amazon、Aliexpress、Wish、Lazada、京东国际、Cdsicout、Priceminister 等主流平台。

（3）ActNeed

ActNeed 为跨境卖家提供多语言产品翻译、亚马逊快速刊登、多店铺统一管理、多平台店铺搬家、产品管理、批量上传、订单管理等功能。用户只需要一套系统,就能轻松解决多系统间烦琐切换的问题,快速高效完成所有的日常操作,大大增加了工作效率。目前支持英语、葡萄牙语、法语、俄语、泰语等 14 种语言的商品 listing 批量翻译,满足用户大批量商品上架需求。ActNeed 已对接亚马逊、速卖通、eBay、Wish、Lazada、DHgate、Joom 等七大跨境电商主流平台。

（4）店小秘

店小秘应该是目前国内发展较快的一款跨境电商 ERP 软件。2014 年成立,店小秘目前的用户规模稳居国内跨境 ERP 榜首。店小秘提供产品管理、刊登上货、打单发货、图片管理、数据采集、数据搬家、数据统计、智能采购、库存管理等一站式的管理服务。平台目前已对接 Wish、AliExpress、eBay、Lazada、Amazon、DHgate、京东全球售等跨境电商平台。一个店小秘账号可同时授权多个平台的多个店铺。

（5）芒果店长

芒果店长是一家位于杭州的主打轻量级跨境电商 ERP 服务的企业。核心团队来自阿里。芒果店长和店小秘是在气质上最像的两款 ERP 产品,主要也是通过用户口碑传播的方式积累用户。此外芒果店长的免费策略贯彻得很彻底,截至目前,还没付费的功能和模块。

◎ 任务实施

【任务要求】

学习速卖通订单发货操作后,根据引导问题逐步学习、研讨,并登录速卖通平台进行订单发货操作,最终以 PPT 形式分组汇报实训成果。

【任务分组】

同学自由分组,4~6 人为一组。

表 2-7-3　学生任务分配表

班 级		组 号		指导老师	
组 长		学 号			
组 员	姓 名	学 号		姓 名	学 号
任务分工					

【任务计划与实施】

引导问题1:列出速卖通订单发货方式:

表2-7-4　订单发货方式

发货方式	发货流程	优　势	缺　点
线上发货			
线下发货			

引导问题2:虚假发货的处罚规则是什么?

引导问题3:线下发货可选择货代公司、商业快递等,通过查阅网络资料等渠道,调研不少于2家货代公司,了解货代公司的配送范围、价格优势、服务优势等。

引导问题4：用批量上传单号，填写5个需发货地址，选择下载模板及手动填写发货信息方式，学会批量上传发货信息。（最后不要点击确认发货按钮）

◎课程思政

经济全球化背景下，我国积极推动跨境电商发展，提升国际贸易流通全球化水平。阅读文章《5美元10日达：菜鸟冲刺跨境出海的效率极限》。

菜鸟冲刺跨境出海的效率极限

【思政考核】

要求：请根据以下选项，选出正确的答案。

1.（简答题）商品进行跨境运输时，常见的运输问题会有哪些？

_____

_____

2.（简答题）速卖通平台这项"5美元10日达"服务，在解决物流上的什么问题？

_____

_____

◎考核评价

根据考核内容，学生完成自我小结并进行自评打分，教师根据学生活动情况进行点评并完成教师打分，最后按自评分×40％＋教师评分×60％计算得分。

表2-7-5　考核评价表

项目二	任务七　速卖通订单发货操作				
班　级		团　队		姓　名	
评价类别	考核内容	分　数	自　评	教师评分	
知识素养	了解速卖通订单发货方式及发货流程	10			
	熟悉线上发货的优势及发货操作流程	10			
	了解线上发货常见问题	10			
职业技能	懂得速卖通订单发货方式	15			
	掌握线上发货的优势及发货操作流程	15			
	懂得货代公司企业调研，懂得分析企业运营业务	10			
	掌握批量发货方法	15			

续表

评价类别	考核内容	分　数	自　评	教师评分
职业素养	具有团队合作精神,小组能够协调分工完成任务	5		
	具有创新意识、创新精神,能够在海外仓管理中提出自己的观点	5		
	具备资源整合能力,能够借助外部资源,借鉴相关案例经验熟悉对速卖通订单的发货操作	5		
小　计		100		
合计＝自评分×40％＋教师评分×60％				

任务八　出口报关、VAT 和退税

◎ 知识点

一、出口报关流程

1. 报关的含义

报关又称申报,是指货物进出境时,进出口商或其代理人向海关申报,请求办理货物进出口手续的行为。

报关是履行海关进出境手续的必要环节之一。指的是进出境运输工具的负责人、货物和物品的收发货人或其代理人,在通过海关监管口岸时,依法进行申报并办理有关手续的过程。

2. 什么是正式报关与非正式报关

（1）正式报关

是指有进/出口买卖合同(外贸订单)并据此进行的进出口业务,在本国出口报关或目的国进口清关时,买方/卖方(或其代理)拿着全套报关/清关单据,如合同、发票、箱单、提单/运单、报关单等,向海关申报,并经海关接单、查验、收税、放行、结关,以及后续的结汇、核销、退税等一系列过程。

（2）非正式报关,也称简易报关

分为两种类型:

①进出口文件类和个人物品类的快件,这些快件报关非常简化,通关效率高,可以称为非正式报关,与需要正式报关的货物类快件相对。

②单证或监管证件不齐全,通过买单报关或包柜通关等模式出口,这有时也被称为非正常方式,因为基本都是通过瞒报、不报、少报等违规行为"冲关"。

凡是经海关进出口的货物都需要报关,否则视为走私。快件报关只适合以下情况:小件散货、少量货样和广告品等;缺乏某些单证(比如没有 3C 认证)的各种产品;来不及办理贸易报关通关手续的紧急货;想节省成本而又不需要增值税发票的各种产品以及个人自用物品等。

3. 正式报关和非正式报关在出口上的区别

表 2-8-1　正式报关和非正式报关区别

报关类型	退税差异	海关申报后	报关费用
正式报关	可进行退税业务,直接安排商品检验、出口许可证、品牌授权等出口单证正式通关	正式报关书签署后,将提供海关申报和放行条	需要支付报关的费用
非正式报关	不用退税,那么一般采用购买申报的形式,即灵活方便的收汇。可以给海关足够的时间在装货前检查货物,以确保海关工作的正常进行	申报不提供海关申报和放行说明	不需要支付报关的费用

4. 正式报关流程

海关报关是指出口货物的收货人、受委托的报关企业,按照海关的规定以及有关法律的要求,办理货物、物品、运输工具出境,采用电子数据报关单和纸质报关单的形式,向海关报告实际出口物品的情况,并接受海关审核的行为。

发货人可以自行向海关申报,也可以委托报关企业向海关申报。

5. 申报流程

(1)企业申报

出口货物的发货人,受委托的报关企业除海关特许外,应当在装货后的 24 小时以内向海关申报。这样的规定是为了在装货前让海关有充分的时间去查验货物,以保证海关正常工作。

如果在这一期限之前没有向海关申报,海关可以拒绝接受你的申报通关。这样,货物就得不到海关的检验、征税和放行,从而影响获取运输单据的时间,甚至导致延迟装运,违反合同。所以应该及早地向海关申报,做到准时装运。

(2)海关接受申报

海关接受以电子数据报关方式或以纸质报关单方式申报。

以电子数据报关方式申报的,申报日期为海关计算机系统接收申报数据时的日期,以纸质报关单方式申报的,申报日期为海关接受纸质报关单并对其进行登记处理的日期。

向海关申报时,需要提交以下单证:

A. 海关出口货物报关单;

B. 货物发票;

C. 陆运单、空运单和海关进出口的提货单及海运出口的装货单;

D. 货物装箱单;

E. 出口收汇核销单;

F. 海关认为必要时，还应交验贸易合同、货物产地证等。

表 2-8-2　中华人民共和国海关出口货物报关单

预录入编号：　　　　　　海关编号：

出口口岸		备案号		出口日期		申报日期	
经营单位		运输方式	运输工具名称			提运单号	
发货单位		贸易方式		征免性质		结汇方式	
许可证号		抵运国(地区)		指运港		境内货源地	
批准文号		成交方式	运费		保费		杂费
合同协议号		件数	包装种类		毛重(公斤)		净重(公斤)
集装箱号		随附单据				生产厂家	
标记唛码及备注							

项号　商品编号	商品名称、规格型号	数量及单位　最终目的国(地区)
单价　　总价	币值　征免	
税费征收情况		

录入员　录入单位	兹声明以上无讹并承担法律责任	海关审单批注及放行日期(签章)
报关员		审单　　单价
单位地址	申报单位(签章)	征税　　统计
邮编　电话	填制日期	查验　　放行

（3）海关查验

海关在接受报关单位的申报后,已经审核的申报单为依据,对货物进行实际检查的行政执法行为称为海关查验。

申报人应该派人到场协助查验,负责搬移货物、开箱和重封货物的包装,查验结束后,签名确认查验结果。

（4）征税

根据《海关法》的相关规定,进出口的货物除国家另有规定外,应征收关税,纳税人应到指定银行进行缴款。

（5）放行

A.在发货人或代理人如实向海关申报,缴纳应缴税款后,海关会在出口装货单上盖"海关放行章",发货人凭此装船出境。

B.出口货物退关:发货人应当在退关日起三天内向海关申报退关,经海关核准后才能将货物运出监管场所。

C.签发出口退税报关单:海关放行后,在出口退税专用报关单上加盖"验讫章"和已向税务机关备案的海关审核出口退税负责人的签章,退还给报关单位。操作上,应注意报关单上的有关内容必须与船公司传送给海关的舱单内容一致,才能核销退税。

（6）结关

结关是指对经口岸放行后仍需继续实施管理的货物,海关在固定的期限内进行核查,对需要补证、补税的货物做出处理直至结束海关监管的工作程序。

二、出口扣关

跨境电商出口商品以及邮寄个人物品至进口国时,由于各国海关监管及服务商要求不同等问题,被进口国海关扣留。

货物被进口国海关扣留时,常见物流状态为:

①handed over to customs（EMS）;

②clearance delay（DHL）;

③Dougne（法国,会显示妥投,但是签收人是 Dougne）。

海关扣查货物原因大致可分为:包装问题、产品问题、申报信息问题和收件人问题。

1.包装问题

（1）破损件

因包装不坚固,加上长时间的运输挤压,导致货物破损。需要使用较好的外包装材料,箱内填充物应填满空隙;易碎物品应注意在明显位置张贴易碎等标识,运输环节注意重不压轻、大不压小的装载要求。

（2）数量与实物不符

海关查验时，数量较多不便于清点。需要在装箱发货前，点清内装高价值货物数量，并做好封箱。交货时随附证明，说明内装物品及数量情况。

（3）密封包装未做合页

海关查验货物时，无法拆查或拆查后难以包装完好。

2. 产品问题

（1）航空违禁品

粉末、颗粒、毒品、液体、药品等敏感货物，会被当地海关查扣。需要在发货前针对寄运国家和寄运渠道对产品的发货要求，咨询国际快递公司。

（2）带电产品

基本需要的证明材料为，MSDS 证明、38.3 测试报告、电池信一式二份（正本）、"货物运输条件鉴定书"等。

（3）仿牌

海关查验时发现带牌产品，中转须提供"商标所有人的授权证明"或"购买发票（复印件也可以）"，不能提供则不能中转。

（4）原产地非中国

海关查验发现货物非"Made in China"，有可能是仿牌货物，也有可能是倾销货物，都为贸易不许可方式，应提供相关资料证明"原产地非中国"的原因。

3. 申报信息问题

（1）申报类型不符

清单上的类型与实际货物不符。需要提供正确的清单，并严格按文件、包裹的定义进行分类申报。

（2）重量不符

清单上的计费重量与实际货物不符。交货前保证货物包装严实，避免产生货物变形，据实制作交接清单上的计费重量。

（3）申报物品不符

运单发票上的申报信息与实际货物不相符。交货前仔细核实发件人的寄运物品，根据实际货物书写运单发票资料。

（4）价值不符

运单发票上的申报价值与实际货物的价值不符。需要根据货物的实际价值正确地向海关申报货物的价值，正确地填写在运单和发票上。

4. 收件人问题

（1）运单地址不清

信息不详能导致不能派送或派送出错。需要提供收件人正确地址和联系方式。

（2）运单资料非英文

收件人资料非英文，部分国家只接受英文地址和派件信息。

（3）产生关税

需要收件人积极联系当地海关缴纳关税后，等待放行。

了解了海关扣查货物的原因，我们该如何避免商品被海关扣查呢？

（1）准确填写申报价值

申报价值和估价相差甚远最容易引起海关清查，所以应该尽量保持申报价值与估价一致。

（2）物品装箱清单详细填写

货物的数量、单价、总价、币种一定要写清楚，还有货物的材质、名称、用途、成分、部件要标明。

（3）及时了解各国海关通关政策信息，可避免因政策调整导致入境困难

下面通过海关扣关案例，了解扣关情形及处理方式。

【案例1】上海某公司出口货柜到沙特，发票上只显示了部分产品的货值和品名，因为另外的货只有 2 件，再做检测和 SASO（沙特阿拉伯标准组织）认证费时费力，该公司就未显示在单据上，但货物到了目的港后便被查验扣留。

【分析】出口前提前了解目的港清关要求很重要。测试报告、箱单、发票、其他检测证书上要信息一致。而沙特要求的 SASO 认证，更是采取验货模式，以规避瞒报漏报情况。

货物要完成目的港顺利交货，就必须符合当地海关的标准，手续一定要规范和齐全，单单一致，不要抱有任何侥幸心理，否则货物很可能就被海关直接查扣，严重时会被销毁。

【案例2】天津某公司出货到安特卫普，到港后货被海关扣了，原因是没有贴 CE 认证的标志，没有吊牌。在港口放了三个月客户才要求退运，费用很高。

【分析】这种退运费用客户一般不会主动承担，费用谁承担要综合买卖双方的利益关系协商而定。即使退回来也会产生很多费用，而且不是质量问题的退运，海关要求以一般贸易进口的，征进口税，所以最好考虑其他方法在当地解决。衡量一下货值和产生的费用，如果货值低、货量少，可以请求海关拍卖等方式处理避免更多的费用损失。

◎ 快速问答

深圳某服服装贸易公司使用国际快递将货物运输到加州仓库，货物为 19 件服装，价值 470 美元。货物运输到美国后被美国海关扣留下来了，原因有：①客人未注册美国公司；②客人没有美国的雇主识别号（EIN）。请分析货物为何会被美国海关扣留？

三、海外商品销售增值税（VAT）

这里主要介绍亚马逊各国家站点销售商品所产生的增值税，即各国的 VAT 征税要求。

依法完成税务申报和缴纳，是企业在海外合规运作的基本前提。全球电商平台亚马逊要求所有卖家提供其独立的 VAT 税号，卖家有了 VAT 税号，才能得到进口增值税退税、保证货物顺利清关、顺利完成跨境交易。尤其对于实体行业的卖家来说，要注意销售目的地国所得税的相关规定。

1. 什么是 VAT?

VAT（Value Added Tax 的简称），即增值税，是欧盟国家普遍使用的售后增值税，针对商品或服务在流通环节增收的一种消费税。

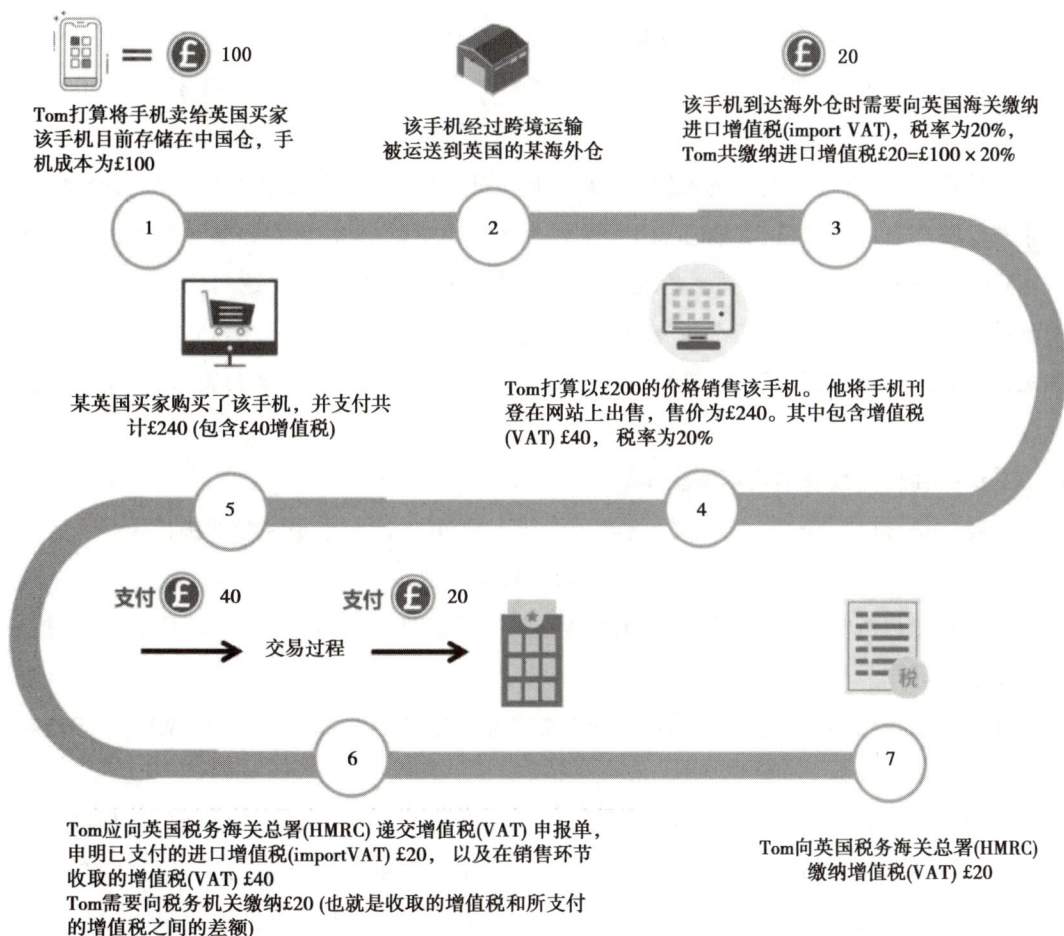

图 2-8-1　欧洲增值税（VAT）运作流程概览图例

所有在欧洲进行商业活动的公司都需要在他们的商品价格上加消费税，缴纳金额＝商品价值×税率，这样一来每当有消费者购买时，他们购买的费用就已经包含了 VAT 的费用，定价是 inc VAT,即已含税,excl VAT 是未包税,Zero VAT 是税率为 0。欧洲增值税(VAT)运作流程概览图例如图 2-8-3 所示。

一般在对欧盟国家进行进出口贸易时需要缴纳三种税:

进口增值税(可退还)+进口关税(无法退还)+销售增值税(从消费者端收取可用于退税)。

在英国,如果商家向英国及欧洲销售货物或者提供服务,或将货物从境外进口到英国及欧洲境内,就需要考虑增值税(VAT)。商家需要向英国税务海关总署(HMRC)注册增值税号(VAT 号),按要求进行季度申报,并且缴纳税金。

◎ 知识加油站

税务问题的本质是什么?

其本质是海外卖家使用了当地国家的仓库就需要在当地国家注册 VAT 税号,并且按时交税。

以德国为例,当货物进入德国,货物缴纳进口税(主要为进口增值税);当货物销售后,商家可以将进口海关增值税(Custom Duty)作为进项税申请退回,再按销售额交相应的销售税。VAT 适用于在德国境内产生的进口商业交易及服务行为。同样适用于那些使用海外仓储的卖家们,因为您的产品是从德国境内发货并完成交易的。货物在销售时已经在德国当地,货物并非由德国买家个人进口进入德国。即:使用德国仓储服务的商家,都依法要缴纳 VAT。

2. 卖家在什么情况下需要缴纳 VAT

只要你符合以下任意一个条件,就必须注册 VAT 并按规定申报和缴纳销售税。

①欧盟成员国卖家,年销售超过 8.1W(14/15 财年);

②非欧盟成员国的卖家,你的商品的最后一程投递是从欧盟发出的(使用欧盟仓储的中国卖家);

③从中国直邮的中国卖家,累计 12 个月销售额超过 7 万英镑,需要注册 VAT 并按规定申报和缴纳销售税。

当前需要注册税号的平台是亚马逊和 eBay,平台要求卖家有和申请店铺信息保持一致的 VAT。在国家方面,英德法强制要求必须要有,否则关闭店铺,商品无法入境。VAT 根据每个国家本身的制度等原因,自己有自己的规定,商品需要销售入境则需要了解成员国对 VAT 的要求,重视 VAT 问题。

3. 欧洲各国的税局规定的增值税率

欧洲法律规定的增值税最低标准税率为 15%,最低减征税率为 5%,但实际税率会依不同的欧洲国家/地区以及商品类型存在差异。欧盟大部分国家主要税率有:标准税率、减免税率、零税率三种。

以下为欧盟部分国家常见 VAT 税率分类：

英国：20%，5%，0%；

德国：19%，7%，0%；

法国：20%，5.5%，10%，0%；

意大利：22%，5%，10%，0%；

西班牙：21%，10%，4%。

根据不同的产品 HS code 还会对应不同的关税及相应的 VAT 税率。

◎ 知识加油站

2021 年 7 月 1 日起，欧盟正式实施增值税税改，请扫码阅读税改前后的变化。

欧盟VAT税改

◎ 知识加油站

英国电子商务增值税法则

2020 年 1 月 30 日，欧盟正式批准了英国脱欧。英国于 2020 年 1 月 31 日正式脱离欧洲联盟计划。亚马逊对英国脱欧后收税的解释：

英国将于 2021 年 1 月 1 日正式脱离欧盟单一市场和海关联盟（以下简称"英国脱欧"）。从该日起，英国将推行一套新的增值税法则，这可能会改变向英国买家销售商品的增值税计算方式。

自 2021 年 1 月 1 日起，针对以下通过亚马逊店铺订购并配送至英国个人买家的商品，亚马逊将负责收取其销售增值税：

①从储存在英国境外的库存配送的商品且货件价值不超过￡135；

②从储存在英国境内的库存配送的商品（无论价值多少），并且您的公司成立地在英国境外。

如果您符合以上任一情况，亚马逊将在结账时计算英国增值税并向买家收取，然后将其直接上缴英国税务机构。您收到的付款也会发生相应的变化，您不会在付款中收到英国增值税金额，因此也无须向英国税务机构缴纳这些金额。

重要提醒

增值税豁免取消：如果商品是从储存在英国境外的库存配送至英国买家，则目前面向货件价值不超过￡15 的商品销售的增值税豁免将从 2021 年 1 月 1 日起取消。亚马逊将针对这些商品的销售计算并收取英国增值税，不论其价值如何。

从 2021 年 1 月 1 日起,英国与欧盟之间将增设海关边境。

那么 FBA 卖家将会有以下影响:使用欧洲配送网络(EFN)的亚马逊物流商品将无法跨英国与欧盟边境配送,FBA 卖家现在海关需要独立申报,符合英国政策。但是其他国家不影响。

英国 VAT 有哪些政策变化?

商品价值不超 135 英镑,必须由亚马逊代缴 VAT 费用;如果商品价值超过 135 英镑则自行缴纳增值税和所有关税。

增值税由亚马逊代扣的好处是不用去找外面服务商,从而避免另外支出注册费,还有年费。

坏处是意味着你不能低申报,须实打实缴纳 20%。

增值税的申报周期及每年申报次数,如表 2-8-3 所示:

表 2-8-3 VAT 解释

国　家	申报截止日	付款截止日	备　注
英国	申报周期结束的下一个月月底	每申报周期结束后的次月 7 日	英国的季度申报周期按照申请 VAT 账号的季度划分,而不是按照自然季度划分
法国	每月 15 日	每月 15 日	如账号有申请申报延期,延期如果获得税局批准,则可延期一月完成申报和税金支付
德国	每月 10 日	每月 10 日	
意大利	每季度结束后的次月月底	月度付款:每月 16 日 季度付款:每季度结束之后的次月 16 日	据意大利税局规定,选择季度付款需多缴纳税金的 1%
西班牙	每季度结束后的首月两周内	每季度结束后的首月两周内	

4. 如何计算 VAT

具体的计算是分成进口税和销售 VAT 两部分的:

(1)进口税计算公式

$$进口税=进口增值税+进口关税$$

$$进口增值税=(申报货值+头程运费+关税)×增值税率(商家可以退回)$$

$$进口关税=申报货值×产品税率(不同产品,按不同税率计算)$$

(2)销售税计算公式

这里税率取英国标准税率(Standard Rate)为例:

$$销售增值税=定价(税前价格)×20\%$$

市场销售价格(含税)

  =定价(税前价格)+销售增值税

  =定价(税前价格)+定价(税前价格)×20%

  =定价(税前价格)×1.2

即销售增值税

  =市场销售价格/1.2×20%

  =市场销售价格/6(上缴的 VAT,实为市场售价的 1/6)

案例: 以亚马逊英国 20% 税率为例,计算英国 VAT:

(1)进口 VAT 的计算公式

$$(申报货值+头程运费+关税)×20\%$$

申报价值:100.00　产品税率 3%

头程运费:10.00

关税:(100×0.03)=3(关税率 3%)

应缴进口 VAT=(100+10+3)×20%=22.60

货物成本合计:100+10+22.6+3=135.60

(2)销售 VAT 计算公式

$$\frac{销售价格}{(1+20\%)}×20\%$$

销售价:250.00

不含税销售价:$\frac{250.00}{(1+20\%)}=208.40$

销售 $VAT=\frac{250}{(1+20\%)}×20\%=41.70$

德国 VAT 主要包括进口税、进口增值税、销售税。

进口税=关税(IMPORT DUTY)+进口增值税(IMPORT VAT)

关税(DUTY)=申报货值×产品税率(不同产品,按不同税率计算)

进口增值税(MPORT VAT)=(申报货值+头程运费+DUTY)×19%

进口增值税这部分是商家在缴纳销售 VAT 的时候可以抵扣的。

销售 $VAT=\frac{税后销售价格}{(1+税率)}×税率$

实际缴纳的 VAT=销售 VAT-进口 VAT-其他可抵扣金额

◎快速问答

比如售卖某款手机壳成本 100 元,亚马逊卖 200 元,进货 100 件发到法国,头程运费总共800元。货物总成本(申报货值)为10 000元。这款产品在本季度内销售90件,以当季标准申报(法国税率:20%),需要缴纳多少VAT?

计算公式如下:

关税=申报货值×产品税率=10 000×7%(按照7%的手机壳算)=700(元)

进口VAT=(申报货值+头程运费+关税)×税率=(10 000+800+700)×20%=2 300元

销售VAT={最终销售额/(1+税率)}×税率={(90件×200元)/(1+20%)}×20%=3 000元

※由于进口VAT可以退回,因此当季你真正需要缴纳的VAT为:

实际缴税=销售VAT-进口VAT=3 000元-2 300元=700元

四、出口退税

出口货物退税是指在国际贸易中货物输出国对输出境外的货物免征其在本国境内消费时应缴纳的税金或退还其按本国税法规定已缴纳的税金(增值税、消费税)。这是国际贸易中通常采用的并为各国所接受的一种税收措施,目的在于鼓励各国出口货物进行公平竞争。

根据现行税制规定,我国出口货物退税的税种是流转税(又称间接税)范围内的增值税、消费税两个税种。

问题1:适用出口退税、免税政策的跨境电子商务企业有哪些?

答:适用出口退税、免税的跨境电子商务企业,是指自建跨境电子商务销售平台或利用第三方跨境电子商务平台开展电子商务出口的单位和个体工商户。不包括为电子商务出口企业提供交易服务的跨境电子商务第三方平台。

问题2:符合条件的跨境电子商务企业如何办理出口退税业务?

答:符合条件的跨境电子商务企业应在办理出口退税备案后,再办理出口退税申报业务。出口企业可以登录国家税务总局地方省电子税务局,或者中国国际贸易单一窗口(网址:https://www.singlewindow.cn/),办理出口退税业务。

问题3:跨境电商哪些情况可以做出口退税?

答:国家对通过一般贸易方式出口的货物可以按规定办理退(免)税,目前跨境电商卖家适合的情形可包括:

①海外仓头程(海运/空运/快递)发货;

②FBA头程(海运/空运/快递)发货;

③国际快递发货。

出口产品则还要符合以下这几点条件:

①必须是增值税、消费税征收范围内的货物;

②必须是报关离境出口的货物;

③必须是在财务上做出口销售处理的货物;

④必须是已收汇并经核销的货物。

1. 出口退税业务流程

（1）有关证件的送验及登记表的领取

企业在取得有关部门批准其经营出口产品业务的文件和工商行政管理部门核发的工商登记证明后,应于30日内办理出口企业退税登记。

（2）退税登记的申报和受理

企业领到"出口企业退税登记表"后,即按登记表及有关要求填写,加盖企业公章和有关人员印章后,连同出口产品经营权批准文件、工商登记证明等证明资料一起报送税务机关,税务机关审核无误后,即受理登记。

（3）填发出口退税登记证

税务机关接到企业的正式申请,经审核无误并按规定的程序批准后,核发给企业"出口企业退税登记证"。

（4）出口退税登记的变更或注销

当企业经营状况发生变化或某些退税政策发生变动时,企业应根据实际需要变更或注销退税登记。

2. 清单核放

即跨境电商企业可先将要出口的产品填写清单商品交易平台上的订单信息推送到单一窗口平台,海关对"清单"进行核放并办理实货放行手续。可以让企业通关效率更高、降低通关成本。

3. 汇总申报

是出口电商企业定期汇总清关形成报关单进行申报,海关为企业出具报关单退税证明,可解决企业退税难题。

使用一般贸易形式清关,比如使用 FBA 头程、海外仓服务卖家,一般是大批量发货的,可以按照传统外贸出口的形式来处理。只要符合出口退税的条件就可以出口退税。

4. 出口退税需准备的材料

出口退税需要以下资料,包括采购合同、采购增值税专用发票、装箱单、代理报关委托书、出口货物报关单、销售合同、出口发票/形式发票以及物流提运单以及结汇水单或收汇通知书;如果产品需要商检的话,还需要提供产品的商检单。

5. 出口退税相关问题与解答

问题1:如何将税务合法化、正规化?

答:出口退税+目的国税金正常缴税才是合法正规的唯一途径。以英国为例,缴纳销售增值税会增加成本,降低产品的竞争力,出口退税却可以获得政府费用支持,降低成本,出口退税是政府鼓励出口的象征,将出口退税和目的国家缴纳销售增值税相结合,可有效控制成本,同时有可实现正规化、合法化的路径。

问题2:我们公司是自己开发的产品,使用进口芯片。芯片进口已经交了进口关税,再出口应该是能退税的。这个是怎么操作的?

答:首先,单证如报关单证,包括委托书、货物信息等委托货代去出口口岸报关,然后货代会给到你们一个报关的底单,就可以拿着这个底单去税务局办理相关退税了。其次,缴纳了进口关税,进口关税是针对国外的销售税互相抵扣的,需要海外贸易公司申报或使用VAT税号进行申报。

◎ 任务实施

【任务要求】

在国际贸易上,货物报关是最基本行为。出口退税是国家降低电商运营成本、推动国内外贸结构转型升级的重要措施,出口退税的申报是跨境电商人员日常的重要工作之一。根据引导问题逐步学习、研讨,使用网络搜索等方式,最终以PPT形式分组汇报实训成果。

【任务分组】

同学自由分组,4~6人为一组。

表2-8-3 学生任务分配表

班 级		组 号		指导老师
组 长		学 号		
组 员	姓 名	学 号	姓 名	学 号
任务分工				

【任务计划与实施】

引导问题1：你作为一名跨境电商卖家，要出口商品至欧洲国家，需要准备哪些报关资料？

引导问题2：使用思维导图或者流程图方式，描述出口报关整体流程及报关时需要注意的事项。

引导问题3：影响海关查验的主要因素有哪些？

引导问题4：海外商品销售增值税（VAT）主要是哪些国家需要用到？不纳增值税会有什么后果？

◎ 知识加油站

①货物出口无法享受进口增值税退税。

②货物可能被扣无法清关。

③难以保证电商平台正常销售。

④不能提供有效的 VAT 发票,会降低海外客户成交率及好评率。

案例分析: 如果企业所有的货物都是从英国进口并只在英国销售,只需要在英国做 VAT 季度申报 = 销售额/6 − C79(所缴纳的进口 VAT)。

假设:企业第一季度进口 1 000 台产品,并销售 1 000 台产品。每一台产品亚马逊销售价格是£ 120,企业进口申报价值每一台产品是£ 30,关税税率是 3% ,VAT 税率是 20% 。

---

1. 该季度销售额为=

2. Output tax=

3. 企业英国进口需要缴纳的关税:

4. 企业英国进口需要缴纳的进口 VAT=

5. Input tax=

6. VAT 申报金额为:

企业在整个流程一共交了:关税_____,进口 VAT _____,VAT 季度申报缴纳_____,总共缴纳 VAT _____。

◎ 知识加油站

Output tax:企业的所有销项发票包含的 VAT。可以简单理解为亚马逊销售含税价格中的 VAT 部分,一般就是含税销售额×[VAT 税率/(1+VAT 税率)]。

Input tax:可以理解为所有进项发票中包含的 VAT 之和。所有跟企业销售相关的供应商给企业开出发票包含的 VAT 都是企业的进项 VAT。

引导问题 5:使用思维导图或者流程图方式,描述出口退税业务流程。

◎ 课程思政

攻略欧洲有前提,合规运营是正道。想要长久稳步经营,从容应对新单,就要了解欧洲增值税合规政策。阅读"欧洲增值税注册申报何去何从",认知增值税合规经营。

欧洲增值税申报

【思政考核】

要求:请根据以下选项,选出正确的答案。

1.(多选题)进出境(　　),必须通过设立海关的地点进或者出境。

　　A.物品　　　　　B.货币　　　　　C.货物　　　　　D.运输工具

2.(多选题)报关是履行海关进出境手续的必要环节之一。海关涉及的对象可分为进出境的(　　)。

　　A.运输工具　　　B.货币　　　　　C.货物物品　　　D.货代公司

3.(判断题)未被代收代缴的欧盟卖家,可以不用缴纳增值税。(请作出解析)

_____

_____

4.(多选题)作为卖家处理出入境发货商品,了解进出口海关政策、进口国税务合规申报等内容,有何意义及作用?(　　)

　　A.了解进出口海关政策,规避违规商品售卖或进出口

　　B.了解贸易国进口政策,合法合规经营

　　C.合理规划商品国际运输

　　D.合规交税,促进对外贸易的发展

◎ 考核评价

根据考核内容,学生完成自我小结并进行自评打分,教师根据学生活动情况进行点评并完成教师打分,最后按自评分×40%＋教师评分×60%计算得分。

表 2-8-4　考核评价表

项目二	任务八　出口报关、VAT 和退税				
班　级		团　队		姓　名	
评价类别	考核内容		分　数	自　评	教师评分
知识素养	了解出口报关定义及报关流程		5		
	认知出口扣关及条例		5		
	了解海外商品销售增值税(VAT)		5		
	清楚各国 VAT 法则及计算方式		5		
	认知出口退税流程		10		
	懂得出口退税申报流程		10		
职业技能	懂得出口报关及报关流程		10		
	懂得出口扣关要素及避免扣关		15		
	掌握销售增值税的内容		10		
	掌握出口退税流程及操作		10		
职业素养	具有团队合作精神,小组能够协调分工完成任务		5		
	具有创新意识、创新精神,能够在海外仓管理中提出自己的观点		5		
	具备网络信息搜集能力,能够在网上搜索有关进出口报关、VAT 和退税的新知识		5		
	小　计		100		
	合计＝自评分×40%＋教师评分×60%				

海外仓助力国际贸易共赢发展

项目三　海外仓管理

◎情境导入

《中华人民共和国国民经济和社会发展第十四个五年规划和2035年远景目标纲要》提出,"鼓励建设海外仓,保障外贸产业链供应链畅通运转",进一步凸显了海外仓作为海外营销重要节点和外贸新型基础设施,在推动进出口协同发展方面的重要作用。

随着跨境电商蓬勃发展,中国企业加快完善包括海外仓在内的物流体系,海外仓呈现强劲增长势头。中国商务部公布的数据显示,目前,中国企业跨境电商海外仓数量超过1 800个,2020年增速达80%,面积超过1 200万平方米。当前,商务部外贸司正在组织105家跨境电子商务综合试验区开展"海外仓高质量发展专项行动",支持海外仓丰富功能、升级发展,培育一批特点鲜明的代表性海外仓。

◎学习目标

通过本模块的学习,应达到的具体目标如下:

1.知识目标

(1)熟悉海外仓基础知识;

(2)掌握亚马逊FBA操作;

(3)掌握速卖通海外仓设置。

2.职业能力要求

(1)具有一定跨境物流基础知识;

(2)熟知海外仓的操作技能流程。

3.素养目标

(1)具有团队合作精神和协作能力,小组成员能根据引导问题,协调分工完成任务;

(2)具有创新意识、创新精神,熟悉海外仓市场并能对其进行分析、加以实际运用。

任务一　海外仓基础知识

在模块一的任务三：跨境出口物流分类中，我们已经介绍了海外仓的三种基本模式：跨境电商平台官方海外仓、第三方海外仓和自建海外仓。海外仓流程一般包括头程运输、仓储管理和本地配送三部分。在本任务中，我们需要学习海外仓为何兴起、海外仓的优缺点、怎样利用数据选择海外仓商品和海外仓的使用费用等。

◎知识点

一、海外仓兴起的原因

1.跨境贸易电子商务的迅速发展对物流业的要求日益提高

退换货在国内网购中较为普遍，国外买家的心态与国内买家是一样的，也希望购买的商品能尽快送到手中，不满意还能轻松退换货，那怎么解决这个问题呢？答案是走出国门，提供与国外电商一样的本土化服务，充分利用中国制造的优势参与国际竞争，这将是跨境贸易电子商务实现可持续发展的关键。所以海外仓是跨境电商时代物流业发展的必然趋势。

2.跨境电商根据企业自身需求转型建仓

跨境电商与国内电商的区别就是把货物卖到国外，不稳定的物流体系是一大挑战。无论是企业还是个体电商经营者，要想把生意做大，不仅要维护好自己的电子商务平台店铺，还需要一个能降低成本、加快配送时效、规避风险的海外仓储。卖家只要把货物大批量运到海外仓库，就有专门的海外仓工作人员代替商家处理后续各项琐事，在线处理发货订单，一旦有人下单就立即完成拣货、打包、贴单、发货等一系列物流程序，这可以给商家腾出时间和精力进行新产品开发，从而获取更大的利润。

在海外市场，当地发货更容易取得买家的信任，大多数传统买家更相信快捷的本土服务，在价格相差不大的情况下，他们更愿意选择本地仓库发货的商品，境内配送速度更快。特别是在黑色星期五、圣诞节等购物旺季，订单暴增，跨境配送的效率受到影响，丢包的风险加大，加上各国海关的抽查政策更加严格，例如在途经意大利、西班牙海关时，包裹很容易被扣关检查，这将延迟配送的时间。而速度是与买家的满意度直接挂钩的，买家满意度的降低会影响到卖家账号的安全。因此，越来越多的国内卖家意识到应该选择海外仓。海外仓不仅可以将跨境电商贸易中的物流风险"前置"，还会提高客户满意度，待卖家的信誉和评价提高了，营业额必然增长。除了本地发货的可信度和时效性，海外仓储及其配套系统，也能给卖家带来更好的跨境贸易出口购物体验，节省时间，减少出错率。

二、海外仓的优缺点

1. 海外仓的优点

（1）派送速度快

海外仓位于买家所在国，从买家所在国发货，物流速度是海外直邮无法比拟的，大大提升了商品的派送速度。

（2）买家购物体验好

海外仓很好地避免了海外直邮退换货难的问题，退换货方便，提升了售后服务品质，有利于提高店铺商品的复购率。卖家更改物品所在地后，商品变成海外本地发货，也可以提升商品曝光率。

（3）降低海关风险

对跨境卖家而言，海外仓头程采用传统的外贸物流方式，按照正常的通关流程出口，大大降低了通关障碍，同时也突破了重量、体积、价值等方面的限制，扩大了运输品类。

（4）物流成本低

采用海运、空运等集中发货的方式备货，可以在淡季物流运费低的时候提前备货至海外仓。

（5）避免物流旺季排仓、爆仓的问题

物流旺季各种渠道不仅价格上涨，还常常出现排仓、爆仓的问题，而海外仓通过淡季备货，旺季销售，能很好地避免这些问题。

（6）多渠道订单配送

无论是在第三方销售平台还是在自建网站上产生的订单都可以由海外仓配送，方便快捷。

2. 海外仓的缺点

（1）对卖家的选品和运营要求高

使用海外仓发货的产品，需要适应当地买家的需求，选品不当或对市场把握不准都会造成库存积压，导致高额的仓储成本。

（2）海外仓储成本高

虽然是通过错峰集发的方式降低了物流成本，但相较于国内仓储来说，海外仓储费用依旧较高。一旦选品或市场把握稍有差错，将会造成货物滞销并进一步增加仓储成本，而货物在海外处理起来更加麻烦。

（3）资金周转慢

批量备货至海外仓需要投入备货的资金，包括物流运费、商品的成本和仓储的资金等，资金回流周期长，导致卖家资金周转不便进而容易造成资金链断裂。

（4）海外仓不可控因素多

海外仓受当地政策、社会因素、自然因素等不可控因素影响较大。例如，货物进口时被查扣，货物在当地仓库被查扣、没收等，对卖家的影响是巨大的。此外，使用第三方海外仓的卖家会受制于海外仓服务商的服务质量。海外仓服务商某个环节出问题就可能造成货物派送延误、仓库被查、货物被没收等情况，无论发生哪一种情况，对卖家造成的损失都是不可挽回的。

三、海外仓选品思路

什么是适合备货至海外仓的产品，如何选品备货是困扰众多跨境运营者的难题。我们先来看看哪些产品适合海外仓备货销售，再来理清海外仓的选品思路。

1. 适合海外仓的产品

（1）尺寸、重量大的产品

例如家居园艺、汽配、电动平衡车等产品。由于这些产品使用小包物流、专线物流会受到规格限制，使用国际快递成本又很高昂，而使用海外仓的话能突破产品的规格限制并且降低物流费用。

（2）单价和毛利润高的产品

例如电子产品等选择海外仓，可将破损率、丢件率控制至很低的水平，为销售高价值商品的卖家降低风险。

（3）周转率高的产品

例如时尚衣物、快速消费品等，买家可以通过海外仓更快速地处理订单，回笼资金。

（4）有明显销售淡旺季的产品

例如欧美节日主题的产品，买家对时效要求非常高，订单在短期内会呈现出爆发式增长，海外仓正好满足旺季销售需求。

2. 海外仓数据化选品思路

（1）销售市场趋势

首先需要判断所销售商品处于什么样的需求趋势中。可以利用 Google Trends、Tearpeak 等工具查询商品关键词的搜索趋势。有的产品，如连衣裙的搜索趋势全年都比较平稳，而泳装在北半球只有夏季需求量才比较大，卖家备货的时候需要考虑市场的需求量；利用联合国贸易数据库从大方向上了解每一类别的产品在中国对外贸易中的大盘走势；还可以利用亚马逊、速卖通平台自带的产品工具查看热销商品。

（2）产品特性

考虑产品自身生命周期、物理属性、准入门槛等是否符合海外仓备货的条件。例如弱电箱这类产品是北美很多客户房屋装修必备的产品，市场竞争压力很小，但由于产品体积较大，铝合金材质抗压性又较差，通过小包物流渠道无法配送，商业快递渠道又过于昂贵，因而通过海运渠道在海外仓备货就是最佳选择。

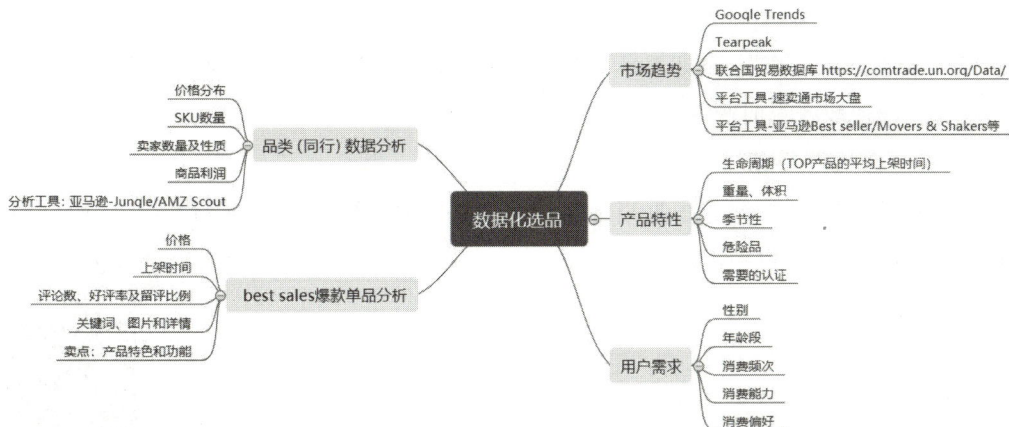

图 3-1-1 海外仓选品思维导图

（3）用户需求

考虑产品的受众、消费能力、消费频次等因素。由于海外仓储成本相对比较高，高频次、高周转的商品更利于卖家回款，提高资金利用率。

（4）同行数据

卖家还要考虑同类商品的市场竞争密度、销售对手的定价和自身商品利润等因素来选品。假如一个需求比较小的品类销售排名前10的商品大部分都是亚马逊自营商品，那卖家就需要考量自己的产品售价和销售成本是否具备足够的竞争优势，能否在竞争中胜出。

（5）爆款单品分析

有了意向性海外仓选品目标后，还需要对同类爆款单品进一步进行分析，确立标杆。例如分析别人的售价、商品上架时间、评论数、好评率、关键词和卖点是什么，确保将自己的产品打造得足够优秀，能够吸引海外消费者的关注。

四、海外仓使用费用

不同的国家和不同服务商的海外仓费用都不一样，海外仓费用一般都包含头程费用、处理费、仓储费、尾程费用、关税/增值税/杂费等。

1. 头程费用

卖家将物品运送到海外仓的目的国，分为空运、海运散货、海运整柜、当地转运等。卖家可以自行选择物流服务商将货物送至海外仓，有些有实力的海外仓也能提供门到门的全程物流服务。

2. 处理费

包括上架费、出库费、订单处理费、打包费、贴标费等。

3. 仓储费

分为淡季和旺季，一般下半年的仓储费会更高。通常海外仓会提供30~60天不等的免租期。

4. 尾程运费

包括本地的派送运费,例如 Fedex、DHL、UPS 或当地邮政物流的费用。其他还有换标费、燃油费、偏远地区附加费等。

5. 关税/增值税/杂费

指货物通过海关时,海关根据当地法律收取的关税、增值税和检验费等。一般是根据实报实销的原则,由客户承担。

◎ 知识加油站

请扫描二维码阅读《跨境电商,少不了海外仓》。

商务部部长王文涛近日在谈及 2021 年稳外贸举措时表示,要扩大海外仓规模。目前,中国海外仓建设正加快推进。1 月 4 日,商务部择优遴选了 7 家优秀海外仓实践案例,发布首批优秀海外仓实践案例好经验好做法。数据显示,目前海外仓数量超 1 800 个,服务范围覆盖全球,成为支撑跨境电商发展、拓展国际市场的新型外贸基础设施。

跨境电商,少不了海外仓

◎ 任务实施

【任务要求】

海外仓拥有更为稳定的物流、时效,各大平台也陆续推出各项针对海外仓的扶持政策,让商家卖得更多,花得更少。根据引导问题逐步开展学习、研讨,使用并通过网络搜索等方式,最终以 PPT 形式分组汇报实训成果。

【任务分组】

同学自由分组,4~6 人为一组。

表 3-1-1　学生任务分配表

班　级		组　号		指导老师	
组　长		学　号			
组　员	姓　名	学　号	姓　名	学　号	
任务分工					

【任务计划与实施】

引导问题1:海外仓为何会越来越受欢迎?

引导问题2:海外仓有哪些优缺点?

引导问题3:在为海外仓选品备货时,应该要考虑哪些因素?

引导问题4:海外仓的使用费用包括哪些?

引导问题5:实例计算:请根据以下产品信息,计算出海外仓使用费用。

产品信息:女士衬衫

实重:0.2 kg 售价:25USD 尺寸:30 cm×25 cm×2 cm

头程:香港海运散货 目的地:美国 数量:2 000 个

打包装箱后总立方数:3cbm 申报价值:5USD(按照售价的20%估价)

税率:5%;GST:10%

头程运费:

处理费:

仓储费:

尾程运费:

关税:

◎ **课程思政**

对外贸易是我国开放型经济的重要组成部分和国民经济发展的重要推动力量。为深入贯彻党中央、国务院关于推进贸易高质量发展的决策部署,经国务院同意,现就推进对外贸易创新发展提出《国务院办公厅关于推进对外贸易创新发展的实施意见》。该文件提出积极推进跨境电商综合试验区建设,以及支持建设一批海外仓,扩大跨境电商零售进口试点。具体内容请扫描二维码查看。

国务院办公厅关于推进对外贸易创新发展的实施意见

【思政考核】

要求:请从以下选项中选出正确的答案。

1.(多选题)提高东部地区贸易质量,以(   )等重大合作平台为重点,加强贸易领域规则衔接、制度对接,推进粤港澳市场一体化发展。

　　A.上海浦东 　B.广州南沙 　C.深圳前海 　D.珠海横琴

2.(单选题)发挥自由贸易试验区、自由贸易港制度的创新作用,扩大开放领域,推动外向型经济主体及业务在自由贸易试验区汇聚,推动出台(   )自由贸易港法。

　　A.上海 　　B.广州 　　C.海南 　　D.珠海

3.（排序题）海外仓建设的意义不仅是完成企业的利润指标,更重要的是创新贸易方式,扩展经济共享理念,使国内企业布局海外,让自主品牌加速"走出去"。选择海外仓的思路应该是(   )。

A.海外仓企业增值服务   B.适合海外仓的产品以及产品定位

C.销售市场趋势与分析   D.海外仓主要的费用组成

◎ 考核评价

根据考核内容,学生完成自我小结并进行自评打分,教师根据学生活动情况进行点评并完成教师打分,最后按自评分×40%＋教师评分×60%计算得分。

表 3-1-2 考核评价表

项目三	任务一　海外仓基础知识			
班　级		团　队	姓　名	
评价类别	考核内容	分　数	自　评	教师评分
知识素养	了解海外仓兴起的原因	10		
	掌握海外仓的优缺点	10		
	掌握海外仓选品思路	10		
	熟知海外仓使用费用	10		
职业技能	懂得分析海外仓的优缺点	10		
	能够分析海外仓选品思路	10		
	能够学会估算海外仓使用费用	10		
职业素养	具有团队合作精神,小组能够协调分工完成任务	10		
	具有创新意识、创新精神,能够在海外仓管理中提出自己的观点	10		
	具备网络信息搜集能力,能够在网上搜索有关进海外仓基础的新知识	10		
小　计		100		
合计＝自评分×40%＋教师评分×60%				

任务二　亚马逊 FBA 操作

亚马逊 FBA 即 Fulfillment By Amazon 是亚马逊提供的物流配送业务,具体指卖家把自己在亚马逊上销售的产品库存直接送到亚马逊当地市场的仓库中,客户下订单后由亚马逊自动完成后续的发货。

◎知识点

一、亚马逊 FBA 的优缺点

1.FBA 的优点

（1）提高 listing 排名

使用 FBA,卖家的商品能够显示在购物车（Buy Box）中,有助于帮助卖家抢夺购物车,提高买家信任度。亚马逊也会提高 listing 页面权重,卖家的转化率和销售额会更高。

（2）配送时效性更好

亚马逊的仓库大多建于机场附近,并且遍布全世界,使用智能化管理,配送效率高。一般买家购买 FBA 商品 2~3 天就能收到货。此外,即使因节假日卖家休息也不会影响产品继续在亚马逊进行销售和配送。

（3）无物流问题引起的差评

根据亚马逊的服务条款,在卖家使用 FBA 的过程中,如果买家留下了任何不利于关于物流配送的负面评价,亚马逊可以将此负面评价删除。

（4）退换货由亚马逊处理

FBA 产品订单售后由亚马逊客服团队处理,退换货无须卖家介入,方便省时。

（5）可以配送非亚马逊平台订单

在其他平台销售的订单同样可以使用亚马逊仓库库存配送。

（6）触及亚马逊 Prime 会员

使用亚马逊物流的商品有资格享受亚马逊 Prime 免费"隔日达"服务,买家符合要求的订单都可以享受免费配送,能为卖家增加销量。

2.FBA 的缺点

（1）长期储存费用高

对那些占用了亚马逊仓库空间但又长期滞销的产品,亚马逊会收取长期仓储费（因此有许多卖家通过出库—换商品条码标签—再入库的方式来规避昂贵的长期仓储费）。

（2）服务较少

相较于第三方仓库,亚马逊 FBA 能够提供的服务十分有限,不能为卖家 FBA 货物提供当地国家的清关服务,其他增值服务也很少。

3. FBA 业务分布

截至目前,亚马逊十四大海外站点面向中国卖家开放,覆盖 3 亿用户、175 个物流运营中心,支持配送全球 185 个国家和地区。

二、亚马逊 FBA 费用

FBA 的费用分为三大部分:仓储费、配送费和其他服务费,见表 3-2-1。

表 3-2-1　FBA 费用

FBA 的费用		内　容
基本费用	仓储费	月度库存仓储费
		长期库存仓储费
	配送费	普通商品配送费
		危险品配送费
其他服务费用	移除订单费	卖家可以让亚马逊退还或弃置储存在亚马逊物流运营中心的库存,此服务按件收取费用
	退货处理费	对于在亚马逊上出售,且属于亚马逊为其提供免费退货配送的买家退货商品,亚马逊将收取亚马逊物流退货处理费
	计划外服务费	如果库存抵达亚马逊物流运营中心时未经适当的预处理或贴标,亚马逊会按件收取费用
	FBA 预处理服务费	FBA 对入库商品有包装和预处理要求,启动 FBA 预处理服务后,亚马逊会帮助卖家对符合要求的商品进行预处理,并按件收取费用
	FBA 贴标服务费	FBA 可以为需要使用亚马逊条形码,且符合要求的商品提供贴标服务。按每件商品 0.3 美元收费
	人工处理服务费	如果卖家在将库存发往亚马逊物流运营中心时,选择不提供箱内物品信息,亚马逊可以人工处理这些箱子,并产生相应的费用
	库存配置服务费	创建入库计划时,卖家的货件可能会被自动拆分为多个货件并发往不同的亚马逊物流运营中心。利用库存配置服务,卖家可以将所有库存发往一个亚马逊物流运营中心,亚马逊来分拨库存。此项服务按件收取费用
	重新包装服务和翻新服务费	亚马逊对买家退回并符合条件的亚马逊物流商品,自动进行重新包装,以便再次销售;或为包装残损但处于可售状况的商品提供翻新服务

1. 仓储费

(1)月度库存仓储费

仓储费按照库存在物流运营中心所占空间的日均体积(以立方英尺为单位)收取。一

· 187 ·

般会在每月的 7 日到 15 日之间收取上个月的月度库存仓储费。

费用因商品尺寸分段和一年中的不同时间而异。

表 3-2-2　FBA 商品仓储费用

月　份	标准尺寸	大　件
1—9 月	每立方英尺 $ 0.75	每立方英尺 $ 0.48
10—12 月	每立方英尺 $ 2.40	每立方英尺 $ 1.20

注意：亚马逊可能会使用代表性样本验证商品的重量和尺寸。如果亚马逊的信息与卖家的信息存在差异，将使用亚马逊关于商品重量和尺寸的信息来计算费用。亚马逊可能会不时更改关于商品重量和尺寸的信息，卖家可以主动通过后台提起重新测量重量和尺寸的要求。

（2）危险品的月度库存仓储费

亚马逊定义的危险品（又称危险物质）是指因本身含有易燃、密封加压、腐蚀性或其他任何有害物质，而在储存、处理或运输过程中会带来风险的受管制物质或材料。"危险品"也指消费品，如笔记本电脑、智能手机、家用清洁用品、喷漆和化妆品等。

危险品的月度库存仓储费如下：

表 3-2-3　危险品仓储费用

月　份	标准尺寸	大　件
1—9 月	每立方英尺 $ 0.99	每立方英尺 $ 0.78
10—12 月	每立方英尺 $ 3.63	每立方英尺 $ 2.43

（3）长期库存仓储费

长期仓储费适用于储存在亚马逊物流运营中心超过 365 天的商品。长期仓储费是月度库存仓储费之外的费用。如果卖家在下一个库存清点日之前提交商品的移除订单，则不需要为这些商品支付长期仓储费。

亚马逊对在物流运营中心存放超过 365 天的库存按每立方英尺 $ 6.90 或每件商品 $ 0.15（以较大值为准）收取月度长期仓储费（LTSF），于每月 15 日评估长期仓储费。

亚马逊物流在整个配送网络中按照先进先出（FIFO）的原则计算库龄。无论实际配送或移除的是哪些商品，亚马逊物流都会从在配送网络内存放最久的库存中扣除售出或移除的商品。例如，如果物流运营中心员工取件并配送最近才送达物流运营中心的商品，亚马逊物流仍会从最早的有货库存中扣除该商品。

体积的计算公式为：长×宽×高（以英寸为单位）

1 立方英尺＝12 英寸×12 英寸×12 英寸＝1 728 立方英寸

假如 FBA 库存总体积为 47 英寸×12 英寸×10 英寸,那么它的计费体积＝(47 英寸×12 英寸×10 英寸)/1 728＝3.3 立方英尺

长期仓储费用示例 1:

表 3-2-4　玩具仓储费用

玩具: 11 英寸×8 英寸×2 英寸	存放时间	每立方英尺所适用的长期仓储费	每件商品所适用的长期仓储费	收取的长期仓储费(以较大值为准)
1 件商品	超过 365 天	$ 0.70	$ 0.15	$ 0.70
2 件商品	超过 365 天	$ 1.41	$ 0.30	$ 1.41
10 件商品	超过 365 天	$ 7.03	$ 1.50	$ 7.03

长期仓储费用示例 2:

表 3-2-5　图书仓储费用

图书: 8 英寸×6 英寸×0.5 英寸	存放时间	每立方英尺所适用的长期仓储费	每件商品所适用的长期仓储费	收取的长期仓储费(以较大值为准)
1 件商品	超过 365 天	$ 0.10	$ 0.15	$ 0.15
2 件商品	超过 365 天	$ 0.19	$ 0.30	$ 0.30
10 件商品	超过 365 天	$ 0.96	$ 1.50	$ 1.50

2. 配送费

亚马逊物流(FBA)费用按件收取,具体取决于商品的尺寸和重量。首先参考服装分类指南确定商品是服装还是非服装商品,然后确定商品尺寸分段(标准尺寸或大件)。了解商品的分类和尺寸分段后,可计算发货重量,并根据下表确定需要支付哪些费用。以下费用在 2021 年 6 月 1 日起生效。

(1)非服装类商品(标准尺寸)的亚马逊物流费用

表 3-2-6　非服装类商品亚马逊物流费用

尺寸分段	发货重量	每件商品的配送费用
小号标准尺寸	不超过 6 盎司	$ 2.70
	6 至 12 盎司(不含 6 盎司)	$ 2.84
	12 至 16 盎司 2(不含 12 盎司)	$ 3.32

续表

尺寸分段	发货重量	每件商品的配送费用
大号标准尺寸	不超过 6 盎司	$ 3.47
	6 至 12 盎司(不含 6 盎司)	$ 3.64
	12 至 16 盎司 2(不含 12 盎司)	$ 4.25
	1 至 2 磅(不含 1 磅)	$ 4.95
	2 至 3 磅(不含 2 磅)	$ 5.68
	3 至 20 磅(不含 3 磅)	$ 5.68+ $ 0.30/磅(超出首重 3 磅的部分)
小号大件商品	不超过 70 磅	$ 8.66+ $ 0.38/磅(超出首磅的部分)
中号大件商品	不超过 150 磅	$ 11.37+ $ 0.39/磅(超出首磅的部分)
大号大件商品	不超过 150 磅	$ 76.57+ $ 0.79/磅(超出首重 90 磅的部分)
特殊大件商品	超过 150 磅	$ 138.11+ $ 0.79/磅(超出首重 90 磅的部分)

注:锂电池以及包含锂电池或与锂电池一同销售的商品将需要按件支付 $ 0.11 的额外配送费用。

(2)服装类商品(标准尺寸)的亚马逊物流费用

表 3-2-7　服装类商品亚马逊物流费用

尺寸分段	发货重量(今后不再计算包装重量)	每件商品的配送费用
小号标准尺寸	不超过 6 盎司	$ 3.00
	6 至 12 盎司(不含 6 盎司)	$ 3.14
	12 至 16 盎司(不含 12 盎司)	$ 3.62
大号标准尺寸	不超过 6 盎司	$ 3.87
	6 至 12 盎司(不含 6 盎司)	$ 4.04
	12 至 16 盎司(不含 12 盎司)	$ 4.65
	1 至 2 磅(不含 1 磅)	$ 5.35
	2 至 3 磅(不含 2 磅)	$ 6.08
	3 至 20 磅(不含 3 磅)	$ 6.08+ $ 0.30/磅(超出首重 3 磅的部分)

3. 危险品的配送费

亚马逊物流针对需要特殊处理和储存的危险品(又称"危险物质"或"危险物品")收取不同的配送费用。

表 3-2-8　危险品配送费

尺寸分段	发货重量 （今后不再计算包装重量）	每件商品的配送费用
小号标准尺寸	不超过 6 盎司	$ 3.63
	6 至 12 盎司（不含 6 盎司）	$ 3.85
	12 至 16 盎司（不含 12 盎司）	$ 3.89
大号标准尺寸	不超过 6 盎司	$ 4.22
	6 至 12 盎司（不含 6 盎司）	$ 4.39
	12 至 16 盎司（不含 12 盎司）	$ 4.82
	1 至 2 磅（不含 1 磅）	$ 5.52
	2 至 3 磅（不含 2 磅）	$ 6.12
	3 至 20 磅（不含 3 磅）	$ 6.12+ $ 0.30/磅（超出首重 3 磅的部分）
小号大件商品	不超过 70 磅	$ 9.38+ $ 0.38/磅（超出首磅的部分）
中号大件商品	不超过 150 磅	$ 12.20+ $ 0.39/磅（超出首磅的部分）
大号大件商品	不超过 150 磅	$ 87.93+ $ 0.79/磅（超出首重 90 磅的部分）
特殊大件商品	超过 150 磅	$ 157.91+ $ 0.79/磅（超出首重 90 磅的部分）

4. 发货重量的计算

发货重量由商品重量或体积重量决定,具体取决于尺寸分段以及哪个值更大。体积重量等于商品体积(长×宽×高)除以 139。大件商品体积重量对应的最小宽度和高度为 2 英寸。

对于重量超过 0.75 磅的小号标准尺寸商品和大号标准尺寸商品以及所有小号大件商品、中号大件商品以及大号大件商品,当体积重量大于商品重量时,亚马逊将使用体积重量。

表 3-2-9　发货重量计算

尺寸分段	发货重量 （如果小于 1 磅,则向上取整到最接近的整数盎司。如果不小于 1 磅,则向上取整到最接近的整数磅值。）
标准尺寸(不超过 0.75 磅)	商品重量
标准尺寸(超过 0.75 磅)	商品重量或体积重量中的较大值
大件	商品重量或体积重量中的较大值
特殊大件	商品重量

注:商品重量是指单件商品的重量。

亚马逊对各种尺寸商品的定义:

①小号标准尺寸:任何包装后的重量不超过16盎司、最长边不超过15英寸、最短边不超过0.75英寸且次长边不超过12英寸的商品。

②大号标准尺寸:所有包装后重量不超过20磅、最长边不超过18英寸、最短边不超过8英寸且次长边不超过14英寸的商品。

③小号大件商品:任何包装后重量不超过70磅、最长边不超过60英寸、次长边不超过30英寸且最长边加围度不超过130英寸的商品。

④中号大件商品:任何包装后重量不超过150磅、最长边不超过108英寸且最长边加围度不超过130英寸的商品。

⑤大号大件商品:任何包装后重量不超过150磅、最长边不超过108英寸且最长边加围度不超过165英寸的商品。

⑥特殊大件商品:任何在包装后符合以下一项或多项条件的商品:超过150磅(商品重量或体积重量)、最长边超过108英寸或最长边加围度超过165英寸。此外,亚马逊确定需要特殊处理或配送的商品也属于特殊大件商品。

⑦次长边:既不是最长边也不是最短边的商品尺寸。

⑧围度:按以下公式计算得到的商品尺寸:2×(次长边+最短边)。

⑨商品重量:单件商品的重量。

5. 配送费计算练习

请计算下列商品的配送费并在空白处填入配送费(美元)。

(1)移动设备外壳

	尺寸:13.8英寸×9英寸×0.7英寸 商品重量:2.88盎司 发货重量:2.88盎司
配送费用(每件商品)	

(2)盘子

	尺寸:13.9英寸×11.1英寸×0.7英寸 商品重量:12.80盎司 发货重量:12.80盎司
配送费用(每件商品)	

(3)T恤

	尺寸:16.5英寸×11英寸×0.77英寸 商品重量:12.32盎司 发货重量:12.32盎司
配送费用(每件商品)	

(4)熨斗

	尺寸: 12.6英寸×6.6英寸×5.5英寸 商品重量:3.35磅 发货重量:3.35磅
配送费用(每件商品)	

(5)婴儿床

	尺寸: 24英寸×7.5英寸×6英寸 商品重量:7.90磅 发货重量:7.90磅
配送费用(每件商品)	

(6)显示器

	尺寸: 54英寸×35英寸×3.5英寸 商品重量:41磅 发货重量:47.59磅
配送费用(每件商品)	

6. 其他服务费用

（1）移除订单费

尺寸为标准尺寸分段且重量不足 1 磅的发货重量将向上取整到最接近的 0.1 磅。对于其余尺寸分段，发货重量将向上取整到最接近的整数磅数。

表 3-2-10　移除订单费

尺寸分段	发货重量	每件商品的移除/弃置费用
标准尺寸	0 至 0.5 磅	$ 0.32
	0.5 至 1 磅（不含 0.5 磅）	$ 0.35
	1 至 2 磅（不含 1 磅）	$ 0.48
	超过 2 磅	$ 0.67+ $ 0.35/磅（超出首重 2 磅的部分）
大件商品和需要进行特殊处理的商品	0 至 1 磅	$ 0.60
	1 至 2 磅（不含 1 磅）	$ 0.72
	2 至 4 磅（不含 2 磅）	$ 1.26
	4 至 10 磅（不含 4 磅）	$ 2.32
	超过 10.0 磅	$ 3.50+ $ 0.35/磅（超出首重 10 磅的部分）

注：需要进行特殊处理的商品包括"服装""鞋靴""钟表"及"珠宝首饰"类商品和危险品。

（2）退货处理费

对于在亚马逊上出售且属于亚马逊提供免费退货配送的分类的买家退货商品，亚马逊将向卖家收取亚马逊物流退货处理费。也就是说，亚马逊为了建立买家的信任，鼓励买家购买，在某些分类向买家提供免费退货服务，但退换货的成本完全转移给了卖家。这些分类包括：服饰、钟表、珠宝首饰、鞋靴、手提包和太阳镜、箱包。

退货处理费的计算：以一件出库配送重量为 1 磅且这笔交易的亚马逊正向物流配送费用为 3.19 美元。如果买家决定退回该商品，则卖家需要支付 3.19 美元的退货处理费。

（3）计划外服务费

如果库存抵达亚马逊物流运营中心时未经过适当的预处理或贴标，亚马逊将提供计划外服务并按件收取费用。具体标准如下：

表 3-2-11　计划外服务费

问题组	问题	问题发生率	单位	指导级别和相应的计划外服务费用		
				标准 每件商品费用	提升 每件商品费用	重要 每件商品费用
缺少标签-商品相关	缺少亚马逊条形码	商品级别	单位	0.20 美元	0.40 美元	0.40 美元

续表

问题组	问题	问题发生率	单位	指导级别和相应的计划外服务费用		
				标准 每件商品费用	提升 每件商品费用	重要 每件商品费用
安全问题- 包装箱相关	货件箱超重	货件方面	包装箱	25 美元 +入库问题 提醒:货件	50 美元 +入库问题 提醒:货件	75 美元 +入库问题 提醒:
	货件箱过大					
安全问题- 商品相关	电子商品危害		货件	25 美元 +入库问题 提醒:货件	50 美元 +入库问题 提醒:货件	75 美元 +入库问题 提醒:货件
	尖锐商品危害					
	易外溢商品危害					
安全问题- 托拍相关	托拍状况不可接受		货件	50 美元 +入库问题 提醒:货件	100 美元 +入库问题 提醒:货件	150 美元 +入库问题 提醒:货件

注:对于上表中的缺少亚马逊条形码问题,仅在物流运营中心提供图片来帮助说明所报告的问题时,才会收取计划外服务费用。

（4）FBA 预处理服务费

如果卖家使用【发/补货】配送货件,则在启用亚马逊物流预处理服务后,卖家可以按照【预处理商品】选项卡上的步骤,选择是由亚马逊还是由卖家自己来为每件符合要求的商品进行预处理。确定商品的预处理方后,卖家还可以在【为商品贴标】选项卡上选择是由亚马逊还是由卖家自己来为每件商品贴标。

亚马逊物流预处理服务费如下:

表 3-2-12　亚马逊物流预处理服务费

每件商品费用	标准尺寸			大件		
预处理分类 *	预处理	贴标	总　计	预处理	贴标	总　计
易碎品						
气泡膜包装	$ 0.80	$ 0.30	$ 1.10	$ 1.60	$ 0.30	$ 1.90
贴标						
液体						
塑料袋包装	$ 0.50	$ 0.30 **	$ 0.50 至 $ 0.80	$ 1.00	$ 0.30 **	$ 1.00 至 $ 1.30
贴标（可选）						

续表

每件商品费用	标准尺寸			大　件		
预处理分类 *	预处理	贴标	总　计	预处理	贴标	总　计
服装、面料、毛绒玩具和纺织品 塑料袋包装 贴标(可选)	$ 0.50	$ 0.30 **	$ 0.50 至 $ 0.80	$ 1.00	$ 0.30 **	$ 1.00 至 $ 1.30
母婴 塑料袋包装 贴标(可选)	$ 0.50	$ 0.30 **	$ 0.50 至 $ 0.80	$ 1.00	$ 0.30 **	$ 1.00 至 $ 1.30
尖利物品 气泡膜包装 贴标	$ 0.80	$ 0.30	$ 1.10	$ 1.60	$ 0.30	$ 1.90
小号 塑料袋包装 贴标(可选)	$ 0.50	$ 0.30	$ 0.80	不适用	不适用	不适用
成人用品 塑料袋包装(黑色或不透明) 贴标	$ 1.00	$ 0.30	$ 1.30	$ 2.00	$ 0.30	$ 2.30
粉末、球状和颗粒状物品 塑料袋包装 贴标(可选)	$ 0.50	$ 0.30 **	$ 0.50 至 $ 0.80	$ 1.00	$ 0.30 **	$ 1.00 至 $ 1.30
打孔包装 塑料袋包装 贴标(可选)	$ 0.50	$ 0.30 **	$ 0.50 至 $ 0.80	$ 1.00	$ 0.30 **	$ 1.00 至 $ 1.30

注: * 亚马逊针对额外预处理服务最终收取的费用如下:装箱费、衣架移除费、套装创建费、"窒息警告"贴标费和套装贴标费。

　　** 亚马逊物流贴标服务为可选服务。所有商品均须具有可扫描标签,而且在完成预处理之后能看到该标签。

(5)FBA 贴标服务费

对于需要使用亚马逊条形码的符合条件的商品,亚马逊物流可以替卖家粘贴这类条形码(按件收取费用),每件商品 $ 0.30。

(6)人工处理服务费

如果卖家在创建 FBA 货件时选择不提供箱内物品信息,亚马逊将在物流运营中心人工处理卖家的箱子,因此需要收取相应费用。人工处理的货件的接收速度可能比提供箱内物品信息的货件慢。

对于在 1 月到 10 月期间收到的货件,亚马逊物流人工处理费为每件商品 $ 0.10;对于在 11 月和 12 月期间收到的货件,则为每件商品 $ 0.15。如果物流运营中心在 10 月份收到货件中的第一件商品,则每件商品 $ 0.10 的费用将适用于该货件中的所有商品(即使有些商品是在 11 月份收到的)。

对于上面提到的计划外服务费、FBA 预处理服务费、FBA 贴标服务费、人工处理服务费,卖家完全可以避免它们的产生。只需要按照亚马逊 FBA 要求做好货物的预处理即可。

(7)库存配置服务费

卖家无法选择把货件发往哪个亚马逊仓库。亚马逊可能会针对不同的货件选择不同的目的地。在创建入库计划后,货件可能会被拆分为多个货件,每个货件发往不同的收货中心或物流运营中心(称为"分布式库存配置")。

卖家想要避免因货件被拆分成多个地址而产生的额外运费,可以在"入库设置"中更改【库存配置选项】,具体方法为:

①在【设置】下,选择"亚马逊物流";

②在【入库设置】下,点击【编辑】;

③在【库存配置选项】下,选择【库存配置服务】;

④点击【更新】。

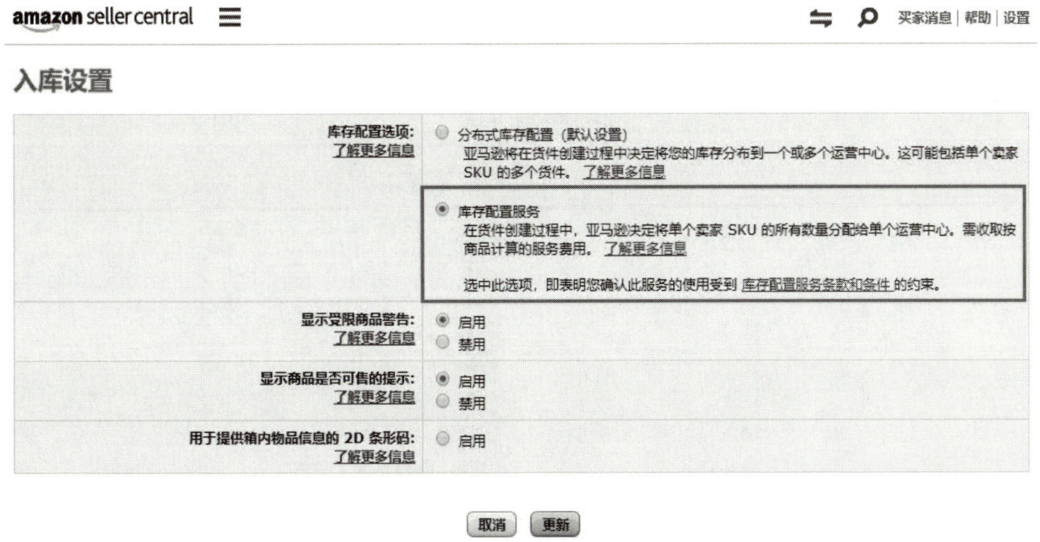

图 3-2-1　更改库存配置服务

在卖家更改为"库存配置服务"后,亚马逊会将大多数标准尺寸商品发往同一个收货中心或物流运营中心。但是,即使卖家使用"库存配置服务",亚马逊仍可能会将属于以下分类的商品发送到不同的收货中心或物流运营中心:服装、珠宝首饰、鞋靴、媒介类商品、使用制造商条形码追踪的库存、大件商品、需要亚马逊预处理的商品、需要亚马逊贴标的商品、危险品。

库存配置服务费具体如下:

表3-2-13　库存配置服务费

标准尺寸商品(按件收取)	
小于或等于1磅	$0.30
1~2磅	$0.40
超过2磅	$0.40+(超出首重2磅的部分)$0.10/磅
大件商品(按件收取)	
小于或等于5磅	$1.30
超过5磅	$1.30+(超出首重5磅的部分)$0.20/磅

注:按照体积重量或单价重量(以较大者为准)来计算每件商品的计费重量。单价重量是指单件商品的重量。体积重量等于商品体积(长×宽×高,以英寸为单位)除以139。

(8)重新包装服务和翻新服务费

亚马逊物流为包装残损但处于可售状况的商品提供重新包装和翻新服务。对于符合条件的商品,系统会自动重新包装,而翻新是一项可选服务。

①在【设置】下,"亚马逊物流"。

②在【翻新设置】下,点击【编辑】。

③在【翻新不可售的买家退货】下,选择【启用】。

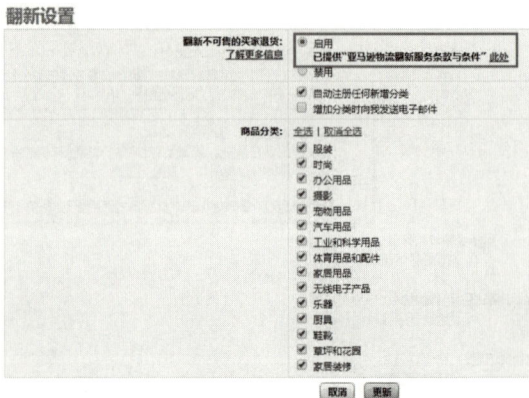

图3-2-2　启用翻新不可售的买家退货

◎知识加油站

请扫描二维码查看亚马逊 FBA 费用政策规则——2021 年亚马逊美国站销售佣金和 FBA 费用变更通知,新的变更将于 2021 年 6 月 1 日正式生效。总体而言,大部分销售佣金不会发生变化,亚马逊仅对配送费用做适度调整,幅度低于或等同于业内平均水平。

2021年亚马逊美国站销售佣金和FBA费用变更通知

三、亚马逊 FBA 发货流程

亚马逊物流运营中心(仓库)每天要接收成千上万件来自世界各地的货件,因此严格按照亚马逊发件流程和要求执行 FBA 货物的发运有助于卖家的货物尽快被亚马逊仓库上架,也能避免产生不必要的费用。

卖家把库存发送到亚马逊仓库有四种方式,如下所示:

表 3-2-14　FBA 操作方式

FBA 操作方式	说　明
Send to Amazon	简化的补货工作流程,利用 Send to Amazon,可以为 SKU 创建可重复使用的装箱模板,以便保存箱内物品信息、包装箱重量和尺寸以及预处理和贴标详情,节省每次补货的时间
发/补货	此标准化货件创建流程适用于多 SKU 包装箱的货件
入库计划文件上传工具	对于中、大型货件,可以利用亚马逊提供的模板创建 .csv 格式的库存文件并上传,系统会自动创建货件
亚马逊商城网络服务 (亚马逊 MWS)	针对中、大型货件。可以使用亚马逊 API 整合自己的库存系统

1. Send to Amazon 功能

Send to Amazon 是一个简化的标准化货件创建流程,通过该流程,只需要较少的步骤就可以补充亚马逊物流 (FBA)库存。

Send to Amazon 亚马逊新推出的一个功能,一开始 Send to Amazon 只允许一个箱子装一个 SKU,后来也允许 SKU 混装箱。目前该功能还在不断完善中,但使用这个功能仍然有个前提条件——只能针对已在亚马逊仓库中有库存的 SKU 进行补货操作。也就是说卖家新创建的 SKU 无法使用 Send to Amazon 功能向亚马逊仓库发货。

Send to Amazon 的操作步骤如下:

①在【库存】菜单下找到并点开【管理亚马逊货件】,随后点击【Send to Amazon】,如图 3-2-3 所示。创建或选择"发货地址"和"目标商城"。

图 3-2-3　找到 Send to Amazon 功能

②选择要运送的库存。首先确认【发货地址】正确与否,也可以重新添加地址。选择【目标商城】,如图 3-2-4 所示。

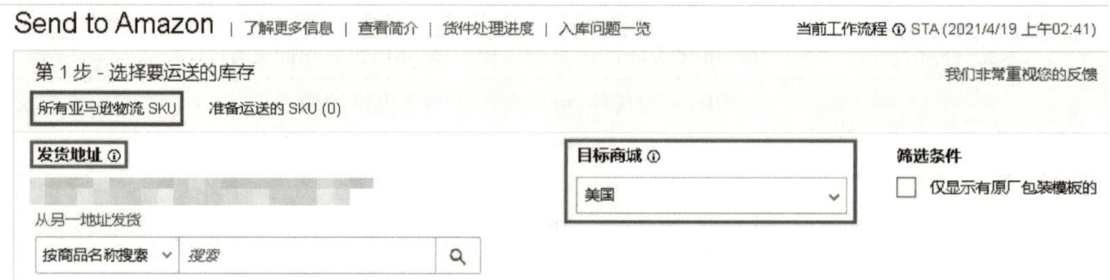

图 3-2-4　编辑发货地址与目标商城

对要补货的 SKU 编辑【包裹详情】,这里有两种情形:a. 单件商品,b. 创建新的装箱单模板。选择"单件商品"意味着 SKU 可以混合装箱,"创建新的装箱单模板"意味着一个箱子只能装一个 SKU。在这里我们对 SKU1 使用"单件商品"包裹,对 SKU2 使用"创建新的装箱单模板"作演示,如图 3-2-5 所示。

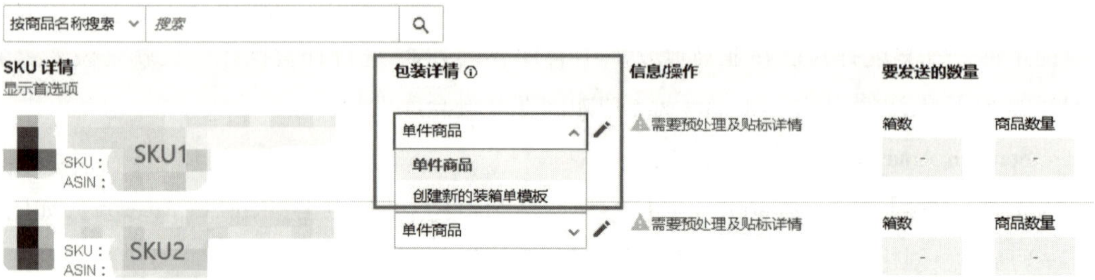

图 3-2-5　编辑包裹详情

对 SKU1 选择"单件商品"并点击【编辑按钮】后,选择【商品预处理方】和【商品贴标方】,尽量都选择"由卖家提供",可以避免产生后续费用。点击【保存】后退出,如图 3-2-6 所示。

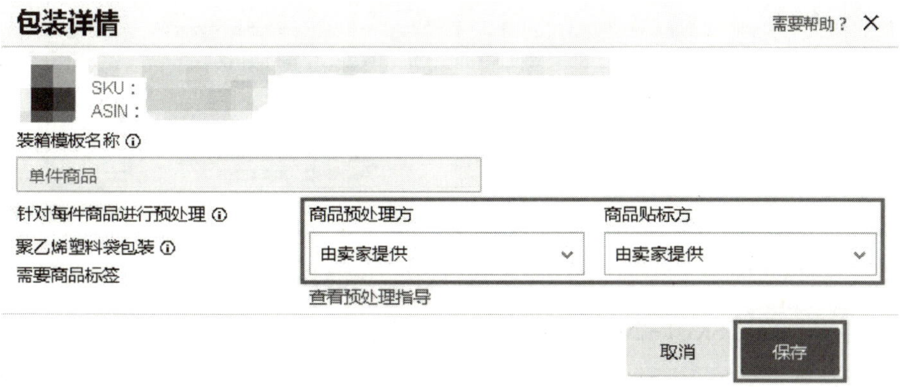

图 3-2-6　对 SKU1 选择商品预处理和贴标方

此时就可以对 SKU1 填写要补货的【商品数量】,然后点击【准备包装】,如图 3-2-7 所示。

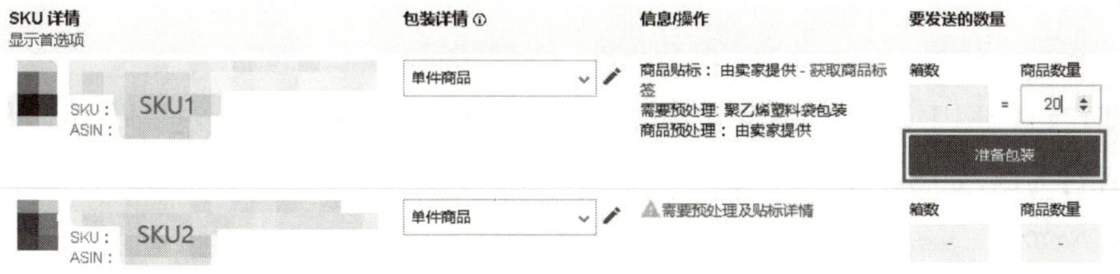

图 3-2-7　对 SKU1 确认补货商品数量

对 SKU2 选择"创建新的装箱单模板",填写【装箱模板名称】【每箱件数】【包装箱尺寸(英寸)】【包装箱重量(磅)】以及【商品预处理方】,最后点击【保存】按钮。如图 3-2-8 所示:

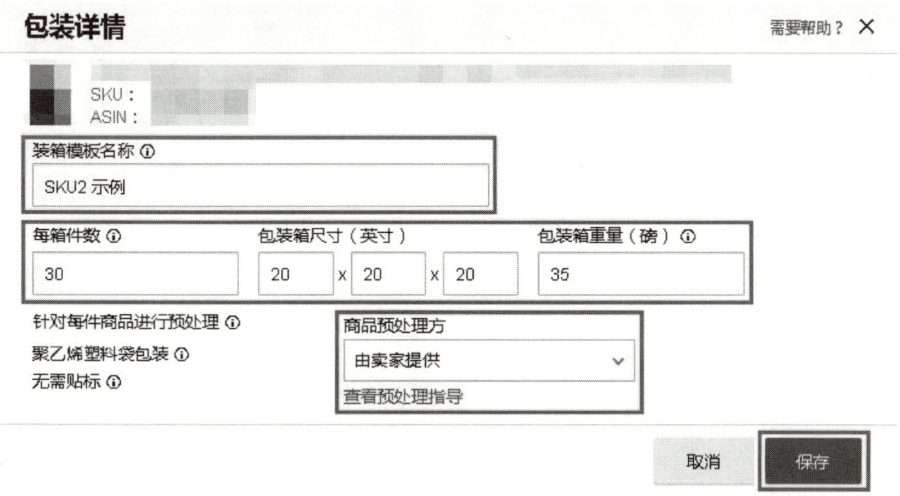

图 3-2-8　对 SKU2 确认包装详情

对 SKU2 确定补货【箱数】,点击【准备发货】,如图 3-2-9 所示。

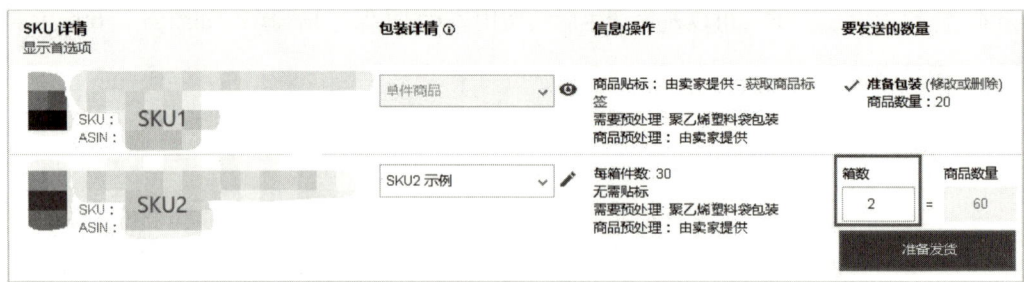

图 3-2-9　对 SKU2 选择箱数

此时补货的商品 SKU1-20 件,SKU2-60 件,点击下方【包装单件商品】,如图 3-2-10 所示。

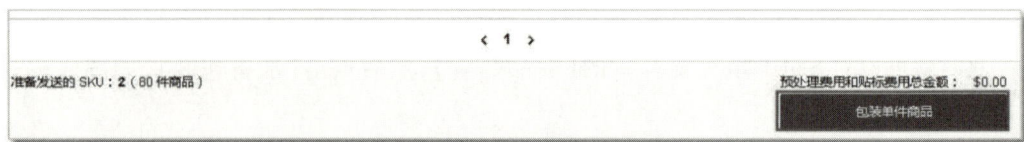

图 3-2-10　包装单件商品

此时只有 SKU1 采用了"单件包装",需要对 SKU1 分配装箱方式,这里以 SKU1【需要多个包装箱】为例,如图 3-2-11 所示。

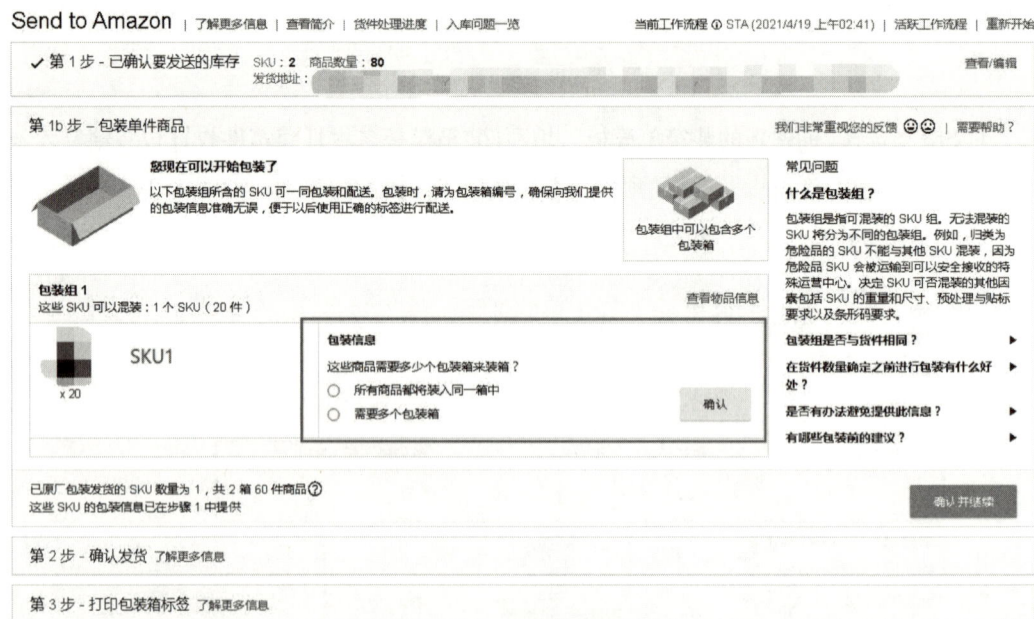

图 3-2-11　选择装箱方式

为 SKU1 选择【需要多个包装箱】,点击【确认】后填写需要箱子的个数,这里我们填入 2。点击【生成 Excel 文件】,如图 3-2-12 所示。

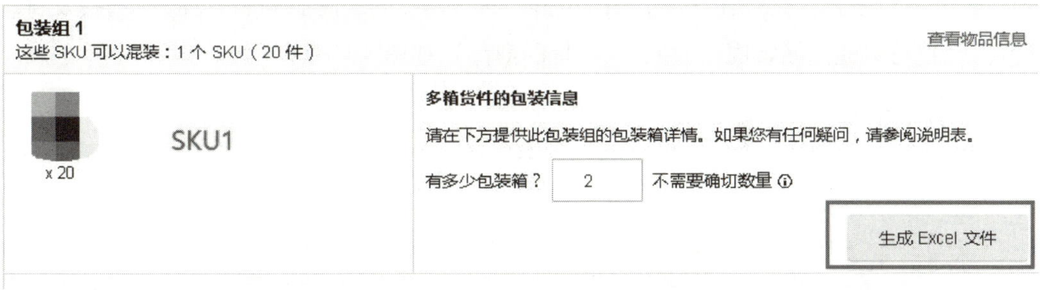

包装组 1
这些 SKU 可以混装：1 个 SKU（20 件）

查看物品信息

SKU1
x 20

多箱货件的包装信息
请在下方提供此包装组的包装箱详情。如果您有任何疑问，请参阅说明表。

有多少包装箱？ 2 不需要确切数量 ⓘ

生成 Excel 文件

图 3-2-12 生成装箱信息 Excel 模板

在 Excel 文件中填好箱 1 和箱 2 的商品数量、箱子重量和尺寸信息，如图 3-2-13 所示。将 Excel 文件上传回系统，点击【确认并继续】进入下一步，如图 3-2-14 所示。

包装箱总数：		2	
商品贴标方是谁‘预计数量	装箱数量	包装箱 1 数量	包装箱 2 数量
MERCHANT　　　　20	20	12	8
包装箱名称	P1 - B1	P1 - B2	
包装箱重量（磅）：	15.0	10.0	
包装箱宽度（英寸）：	15.0	12.0	
包装箱长度（英寸）：	12.0	12.0	
包装箱高度（英寸）：	12.0	12.0	

图 3-2-13 填写 Excel 文件中的包装详情

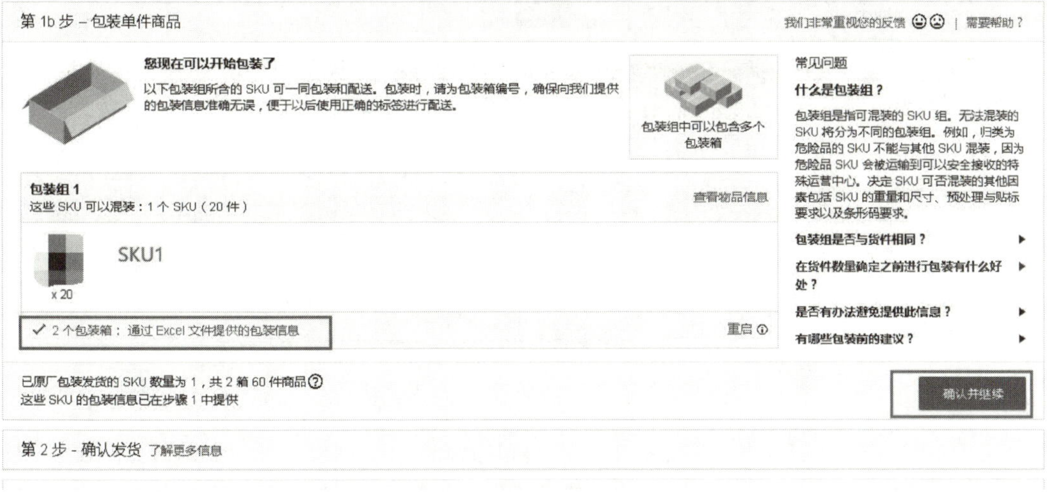

第 1b 步 – 包装单件商品

我们非常重视您的反馈 😊😞 ｜ 需要帮助？

您现在可以开始包装了
以下包装组所含的 SKU 可一同包装和配送。包装时，请为包装箱编号，确保向我们提供的包装信息准确无误，便于以后使用正确的标签进行配送。

包装组中可以包含多个
包装箱

包装组 1
这些 SKU 可以混装：1 个 SKU（20 件）

查看物品信息

SKU1
x 20

✓ 2 个包装箱：通过 Excel 文件提供的包装信息　　重启 ⓘ

已原厂包装发货的 SKU 数量为 1，共 2 箱 60 件商品 ⓘ
这些 SKU 的包装信息已在步骤 1 中提供

常见问题

什么是包装组？
包装组是指可混装的 SKU 组。无法混装的 SKU 将分为不同的包装组。例如，归类为危险品的 SKU 不能与其他 SKU 混装，因为危险品 SKU 会被运输到可以安全接收的特殊运营中心。决定 SKU 可否混装的其他因素包括 SKU 的重量和尺寸、预处理与贴标要求以及条形码要求。

包装组是否与货件相同？ ▶
在货件数量确定之前进行包装有什么好处？ ▶
是否有办法避免提供此信息？ ▶
有哪些包装前的建议？ ▶

确认并继续

第 2 步 - 确认发货 了解更多信息

图 3-2-14 上传 Excel 文件并点击确认

2."发/补货"功能

"发/补货"功能是使用最多的一种 FBA 方式。这里以亚马逊美国站为例，它的具体操作步骤如下。

①登录卖家后台,点击【库存】—【管理库存】标签,进入商品列表界面,勾选要发/补货的商品(也可以通过搜索框搜索要发/补货的商品),如图 3-2-15 所示。

图 3-2-15　勾选要发/补货的商品

②从【应用于 3 件选定商品】下拉菜单中,选择【发/补货】,如图 3-2-16 所示。

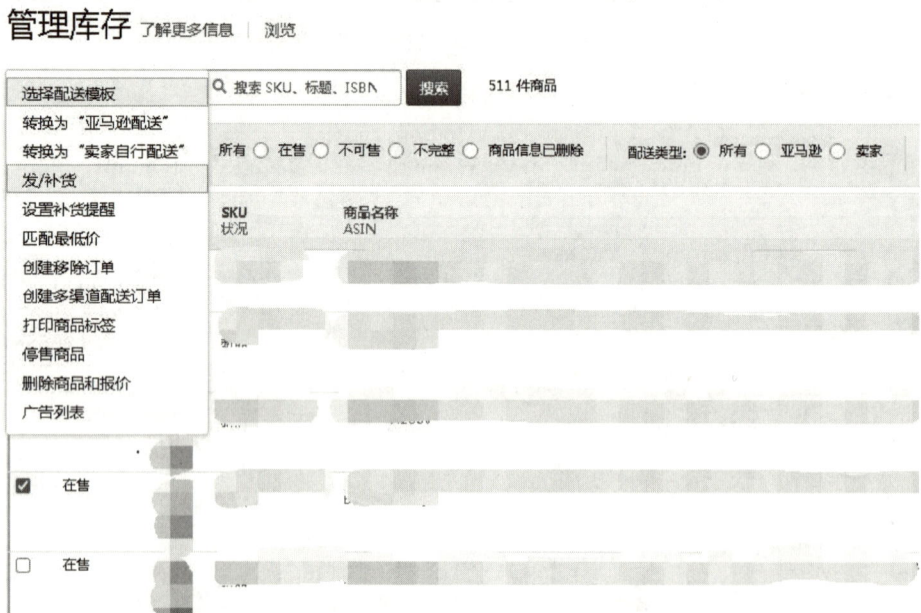

图 3-2-16　对勾选的商品点击发/补货

③进入下一界面,选择"条形码类型",我们选择"亚马逊条形码"并点击【转换并发送库存】,如图 3-2-17 所示。

图 3-2-17　转换并发送库存

◎ 知识加油站

　　亚马逊条形码:是由亚马逊平台为卖家上传的产品所提供的商品条码,主要用于商品的标识和跟踪。亚马逊条形码一般是以 X0 开头。

　　制造商条形码:商品生产厂商提供的商品原始条码,该条形码主要用于标识商品的基本信息,符合条件的条形码包括 UPC、EAN、JAN、ISBN 等。制造商条形码一般是以 B0 开头。

　　在配送过程当中,亚马逊会使用条码来识别产品的标志和追踪库存的流转。制造商条形码适用于标准化产品,例如电子产品在出厂时已经自带了制造商条形码,就可以免去"贴标"这一个环节,减轻了发货的工作量。使用亚马逊条形码的卖家,不管是选择自己贴标、委托厂家贴标或是花钱让亚马逊贴标,都少不了贴标这个环节。

　　④在转为"亚马逊配送"界面,为 SKU 逐一点击【添加危险品信息】。

　　根据商品实际情况,选择是否含电池和是否是管制的危险品,如图 3-2-19 所示。所有 SKU 都"添加危险品"信息后,点击【提交】,然后点击【保存并继续】,如图 3-2-18 所示。

　　⑤在"入库计划"中选择"创建新的入库计划"(如果之前已创建过入库计划,在这里也可以将本入库计划"添加至现有入库计划",这样就会把本计划发货的商品与之前计划发货的商品合并)。

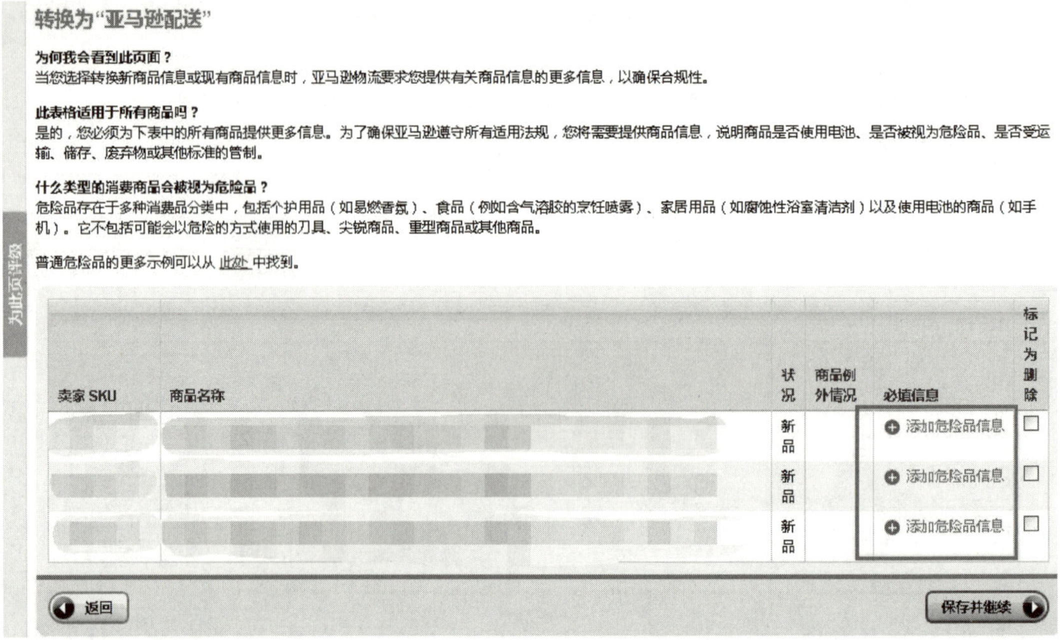

转换为"亚马逊配送"

为何我会看到此页面？
当您选择转换新商品信息或现有商品信息时，亚马逊物流要求您提供有关商品信息的更多信息，以确保合规性。

此表格适用于所有商品吗？
是的，您必须为下表中的所有商品提供更多信息。为了确保亚马逊遵守所有适用法规，您将需要提供商品信息，说明商品是否使用电池、是否被视为危险品、是否受运输、储存、废弃物或其他标准的管制。

什么类型的消费商品会被视为危险品？
危险品存在于多种消费品分类中，包括个护用品（如易燃香氛）、食品（例如含气溶胶的烹饪喷雾）、家居用品（如腐蚀性浴室清洁剂）以及使用电池的商品（如手机）。它不包括可能会以危险的方式使用的刀具、尖锐商品、重型商品或其他商品。

普通危险品的更多示例可以从 此处 中找到。

卖家 SKU	商品名称	状况	商品例外情况	必填信息	标记为删除
		新品		⊕ 添加危险品信息	☐
		新品		⊕ 添加危险品信息	☐
		新品		⊕ 添加危险品信息	☐

◀ 返回　　　　　　　　　　　　　　　　　　　保存并继续 ▶

图 3-2-18　添加危险品信息

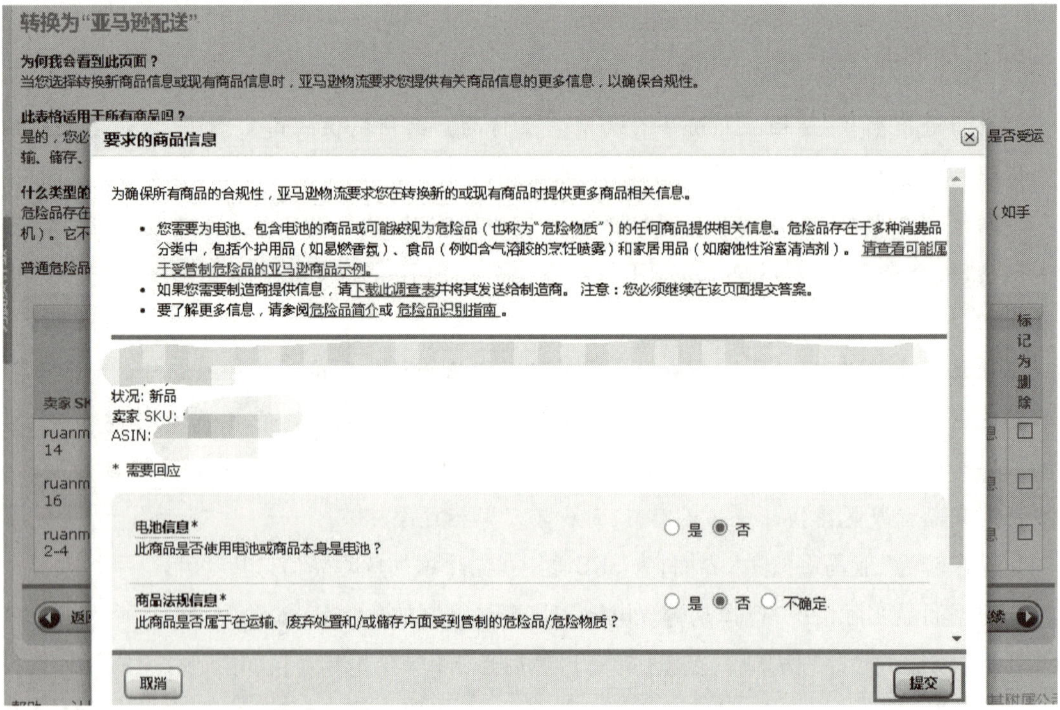

图 3-2-19　勾选电池信息和商品法规信息

　　"发货地址"是自动生成的，有需要的话也可以修改发货地址，点击【从另一地址发货】。
　　选择"包装类型"。"混装商品"即一个箱里面有多个 SKU 产品。"原厂包装发货商品"是指同一个箱里只有一个 SKU。

最后点击【继续处理入库计划】，如图 3-2-20 所示。

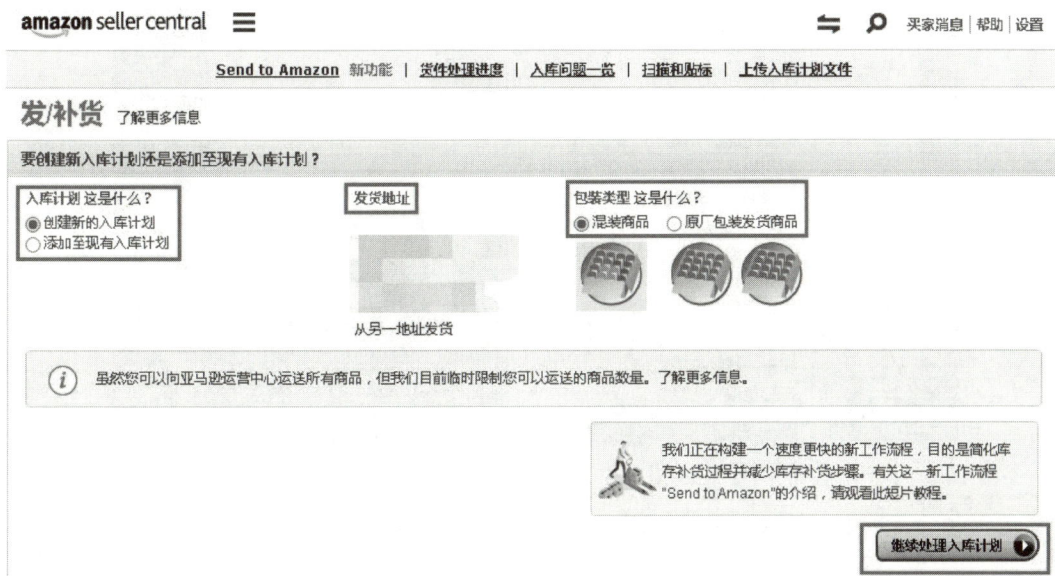

图 3-2-20　确认发货信息

⑥设置数量。填写要发货的"商品数量"。如果是第一次对该 SKU 发货，还需要填写产品包装尺寸和包装重量并点击"保存"，如图 3-2-21 所示。最后点击【继续】按钮。

图 3-2-21　填写产品包装尺寸、包装重量和发货数量

⑦预处理商品。首先点击【选择分类】或【适用于全部】为商品选取包装分类，如图 3-2-22 所示。然后选择商品"预处理方"，强烈建议选择"卖家"处理商品，这样能够规避不必要的费用。最后点击【继续】，如图 3-2-23 所示。

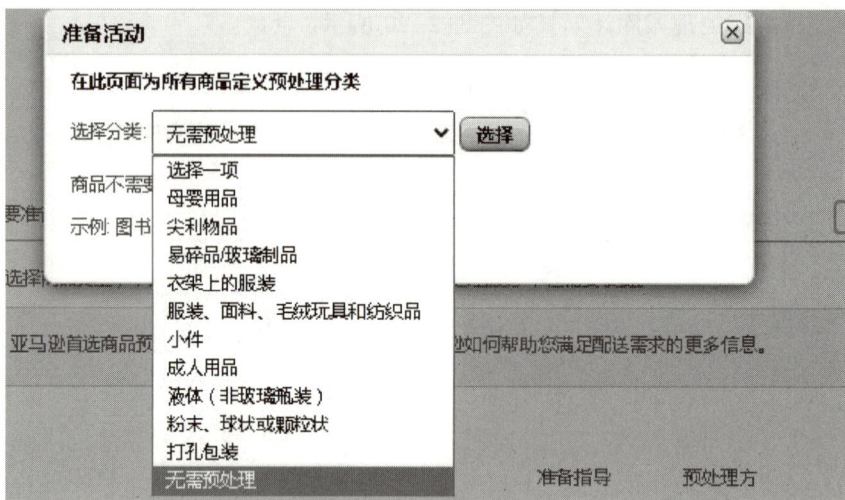

图 3-2-22　选择包装分类

图 3-2-23　预处理商品

⑧为商品贴标。亚马逊默认使用"A4"格式纸张打印,卖家可以自行购买 A4 格式的不干胶纸进行打印。一般情况下,每张 A4 纸打印标签个数为 21～44 个。卖家可以根据产品包装大小来选择相应的规格进行打印。选择完成后,点击【打印此页面上的标签】进行标签打印。打印出来后,再将标签一个个贴在产品或者产品外包装上。接着再点击【继续】,进行下一步操作,如图 3-2-24 所示。

A4 不干胶纸在网上可以买到各种规格的,如图 3-2-25 所示。这种不干胶纸的好处是可以用普通打印机直接打印出来,而且商家会把 A4 纸根据需求划分成个数不同的小标签,只需要把小标签直接撕下来贴在商品包装上即可,亚马逊 FBA 商品条码标签如图 3-2-26 所示。

给商品贴标时一定要仔细,因为亚马逊商品的流转完全依靠条码,如果贴错标签会造成所售商品"货不对版"的情形出现。

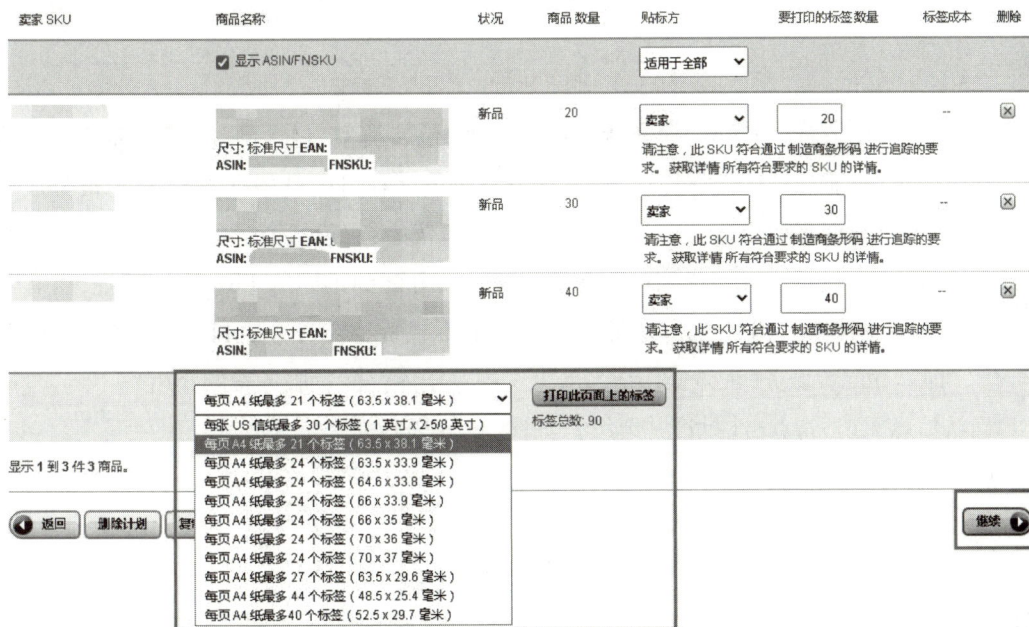

图 3-2-24 下载并打印商品标签

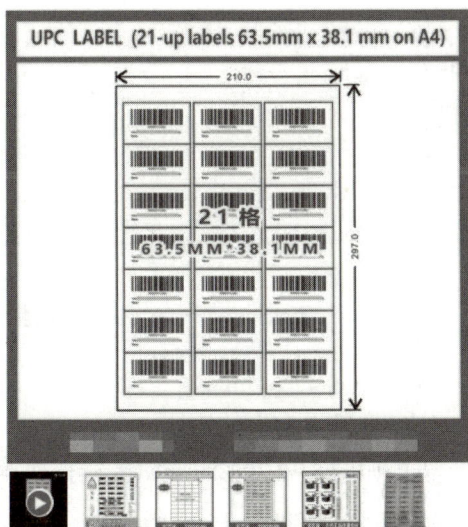

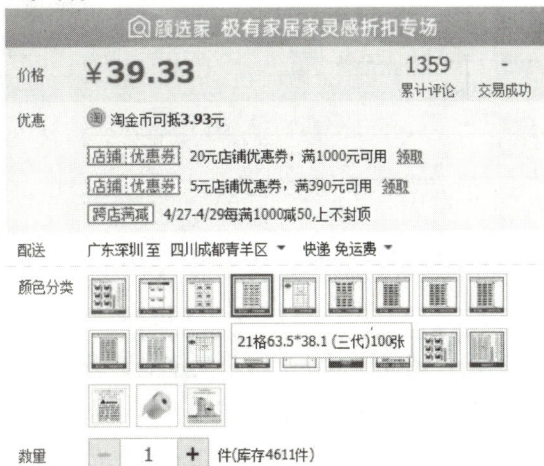

图 3-2-25 网店销售的 A4 不干胶打印纸

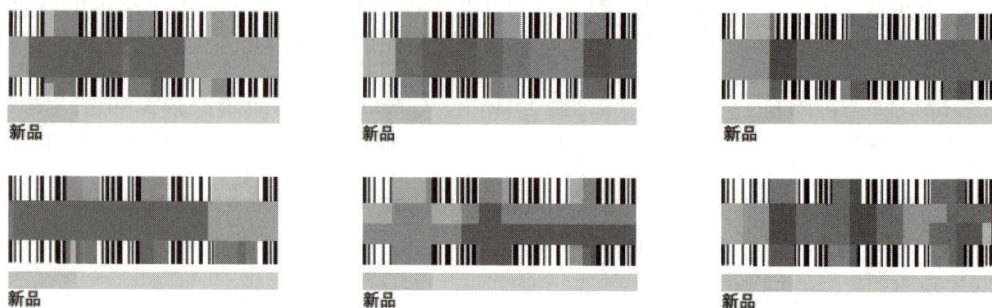

图 3-2-26 亚马逊 FBA 商品条码标签

⑨检查货件。在这一环节,检查货件的起运地、包装类型、包含商品、商品准备费等信息。在这个页面,亚马逊也会有提示"您发往亚马逊的库存可能会根据卖家 SKU 被分成多个货件,我们将根据多种因素为每个货件分配物流运营中心,包括商品的尺寸和分类、您的地址等多种因素。"也就是说,货件可能会被系统自动分配到不同的 FBA 仓库地址,也有可能是全部商品发到一个 FBA 仓库地址。卖家如果不想货物被分仓,可以提前在后台设置"合仓"(即库存配置服务,具体操作请参考上文中关于库存配置服务费的介绍)。

确认信息无误后,点击【批准并继续】,如图 3-2-27 所示。

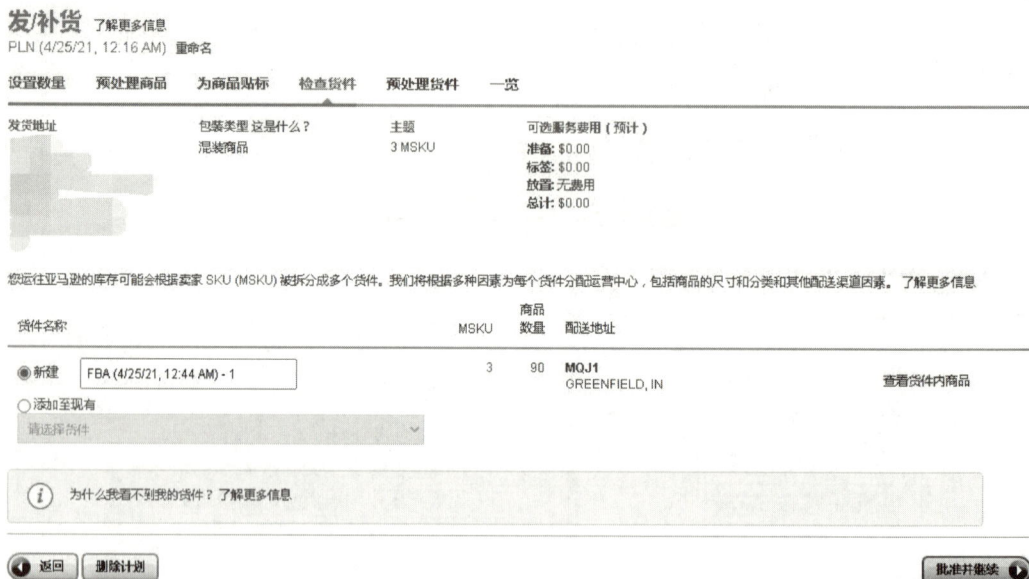

图 3-2-27 检查货件界面

⑩预处理货件。在这一步卖家能够看到货件目的地,即 FBA 仓库的地址。

A. 接下来如果有需要的话,可以【检查并修改商品】,如图 3-2-28 所示。系统允许在这里修改商品发货数量,同一个 SKU 最多可以增加/减少 6 件,如图 3-2-29 所示。

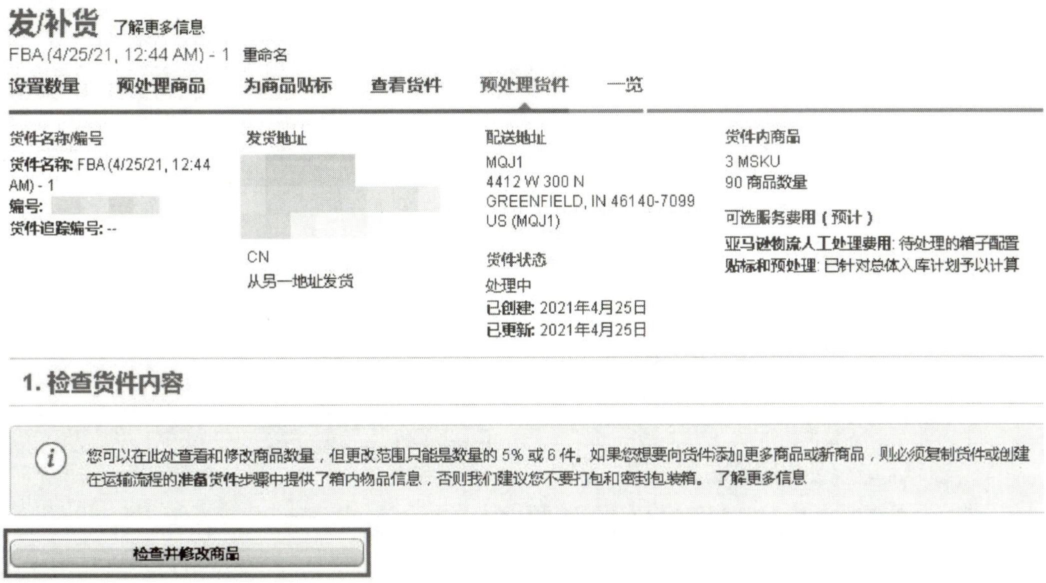

图 3-2-28　检查并修改商品

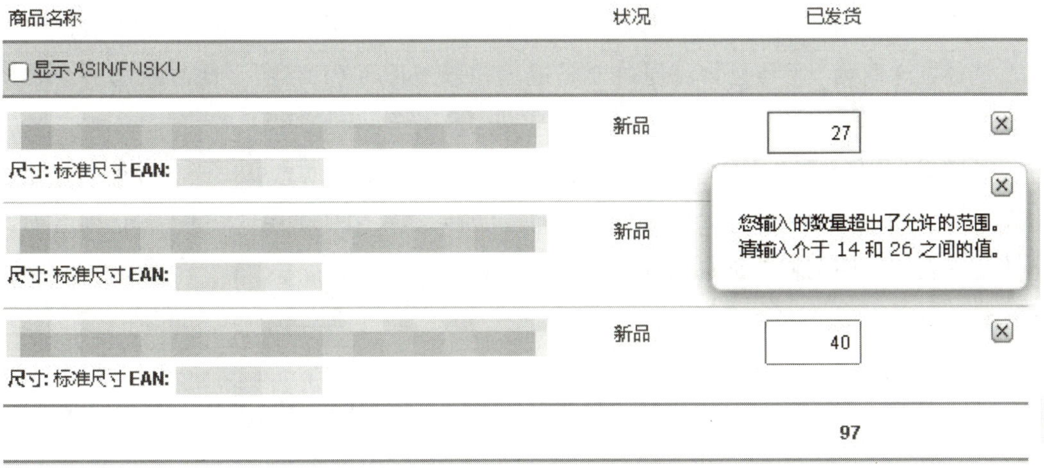

图 3-2-29　通过检查并修改商品功能调整发货数量

【小技巧】

　　如果在上一步货件被亚马逊分仓导致发往同一地址的商品数量减少,在这里可以把商品数量加回来,但记住,最多只能在现有数量上增加6件。当然,卖家也可以在一开始设置SKU数量的时候填写比实际发货数更多的件数,在这一步将商品数量减回来(最多减6件)。反复通过这个操作调整发货数量,就能避免产生亚马逊"库存配置服务"。

　　B.选择"配送服务"。系统默认"配送方式"为"小包裹快递(SPD)",即卖家使用快递的方式将货件送往FBA仓库。而"汽运零担(LTL)"一般用于美国本土的运输,且货物重量需要超过150磅。

接下来选择"配送商",如果从中国发货,则选择"其他承运人","运送方式"可以是"空运""海运"和"陆运",承运人如图3-2-30所示。

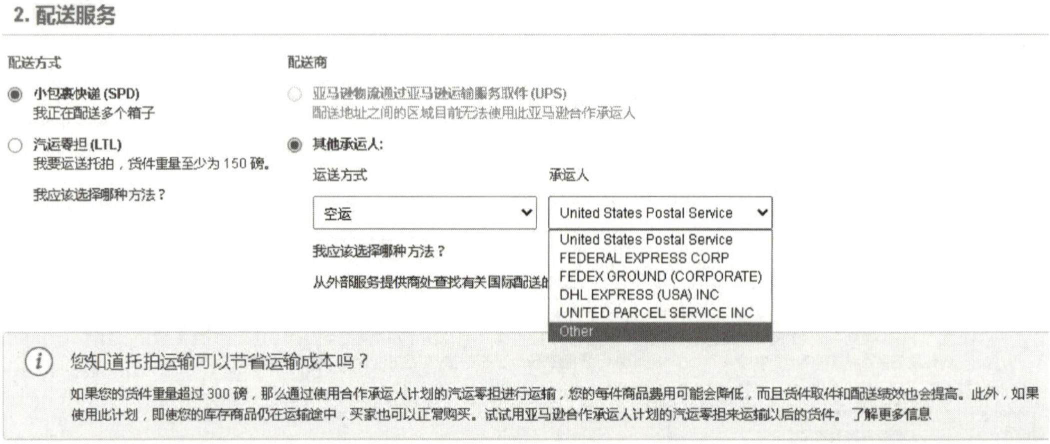

图3-2-30　配送服务界面

如果卖家已经将商品备货至美国第三方海外仓,现在需要将商品从第三方海外仓运输到亚马逊FBA仓库,在这个步骤可以先修改"发货地址"为美国第三方海外仓的实际地址,然后选择配送商为"亚马逊物流通过亚马逊运输服务取件(UPS)"。此时亚马逊会委托UPS上门取件,并从卖家账号余额中扣除相应费用。

C.确认"货件包装"信息。这里需要提供准确的箱内物品信息可让亚马逊更高效地接收卖家的货件,并让卖家的商品尽早上架销售。如果卖家未提供箱内物品信息,则需支付人工处理费。货件包装界面如图3-2-31所示。

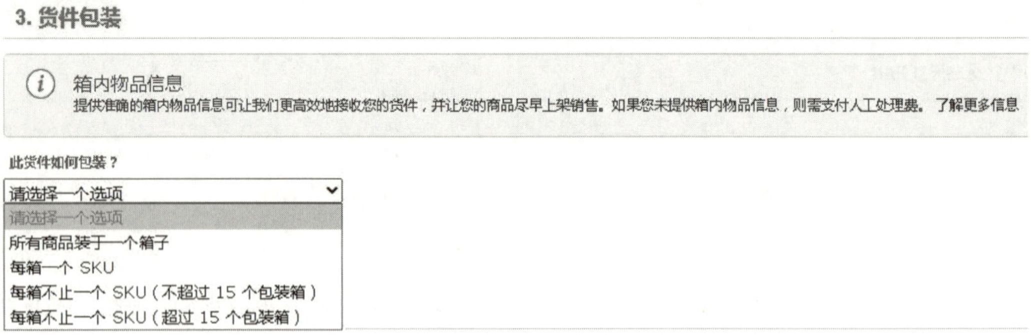

图3-2-31　货件包装界面

如果商品数量比较多的,需要使用多个纸箱来发货,在箱子总数如实选择并填写箱子数量。这里所说的箱子,是指发货时的外包装箱数量。比如卖家的商品本身有小箱包装,然后再将这些小箱子套入大箱里面,那么系统这里的箱子数量是指所有大箱的数量,并非指商品小箱子数量。

接下来提供箱内货物信息。这里有三个选项：使用网页表格、上传文件、跳过箱子信息并收取人工处理费用。如果外包装箱超过 15 个，系统只允许使用表格模板，通过"上传文件"的方式提供箱内货物信息（需要先下载表格模板）。

使用网页表格：在网页表格中填写箱子信息（推荐使用），如图 3-2-32 所示。

图 3-2-32　填写箱子数量

点击【确认】后，填写 SKU 的装箱数量详情，以及箱子的尺寸和重量信息，如图 3-2-33 所示。

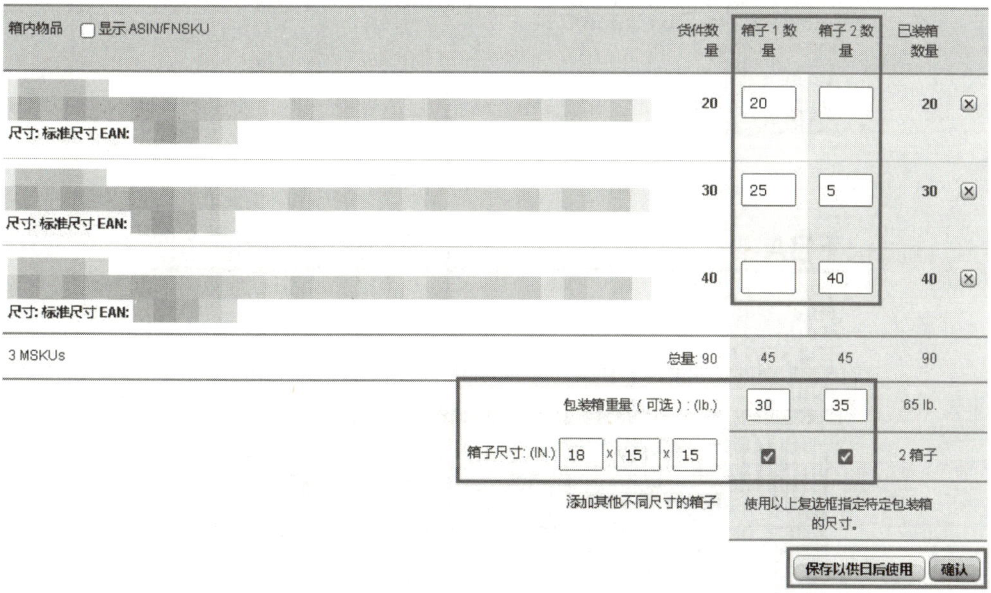

图 3-2-33　填写装箱数量详情和箱子信息

D. 打印"货件标签"。货件标签是贴在外箱上的标签，用于亚马逊识别并关联到 FBA 货件编号。每个箱子都有唯一的标签，亚马逊要求一个箱子至少需要在三个不同的面都贴上货件标签，便于收货的工作人员进行扫描。此外，亚马逊美国站要求中国卖家在外箱上还要贴上"Made In China"标签。此标签也可以在网店购买不干胶贴纸。

货件标签依然使用不干胶打印纸打印，这里如果选择了"热敏打印纸"就可以使用热敏打印机像打印运单一样的方式打印出货件标签,如图3-2-34和图3-2-35所示。

选择"发货日期":发货日期是指卖家要将货件交给物流承运人的日期。

4. 货件标签

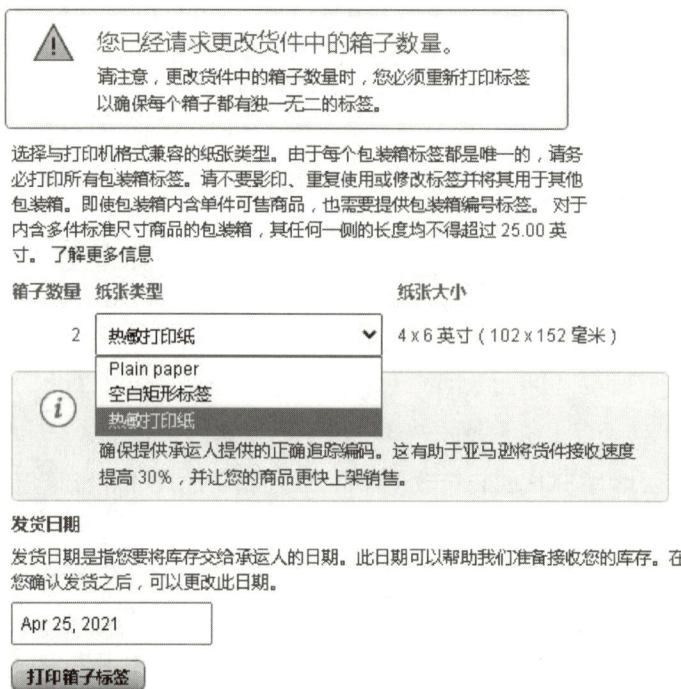

图 3-2-34 打印货件标签

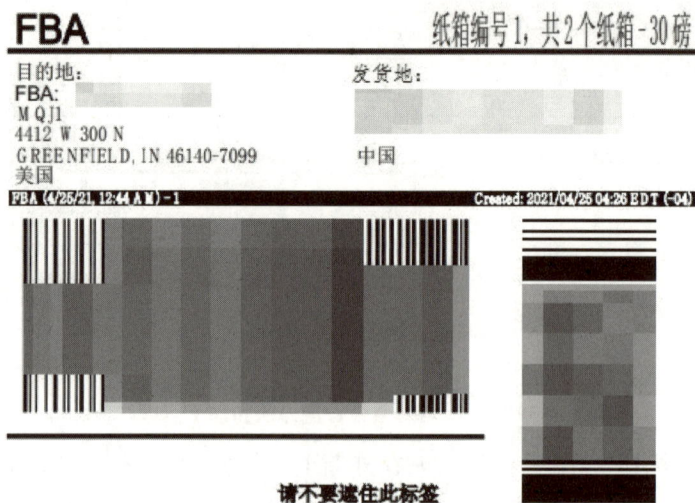

图 3-2-35 FBA 货件标签示例

⑪录入物流运单号。贴好外箱货件标签后,点击【完成货件】后,就可以填入物流承运商提供的物流追踪编码,点击【全部保存】按钮,最后点击【标记为发货】,如图3-2-36所

示。至此一票 FBA 货件就处理完毕。等待亚马逊 FBA 仓库接收并扫描商品入库上架。

图 3-2-36 录入物流追踪编码

3. 入库计划文件上传工具

该功能允许卖家通过 Excel 模板，批量上传入库计划，对于需要大批量进行 FBA 仓库备货的卖家比较适用。它的操作步骤如下。

①首先转到【库存】菜单栏下【管理亚马逊货件】，点击【上传入库计划文件】，然后点击【下载模板】来下载 Excel 模板，如图 3-2-37 所示。

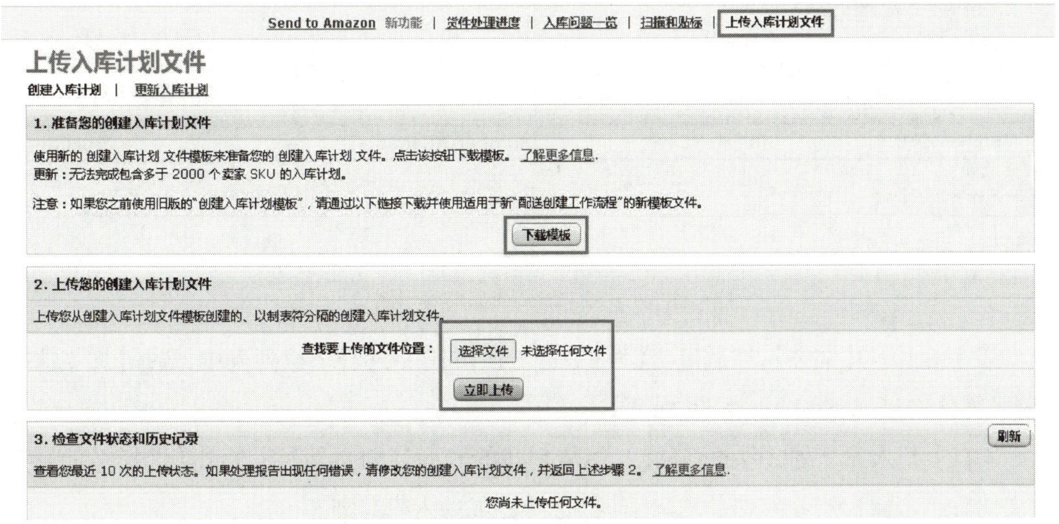

图 3-2-37 使用模板批量创建 FBA 货件

②查看已下载的 Excel 模板中的说明和数据定义。在 Excel 模板中"原厂包装发货商品"和"混装商品"分别需要填写不同的表格,如图 3-2-38 和图 3-2-39 所示。带有粗体文本标签的字段为必填字段。

	A	B
1	**PlanName**	Plan-books-0910
2	ShipToCountry	US
3	**AddressName**	Susan McGregor
4	**AddressFieldOne**	123 Main Street
5	AddressFieldTwo	
6	**AddressCity**	Seattle
7	**AddressCountryCode**	US
8	**AddressStateOrRegion**	WA
9	**AddressPostalCode**	98104
10	AddressDistrict	
11		
12	**MerchantSKU**	**Quantity**
13	MySku123	2
14	MySku999	1
15	MySku001	1
16	MySku10020-book	5

图 3-2-38　原厂包装填写示例

	A	B	C	D
1	**PlanName**	Plan-books-0910		
2	ShipToCountry	US		
3	**AddressName**	Susan McGregor		
4	**AddressFieldOne**	123 Main Street		
5	AddressFieldTwo			
6	**AddressCity**	Seattle		
7	**AddressCountryCode**	US		
8	**AddressStateOrRegion**	WA		
9	**AddressPostalCode**	98104		
10	AddressDistrict			
11				
12	**MerchantSKU**	**UnitsPerCase**	**NumberOfCases**	**Quantity**
13	MySku123	2	2	4
14	MySku999	2	3	6
15	MySku001	4	2	8
16	MySku10020-book		1	2

图 3-2-39　混装商品填写示例

③点击 Excel【文件】,然后点击【另存为】。在【保存类型】下拉列表中,选择【文本文件(制表符分隔)(*.txt)】。点击【保存】。

④在上传入库计划文件页面的【2.上传创建的入库计划文件】下,点击【选择文件】,找到文件后点击【打开】。点击【立即上传】,上传完成的入库计划。

⑤在【3.查看文件状态和历史记录】下,点击【刷新】查看上传进度。上传完成后,请查

看生成的报告以便了解任何其他信息、错误或警告。两种常见错误如下：

【卖家 SKU 无效】。如果无法找到卖家 SKU，就无法将其添加到货件中。务必确认表格中的卖家 SKU 是正确的。

【商品已添加到货件中，但是需要转换为"亚马逊物流"】。即卖家 SKU 设置的是【卖家自配送】。等货物到达亚马逊仓库上架后，卖家需要手动将 SKU 设置为【亚马逊配送】即可。

4.亚马逊商城网络服务(亚马逊 MWS)

亚马逊商城网络服务(亚马逊 MWS)是一个集成网络服务的 API，亚马逊商家可以使用这些接口，以编程的方法交换产品、订单、支付、报告以及其他的各种数据。与亚马逊进行数据集成，可以提升销售的自动化技术水准，进而帮助商家扩展业务。依靠亚马逊 MWS，商家能够提升市场销售高效率、降低人力要求并减少回应顾客的时间。

亚马逊商城 MWS 服务没有任何的相关费用，但要想使用亚马逊 MWS API，必须有一个符合亚马逊商城 MWS 规定的商家账号，并注册使用亚马逊 MWS。

亚马逊商城 MWS 提供以下功能：

库存管理——可以执行库存大批量上传、添加商品、检查库存数量、查看定价信息以及其他库存管理任务。

订单管理——可以下载订单信息、获得支付数据、确定订单以及分配汇报时间。

汇报管理——可以请求各种各样的报告、查询报告的状态并下载报告。

如果卖家使用亚马逊物流(FBA)，还可以使用亚马逊商城 MWS 实行以下操作：

创建发往亚马逊物流运营中心的入库货件——可以自动完成该流程步骤，为发往亚马逊物流运营中心的产品建立标签。

查询入库货件的情况——可以查看货件是不是已经抵达物流中心。如果已经抵达，是否已经获得处理解决。

提交配送订单——将卖家的系统与亚马逊商城 MWS 进行融合后，就可以随时随地提交多种渠道的配送订单。当处理订单时，也不会造成时间延迟。

跟踪并管理出入库货件请求——订单离开亚马逊物流运营中心后，可以跟踪货件，并帮助卖家时刻了解送达时间。

四、亚马逊 FBA 仓储容量限制

亚马逊物流运营中心目前对卖家入库商品实施商品件数和仓储容量的双重限制。

自 2020 年 7 月起，亚马逊宣布了对储存在亚马逊物流运营中心的商品，实施 ASIN[①] 级

---

① ASIN：全称是 Amazon Standard Identification Number，亚马逊标准标识号。是一个由十个字符(字母加数字)组成的唯一识别号码。它由亚马逊分配，并用于亚马逊上的产品标识。

别的入仓数量限制,即每个 ASIN 有一定的入仓数量上限。2021 年 4 月 23 日,亚马逊更新了仓储规则,按仓储类型限制商品入仓数量。根据卖家过去的销量和预测销量,按不同的仓储类型(标准尺寸、大件商品、服装、鞋靴)进行设置的商品发/补货数量限制。

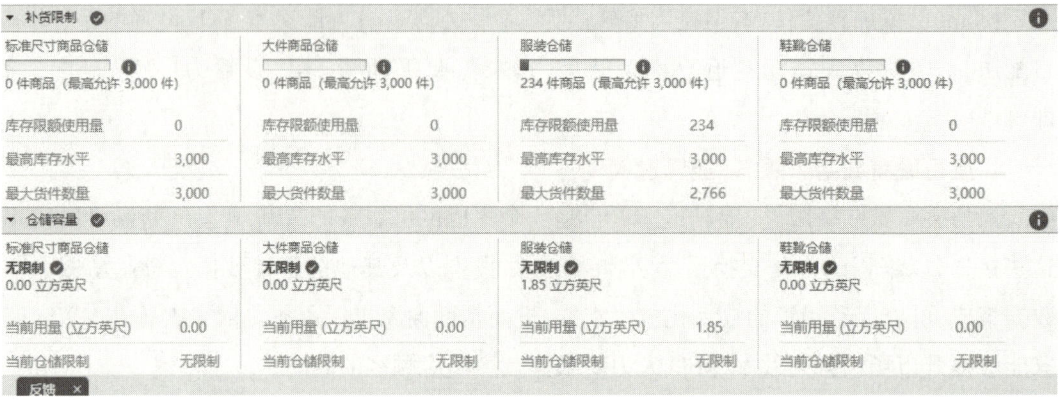

图 3-2-40 补货件数限制和仓储容量限制

访问"库存绩效"页面,或"货件处理进度"页面,展开页面底部的补货限制(Restock Limits)和仓储容量(Storage volume)选项卡,可以查看补货限制详情,以及每种仓储类型的最大入仓数量,如图 3-2-40 所示。

最高库存水平:所有标准尺寸商品可入仓的最大数量。

库存限额使用情况:卖家目前已经使用的额度,包括但不限于储存在亚马逊物流运营中心的商品数量,以及任何尚未接收入库的商品,例如已创建但尚未发货的货件,运输在途的货件,或正在接收中的货件。使用的额度不包括等待移除和任何预留库存。

最大货件数量:卖家目前可入仓的标准尺寸商品数量。运送的库存数量超过允许发送的最大货件数量将会违反亚马逊政策,可能导致不合规货件被取消。

$$最大货件数量=最高库存水平-库存限额使用情况$$

下面以亚马逊美国站为例,进一步帮助大家理解。

假设根据新的入仓规定,卖家小花标准尺寸的商品总共可以入仓 10 000 件,小花当前已经储存在亚马逊物流运营中心的标准尺寸商品为 2 000 件,还有运输在途的商品 500 件。那么你能算出小花还可以发送多少件标准尺寸商品入仓吗?

情景一

卖家小花的 IPI 分数[1]为 450 分(即没有仓储空间限制),但小花依然有按仓储类型设置的商品发/补货限制。假设小花可入仓的标准尺寸商品最大数量是 1 万件,小花当前已经有 9 000 件标准尺寸商品储存在亚马逊物流运营中心,还有 500 件商品已创建货件但未发

---

① IPI 分数:亚马逊用于衡量卖家在管理亚马逊物流库存方面的效率和成效的一个指标。IPI 分数越高通常表示卖家管理库存的效率越高,从而可以提升销量并最大限度降低仓储成本。

货,500 件商品运输在途,那么小花即使没有仓储空间限制,但是因为当前已经完全占用了 1 万件的发货额度,所以小花当前也无法发送更多商品入仓。

情景二

卖家小花移除了现有库存中的 4 000 件商品,并且取消了已创建货件但未发货的 500 件商品,那么现在小花当前可入仓的商品数量为 4 000+500＝4 500 件。

情景三

后来,卖家小花的 IPI 分数由于某些原因降低为 400 分,假设小花可用的标准尺寸商品的仓储空间为 1 000 立方英尺,那么小花可继续入仓的标准尺寸的商品既不能超过 1 000 立方英尺的仓储空间限制,也不能超过 4 500 件的数量限制。

情景四

卖家小花的 IPI 分数为 400 分,假设小花发送了 3 000 件标准尺寸的商品入仓,这些商品完全占用了 1 000 立方英尺的仓储空间,那么即使小花仍然有 4 500-3 000＝1 500 件的商品发货额度,但依然无法入仓更多商品。

【关于 FBA 入仓限制的问答】

问题 1:按仓储类型设置的商品发/补货限制与库存绩效指标分数(IPI)低于 450 分后受到的仓储限制有何不同?

答:IPI 分数不达标后受到的仓储限制是基于体积(以立方英尺或立方米为单位),它决定卖家可使用的亚马逊物流运营中心仓储空间。

按仓储类型设置的商品发/补货限制是基于商品数量,它决定卖家可以发送至亚马逊物流运营中心的商品数量。无论 IPI 分数是否达标,卖家都会有按仓储类型设置的商品发/补货限制。

问题 2:我受到的按仓储类型设置的商品发/补货限制会变化吗?

答:亚马逊会不断评估运营中心的运力情况,并定期更新此限制,建议定期访问卖家平台库存绩效或货件处理进度页面中的补货限制监视器,查看最新情况。

问题 3:我是刚开店的新卖家/新加入亚马逊物流的卖家,还没开始销售,会有限制吗?

答:会的。新卖家可能还没有生成第一个 IPI 分数,所以没有仓储空间的限制,但是会受到按仓储类型设置的商品发/补货限制。由于没有历史销量参考,在刚开始阶段会有一个固定的限制数量。新卖家发货后,随着销量数据的不断累积,按仓储类型设置的商品发/补货限制也会定期更新。

问题 4:我如何降低库存额度使用量?

答:(1)减少在库库存数量,例如及时清理冗余库存,通过 Outlet Deal、广告、秒杀、降价等促销手段提高销量,创建移除订单,移除或弃置库存等。

(2)检查所有货件,取消已创建但不打算发货的货件。

问题5：我不知道 ASIN 的仓储类型，怎么办？我能否更改商品的仓储类型？

答：可以登录卖家平台，访问"库存→库存规划→库龄"页面，下载"库龄报告"，进行查看。仓储类型是根据商品特征确定的，不可以进行更改调整。

问题6：我为什么不能为某些仓储类型创建货件？

答：可能出于以下原因导致您无法创建货件：入库计划中的商品超出仓储类型最大货件数量；仓储类型库存限额使用量已超出补货监视器所显示的补货限制；已超出仓储体积限制；该 ASIN 有政策方面限制，如危险品政策限制。

◎ 任务实施

【任务要求】

跨境电商企业使用亚马逊 FBA 物流配送服务，在商品运输至客户这段流程上有利于商家国际销售、客户服务、库存配送等优势。请同学们学习亚马逊 FBA 操作流程，根据引导问题逐步学习、研讨，并通过网络搜索等方式，最终以 PPT 形式分组汇报实训成果。

【任务分组】

同学自由分组，4~6人为一组。

表3-2-15　学生任务分配表

班　级		组　号		指导老师
组　长		学　号		
组　员	姓　名	学　号	姓　名	学　号
任务分工				

【任务计划与实施】

引导问题1：请分析亚马逊 FBA 有哪些优缺点？

引导问题2：亚马逊FBA的费用包括哪几个部分？

引导问题3：请简单描述亚马逊FBA的发货流程。

引导问题4：亚马逊物流仓储容量限制分为哪几种类型？

引导问题5：如果商品在亚马逊FBA物流运营中心存放的时间超过12个月，会产生哪些费用？如何避免？

◎ 课程思政

亚马逊调整FBA补货限制政策。亚马逊将调整美国、英国、德国、法国、意大利和西班牙站点的FBA商品入仓限制政策：从之前的"按ASIN限制商品入仓数量"，变更为"按仓储类型（标准尺寸、大件商品、服装、鞋靴）限制商品入仓数量"。具体内容请扫描二维码查看了解。

亚马逊调整FBA补货限制政策

【思政考核】

要求：请根据以下选项，选出正确的答案。

1.（单选题）从2021年7月1日开始，IPI存储限制阈值将更改为（　　）。

A. 400　　　　　B. 450　　　　　C. 500　　　　　D. 550

2.（多选题）若IPI分数未达标的卖家，建议（　　）。

A. 提高您的销售率　　　　　B. 避免库存过多

C. 避免巨额仓储费　　　　　D. 主动且及时解决库存补给和销售问题

◎ 考核评价

根据考核内容，学生完成自我小结并进行自评打分，教师根据学生活动情况进行点评并完成教师打分，最后按自评分×40%＋教师评分×60%计算得分。

表3-2-16　考核评价表

项目三	任务二　亚马逊FBA操作				
班　级		团　队		姓　名	
评价类别	考核内容		分　数	自评	教师评分
知识素养	掌握亚马逊FBA的优缺点		10		
	了解亚马逊FBA的费用组成部分及相关内容		10		
	掌握亚马逊FBA的发货流程		10		
	掌握亚马逊FBA仓库容量的限制条件		10		
职业技能	掌握亚马逊FBA的优缺点		10		
	了解亚马逊FBA的费用组成部分及相关内容		10		
	掌握亚马逊FBA的发货流程		15		
	掌握亚马逊FBA仓库容量的限制条件		10		

评价类别	考核内容	分　数	自　评	教师评分
职业素养	具有团队合作精神,小组能够协调分工完成任务	5		
	具有创新意识、创新精神,能够在亚马逊 FBA 管理中提出自己的观点	5		
	具备仓库管理意识,以及对仓储费用、物流费用、发货流程的分析思维及知识储备	5		
小　计		100		
合计＝自评分×40%＋教师评分×60%				

任务三　速卖通海外仓设置

速卖通定义的海外仓分为菜鸟官方仓和商家仓(第三方海外仓)。原有的菜鸟认证海外仓已经下线,不再提供服务。

1. 菜鸟官方仓

菜鸟官方海外仓服务是阿里巴巴集团旗下全球速卖通及菜鸟网络联合海外优势仓储资源及本地配送资源共同推出的物流服务,为速卖通商家提供海外仓储管理、仓发、本地配送、售后赔付的物流解决方案,菜鸟官方仓的优势如图3-3-1所示。

X日达打标	泛欧物流覆盖	仓配费用透明	服务质量保证
出库时效<24小时	入库时效<48小时		X日达承诺
数据准确率99.5%	异常情况24小时解决		物流差评免责保护

图 3-3-1　菜鸟官方仓的优势

目前菜鸟官方海外仓布局在西班牙、法国、波兰、比利时、捷克、英国、德国。只要消费者在西班牙、法国、波兰、德国、比利时、葡萄牙、卢森堡、斯洛伐克、捷克、匈牙利、奥地利、荷兰、丹麦、英国、爱尔兰、意大利、斯洛文尼亚、芬兰、拉脱维亚、立陶宛、瑞典、保加利亚、爱沙尼亚、希腊、罗马尼亚等欧洲国家,就可以使用菜鸟官方海外仓服务。菜鸟官方仓覆盖范围如图3-3-2所示。

2. 商家仓

商家线下签订协议的海外仓服务商,非菜鸟认证仓库,包含商家自建的海外仓库。商家使用海外三方仓/商家仓发货能满足快速配送时效,通过订购承诺达服务,通过考核后也可在商品页面打上"×日达",例如3-Day Delivery的标识。打上"×日达"的商品平台搜索流量、曝光率会有提升,客户也更愿意选择物流时效快的商品,同时平台促销活动也可优先入选。

图 3-3-2　菜鸟官方仓覆盖范围

◎知识点

一、菜鸟海外仓注册

1. 进入速卖通卖家后台，依次点击【交易】-【物流中心】-【我有海外仓】

海外仓申请入口截面如图 3-3-3 所示。

图 3-3-3　海外仓申请入口

2. 选择"开通菜鸟仓服务"或者"开通商家仓服务"

以下以"开通菜鸟仓服务"为例进行演示，如图 3-3-4 所示。

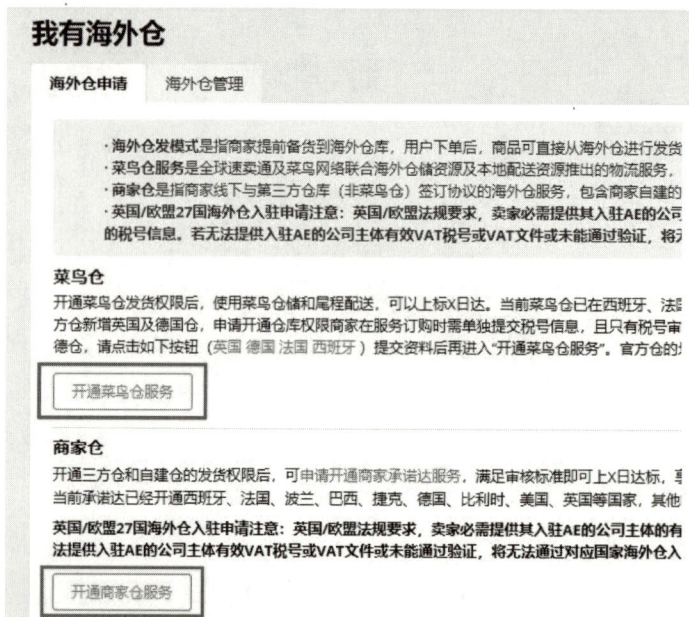

图 3-3-4　选择开通官方仓或是商家仓

3.选择"AE-4PL-无忧海外仓配"进行【订购】

"AE-4PL-无忧海外仓配"订购界面如图3-3-5所示。

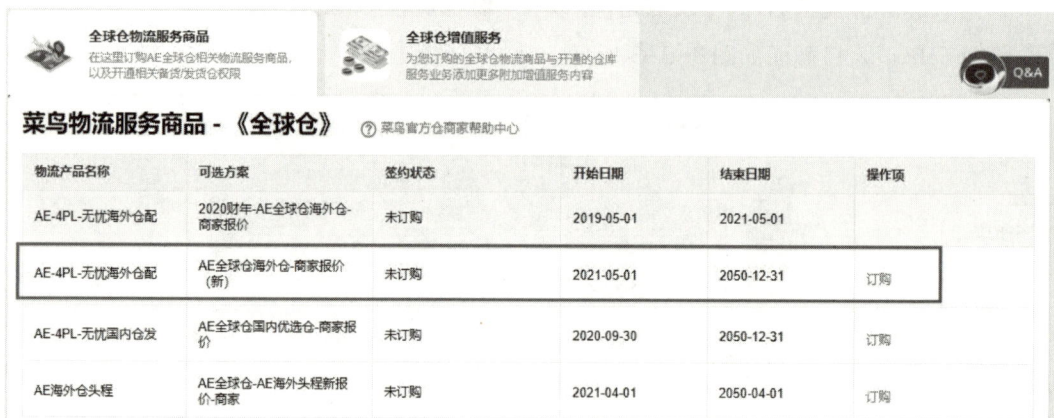

图 3-3-5　订购 AE-4PL-无忧海外仓配

4.根据系统提示填写系统,签订协议,开通海外仓

至此海外仓注册完毕,等待 1~2 个工作日审核完成后开通完成。入驻信息填写界面如图 3-3-6 所示。

图3-3-6 根据流程填写入驻信息

二、海外仓备货操作

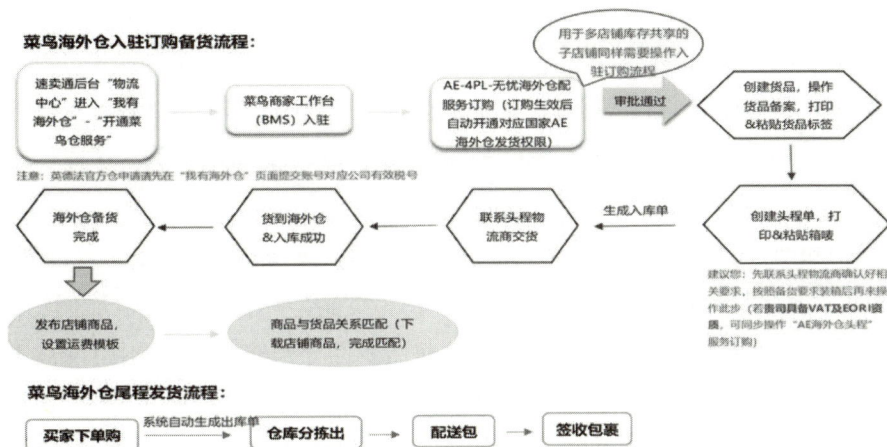

图3-3-7 菜鸟海外仓入驻、备货及订单出库全流程

成功开通海外仓之后,需要卖家将商品备货至海外仓,海外仓接收上架后,卖家的订单就可以由海外仓进行配送操作。所有的海外仓操作都需要在"菜鸟商家工作台(简称BMS)"中进行,因此需要先在速卖通后台注册使用菜鸟商家工作台,如图3-3-8所示。

图3-3-8 菜鸟商家工作台入口

1. 注册"菜鸟商家工作台"

流程按照提示步骤操作即可,如图 3-3-9 所示,这里不再详述。

图 3-3-9　菜鸟商家工作台入驻

注意:使用多店铺库存共享①的子店铺也需要操作海外仓入驻订购;需要确认一家店铺为主店铺,后续统一管理多店铺的海外仓货品;所有作为子店铺的账号如果已经入驻过海外仓,需确保申请库存共享前子店铺已无原剩余海外仓库存,即子店铺内原海外仓库存已全部销售完毕(一旦实现库存共享,子店铺货品数据将清零,统一同步为主店铺货品数据)。

2. 创建货品

这里的创建货品是指在菜鸟商家工作台注册将要发往海外仓的商品。可以创建"单个货品",也可以批量导入货品,我们这里以创建"单个货品"为例进行操作。已创建的货品不支持删除,若有货品错误创建的情况需重新创建新货品。操作方法为选择【菜鸟商家工作台】—【操作中心】—【商品中心】—【货品管理】—点击【创建货品】,如图 3-3-10 所示。

图 3-3-10　创建单个货品

按照要求依次填写好"基本信息""物流属性—销售单元"并保存,如图 3-3-11 所示。

货品名称:填写便于管理的名称即可。

货品编码(货品 ID):建议和商家在速卖通前台的产品表述部分的商品编码相同,便于管理。

---

①　多店铺库存共享:库存共享表示商家可选定一个速卖通店铺作为主店铺,其他店铺作为子店铺,由主店铺在菜鸟商家工作台统一管理货品信息(如创建头程单、创建货品、库存同步、订单调用仓内库存等),其他子店铺仅需进行商品货品匹配操作即可。主店铺可查看所有子店铺订单信息,子店铺仅可查看本店铺订单信息。

货品类型:选择普通货品即可。

条形码:可与货品编码填写一致,或自定义。

通过【批量导入】或【创建货品】操作成功后,商家将在【货品管理】页面看到新生成的货品。

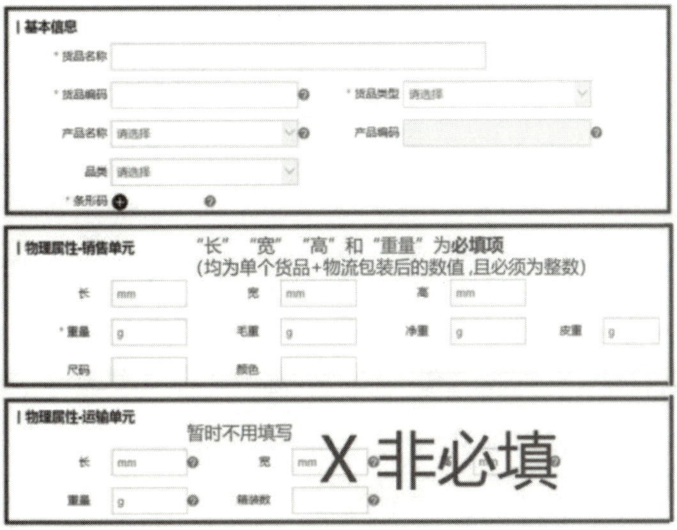

图 3-3-11　填写商品信息

3. 填写货品通关信息

这里填写的货品信息用于国际物流运输时向海关进行展示。在【货品管理】中找到货品点击【编辑】,进入货品信息编辑页面,下拉到底端,点击【保存＆海外仓备案】,填写货品通关信息,如图 3-3-12 所示。

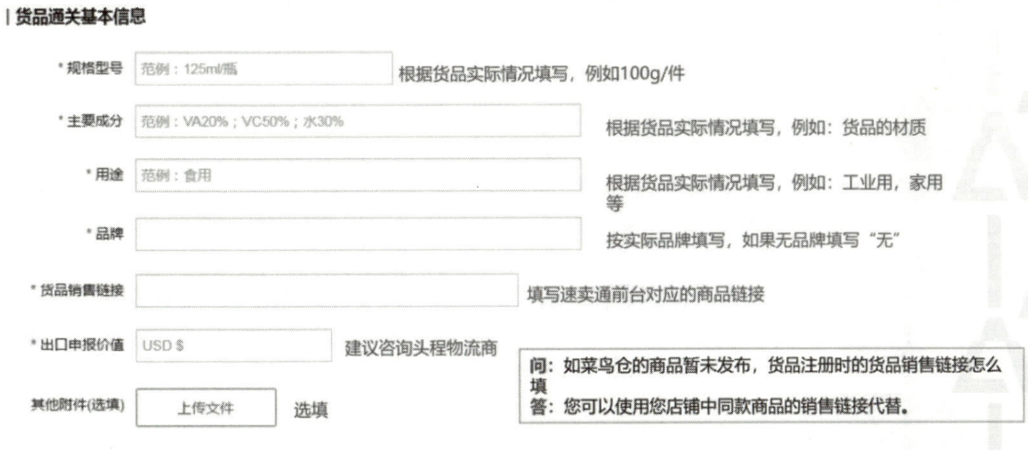

图 3-3-12　填写货品通关信息

图 3-3-13 中的"国家"是指货品要备货至的海外仓所在国家,如果同一个货品想备货至多个海外仓,可以进入商家工作台—【操作中心】—【关务管理】—【货品通关信息查

询】—输入货品编码—点击【查看查看编辑】—在其他申报要素处点击【修改】—【新增目的国】，如图3-3-14所示。

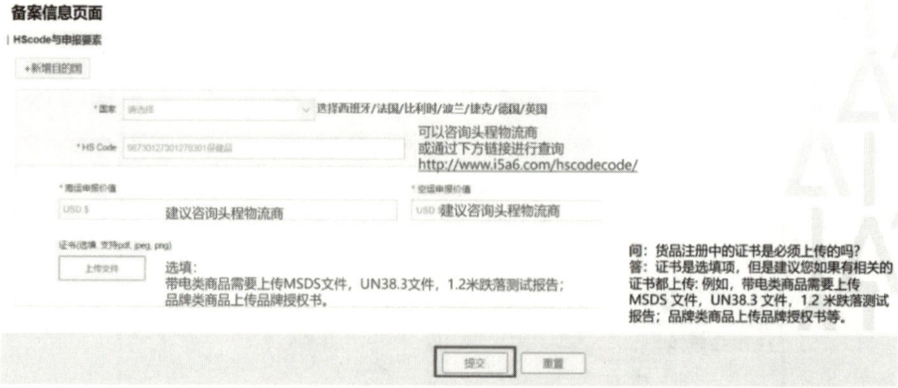

图3-3-13　填写 HSCODE 与申报要素

图3-3-14　新增目的国

4.打印货品标签

为货品贴上条形码，需要用热敏纸来打印，标签尺寸官方建议是75 mm×25 mm，货品标签打印界面如图3-3-15所示。每个货品上都需要贴上货品标签，便于仓库进行分拣及入库，请务必正确粘贴货品标签，条形码标签示例如图3-3-16。

图3-3-15　打印货品标签

5.货品包装

为将要发送至海外仓的货品打包,货品备货到海外仓商家需要事先为每件货物自备物流包装。

①禁止透明包装、有颜色图片包装,甚至无包装的货品,货品包装示例如图3-3-17。

SKU:货品ID
Item:货品名称
Code:货品编码
Seller:卖家名称

图3-3-16　条形码示例

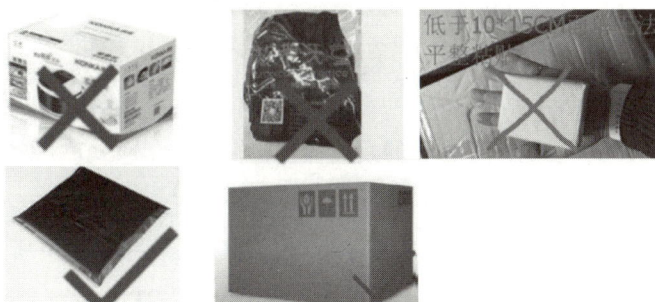

图3-3-17　货品包装要求

②货品物流包装要封好口,货品包装未封口如图3-3-18示例。

图3-3-18　货品包装要封口

③根据货品特性,做好包装内的货品保护。

④易碎品,如灯具、玻璃制品、电子屏幕等,需要有适当的填充材料进行防护,如图3-3-19所示。

图3-3-19　填充保护

⑤货品包装不能太小,不能小于 15 cm×10 cm,否则面单无法粘贴或者粘贴后无法扫描,导致产生尾程派送额外费用。

6. 粘贴货品标签

①为了保证货物能正确分拣,每个包裹和单品上都应有唯一的条码。

②打印后请检查标签信息的完整性和清晰度,请确保可以被扫描枪识别。

③在贴 SKU 条码时,将条码贴到最大面的边角处,如图 3-3-20 所示。

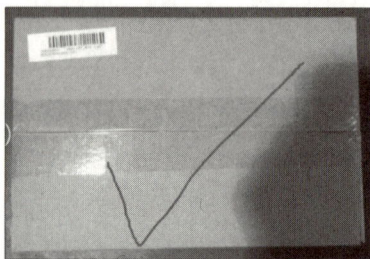

图 3-3-20　条码粘贴到最大面边角处

7. 创建头程单

商家填写完头程单,才能进行之后的发货操作,箱唛①也需要填写完相应的头程单信息后,才能生成并打印。

操作路径【操作中心】—【头程管理】—【头程单创建】,填写头程单所需的基本信息、揽收信息和箱单信息,点击【提交】完成头程单创建,如图 3-3-21 所示。

图 3-3-21　头程单创建

---

① 箱唛:瓦楞纸箱上印刷的说明所装产品名称,数量及瓦楞纸箱尺寸等的图案和文字,一般标明客户、指运港、箱号、数量、原产地等。亚马逊 FBA 里叫作货件标签。

（1）填写发货基本信息

目的国：按已获得权限的具体仓库选择，比如：EDA 波兰一仓（波兰）/4PX 西班牙一仓（西班牙）（选填）。如果商家已在头程物流商处获得订单后可填写，反之可以不填写。

报关类型：按需选择。

运输方式：按需选择。

提货类型：目前只支持揽收类型，如果揽收地址不在揽收范围内可线下联系物流商。

预计入库时间：可根据头程商反馈填写预计到仓日期，以便仓库协调入库上架资源。

运输渠道：选择 Other（注：若线下实际头程商为 4PX，此处也请选择 Other，以便头程单信息可顺利下发各仓。）

发货基本信息填写界面如图 3-3-22 所示。

图 3-3-22　填写发货基本信息

（2）创建箱单信息

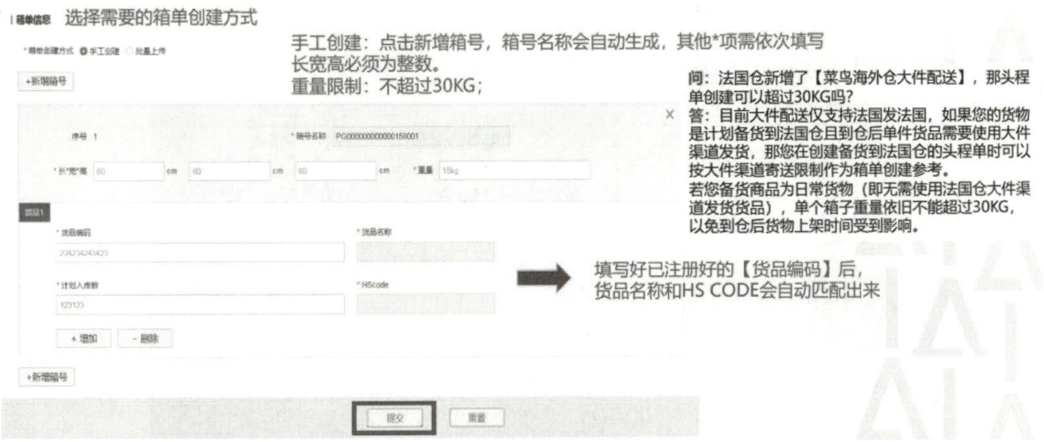

图 3-3-23　创建箱单信息

（3）打印箱单信息

头程单提交后，需要打印箱唛并贴在发货的箱上。

操作路径：【操作中心】—【头程管理】—【头程单查询】，通过头程管理单、客户订单号来查询到需要打印箱唛的头程单，点击【查看详情】，点击【打印标签】或者勾选需要打印的项目进行【批量打印标签】，如图3-3-24所示。用A4纸或150 mm×100 mm热敏纸打印，并正确粘贴在箱子上，箱唛示例如图3-3-25。

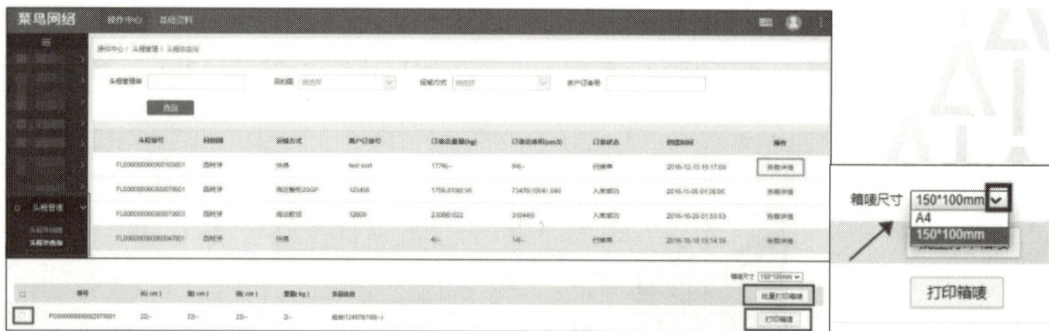

图3-3-24　箱唛打印

图3-3-25　速卖通箱唛示例

8.货品装箱

将贴好条码的单个货品装入外包装箱。

①选择坚固、不易变形的纸箱（体积变化将会导致头程运费增加，且可能无法保证产品在国际长途运输中的安全），外包装箱选择示例如图3-3-26所示。

图3-3-26　选择正确的外包装

②请尽量保证一箱一个 SKU,速卖通原则上只允许尾箱混装 SKU,一箱最多允许装 5 个 SKU。

③在装箱时当多 SKU 混装一个箱时必须做好货物的分类包装,同一 SKU 的产品用塑料袋或纸盒做分类包装如图 3-3-27 所示,否则一箱一个 SKU,不接受混装。

图 3-3-27 货物分类包装

④单个箱子重量不得超过 30 kg。

⑤封箱胶带不得遮盖住箱唛信息,造成无法辨识。

⑥海运柜不允许散装,须打好托盘。

9. 贴箱唛

箱唛最好贴在箱子侧面的左上角,以便码托盘时能够看到箱唛。对于易损品、特殊物品,还可以粘贴易碎、向上等标识。箱唛标识示例如图 3-3-28。

图 3-3-28 各种箱唛标识

三、海外仓商品发货设置

等货品到达海外仓并上架后,就可以在系统中设置海外仓物流模板,配置海外仓发货地和物流方式。此外还需要将海外仓货品与系统里创建的商品进行关联。这里以英国仓为例进行操作说明。

1. 设置物流运费模板

在物流模板中勾选发货地为英国,选择合适的物流方式,如图 3-3-29 所示。商家可以自定运费及承诺给买家配送到的时间,建议参考物流配送承诺时效合理设置限时达,如本地发货建议配置 10 个自然日。如商家没有订购海外仓服务是无法使用海外仓服务的,请先申请开通菜鸟海外仓使用权限。

图 3-3-29　设置发货地与物流方式

2. 绑定货品与商品

货品是备货至海外仓的货物,商品是速卖通后台创建发布的商品 listing。店铺商品产生的订单要想由海外仓自动发货,就需让商品和货品建立起联结,即绑定操作。

提示:由于种种原因,速卖通后台系统中同一个概念在不同界面经常会看到不同的说法,如商品编号、商品 ID、货品编码、货品 ID、店铺 SKU ID、商家编码等。这里简单梳理一下,便于大家理解。

商品编号=商家编码,商品 ID=店铺 SKU ID,货品 ID=货品编码。

商品 ID 等同于亚马逊的 ASIN,它们都是在创建商品时由系统自动分配的;货品 ID 等同于亚马逊仓库使用的 FNSKU(亚马逊条形码),不同的是速卖通的货品 ID 可以由卖家自定义,而亚马逊的 FNSKU 依然由系统自动分配。

速卖通允许卖家先建立货品 ID 并备货至海外仓,再来创建商品 ID,最后将商品 ID 和货品 ID 建立绑定;而亚马逊则必须先创建商品 ASIN,之后才允许将 ASIN 备货至亚马逊物流运营中心。

3. 同步商品信息

商品 ID 和货品 ID 的绑定需要在"菜鸟商家工作台"中进行。速卖通目前店铺新发布或重新编辑发布商品可自动同步至【菜鸟商家工作台】(简称 BMS)。如果卖家发现店铺中的商品在菜鸟商家工作台中找不到,就需要手动同步之后再进行绑定关联。

手动同步的方法是在【交易】—【菜鸟商家工作台】—【操作中心】—【商品中心】—【店铺商品管理】—【下载店铺商品】。根据店铺及店铺商品 ID 进行同步("店铺商品 ID"可支持多 ID 批量查询,每个商品 ID 间请用","(英文字符)隔开);输入信息后,该商品下所有 SKU 均会被同步至【菜鸟商家工作台】。如图 3-3-30 所示。

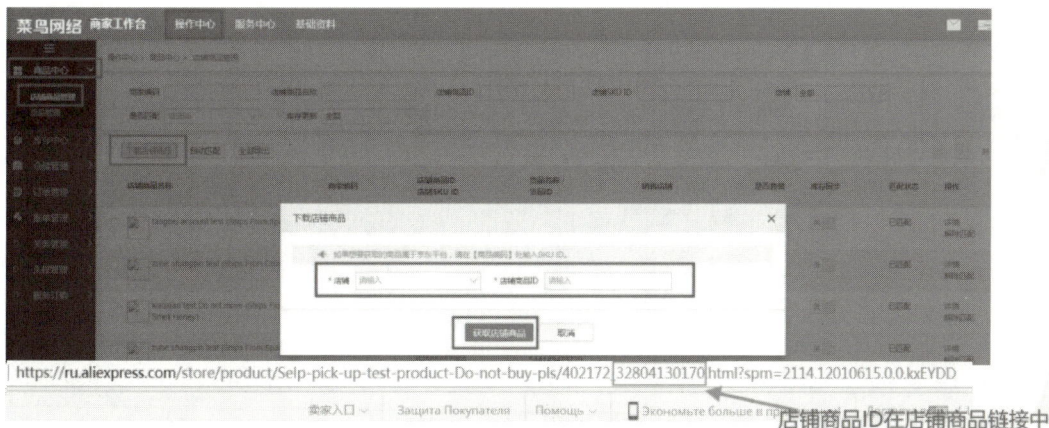

https://ru.aliexpress.com/store/product/Selp-pick-up-test-product-Do-not-buy-pls/402172 32804130170 html?spm=2114.12010615.0.0.kxEYDD

店铺商品ID在店铺商品链接中

图 3-3-30　手动同步店铺商品到菜鸟卖家工作台

4. 商品与货品绑定

（1）手动输入匹配

在【菜鸟商家工作台】—【操作中心】—【商品中心】—【店铺商品管理】—【匹配】—输入在菜鸟商家工作台注册的货品名称和货品编码—【确定】完成绑定，如图 3-3-31 所示。

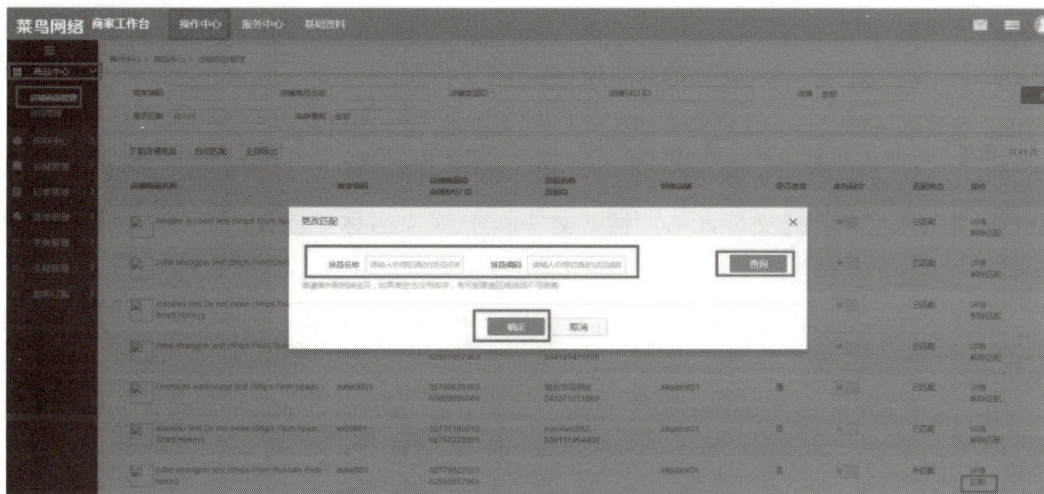

图 3-3-31　手动输入匹配

（2）自动匹配

如果商家在速卖通前台的商品编码与货品编码一致，可以勾选需要匹配的商品，点击【自动匹配】完成绑定，如图 3-3-32 所示。

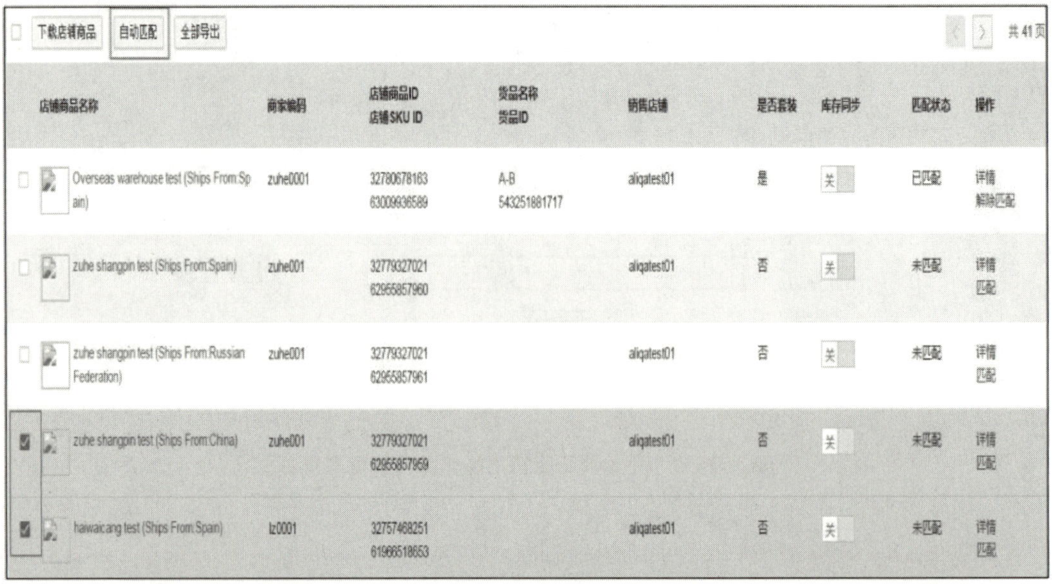

图 3-3-32　自动匹配

四、海外仓订单管理

在确认账号完成所有入驻和订购流程后,对需要使用菜鸟海外仓发货的商品设置正确的运费模板后,如无异常,速卖通端的交易订单通过风控且处于"等待您发货"状态,就会自动流转到菜鸟商家工作台进行"菜鸟海外仓发货"。

1. 海外仓订单状态

买家在速卖通下单成功后自动流转到仓库(风控过后流转),自动发货。在 BMS【操作中心】—【订单管理】—【交易订单】,根据交易单号、买家名称、国际运单号、付款时间进行查询自己通过菜鸟发货的交易订单,如图 3-3-33 所示。

商家也可以根据物流订单的状态进行交易订单的筛选(选择"海外仓发货"后,仅展示海外仓订单的状态)。

注意:若遇到买家申请取消交易订单,请务必先至 BMS 操作物流订单取消/拦截,系统不会自动同步取消信息至 BMS。

图 3-3-33　海外仓订单状态

（1）待客服处理

①库存不足，优先检查库存，占用库存订单的使用；

②订单中收件人邮编格式错误；

③发货信息为空，进入菜鸟商家工作台—点击"基础资料"导航栏下"自有资料"中的"店铺信息"，完善"发货信息"；

④订单内商品价格为空/为0，联系买家重新下单，保证订单内每个商品的金额至少为 $ 0.01。

（2）问题订单

商品与货品的绑定出现问题，优先检查商品与货品的绑定关系。

（3）仓库拒单

优先检查是否超过寄送限制，以及是否不在派送范围内。仓库拒单会占用库存，如果确定不发货请对订单进行取消操作来释放库存。

（4）拦截订单

仅在订单状态显示"仓库已接单"且仓库未完成拣货前（物流详情中未出现 Picking finished 或 Product sorting is complete）可操作拦截。

注意：

①如果订单在拣货完成轨迹完成前拦截失败，请发起"其他—其他问题"咨询工单。

②如果订单已拣货完成，可发起"sop 类目—菜鸟—AE—AE 仓发—AE—海外仓—AE 海外仓尾程派送（国际）—AE 海外仓尾程派送—尾程开查"问题类型的咨询工单要求帮忙拦截，但不能保证拦截成功。所以，卖家可同时让买家配合，对包裹进行拒收；注意：法国邮政不提供拦截服务，如果订单已拣货完成，卖家可请买家配合，对包裹进行拒收（订单产生的对应物流费用会正常被收取）。

（5）待下发仓库

订单超过 5 分钟处于待下发仓库状态，通过咨询工单联系菜鸟小二处理。

（6）已发货

订单只有在"已发货"状态下（物流信息中出现出库轨迹"Leave the warehouse"或"Shipped from warehouse"），才会自动在前台填写发货通知。

（7）已揽收

包裹出库，已到达配送的分拣中心。

（8）派送失败

一般主要是买家原因导致派送失败，如果后期派送成功会更新到"已签收"的状态。

2. 海外仓库存管理

如果商家想要查询一个货品在菜鸟的所有库存，可以进入 BMS【操作中心】—【库存中心】—【货品库存查询】。同时也可使用【导出】功能进行数据导出,如图3-3-34所示。

图 3-3-34　货品库存查询

上图中的占用数量,一种是仓库已接单,订单占用库存,订单已发货后,占用数量会扣除;另一种情况是仓库已拒单,也会占用库存,检查已拒单的订单,如确定不发货,请您尽快点击取消(操作路径:BMS"操作中心"—"订单管理"—"交易订单"—"仓库拒单"—"取消"—"确定"完后占用数量会释放)。

如果商家想要查询某仓库下的货品的每天的进销存账务,操作路径:BMS【操作中心】—【库存中心】—【进销存台账】—基于SKU维度,同时也可使用【导出】功能进行数据导出。如图3-3-35所示。

图 3-3-35　进销存台账

如果商家想要查询某仓库下的货品的每天的出入库流水,操作路径:【操作中心】—【库存中心】—【出入库流水台账】—基于单据维度(可查看某段时间的出库数据),同时也可使用【导出】功能进行数据导出，如图 3-3-36 所示。

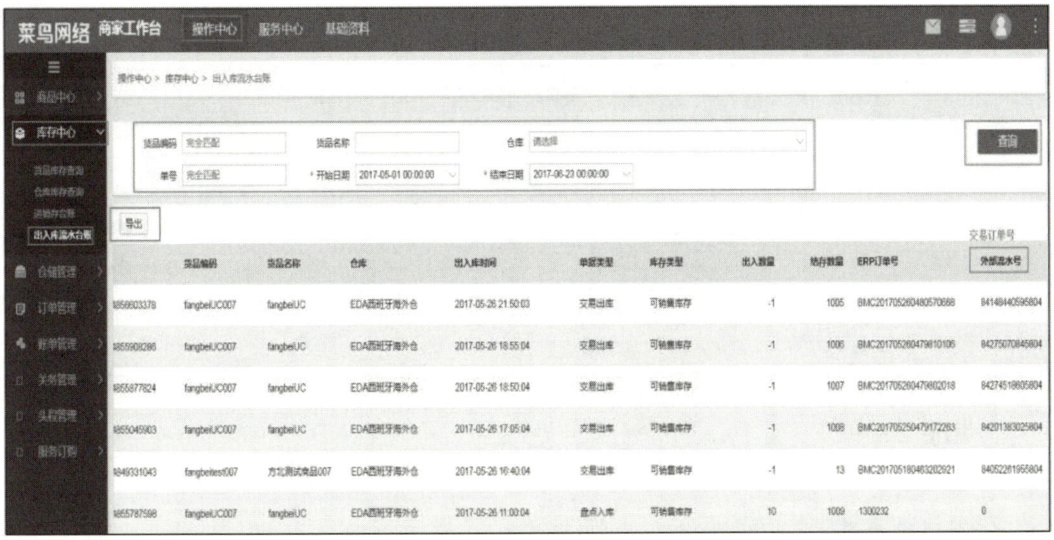

图 3-3-36　出入库流水台账

五、海外仓账单管理

可以通过菜鸟财务结算平台进行单据查询、账单对账、账单下载、发票管理等功能。登录速卖通后台，点击【交易】—【物流中心】—【菜鸟财务结算平台】，如图 3-3-37 所示，也可以在菜鸟商家工作台右上角下拉框处点击"金掌柜"进入。

图 3-3-37　菜鸟财务结算平台

六、海外仓承诺达

海外仓"承诺达"是速卖通为使用第三方商家仓商家（非菜鸟官方仓）提供的×日达权益升级服务。该服务针对满足快速配送时效的三方商家仓商家，提供×日达商品透标权益承诺订购服务，助力商家提升店铺动销。

简单来说，速卖通以前仅针对使用菜鸟官方仓的商品在前台商品页面标识上"5-Day Delivery""7-Day Delivery"或"10-Day Delivery"，现在针对使用第三方商家仓或自建海外仓的商家,也可以通过开通"承诺达"服务,实现前台商品页面打标的目的,如图 3-3-38 所示。

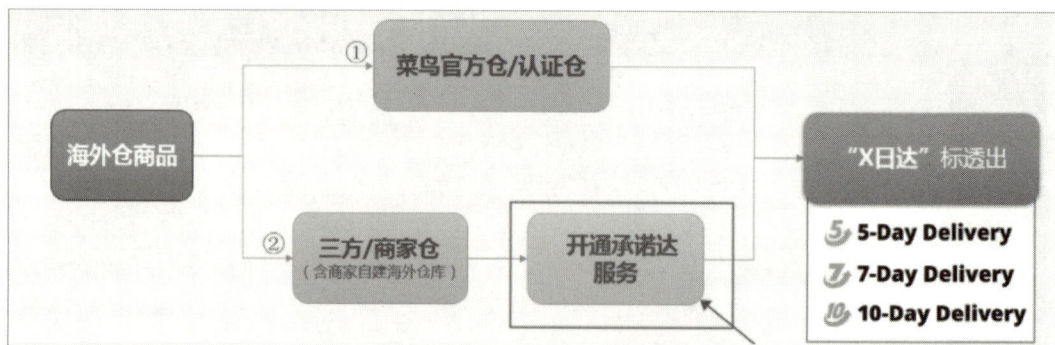

图 3-3-38　实现"×日达"标识的途径

1. 承诺达的要求

①目前仅针对在西班牙或法国或波兰有海外发货权限的商家可以加入;

②签订商家承诺达服务协议;

③开通使用速卖通可查询物流详情的物流服务商(见图 3-3-39);

④承诺达服务上标与下标规则。

上标规则:

A. 商家启用承诺达线路后,单一线路近 30 天的数据达到 30 单,且达成率≥85%,30 天以内的任意一天满足上标条件即可上标,如 30 天以内不满足考核标准,商家需重新申请,按照上述标准重新考核;

B. 商家启用承诺达线路后,历史单一线路订单量达到 100 单,且达成率≥85%,次日上标。

海外仓国家	服务商	AE线路CODE（ERP）	中文名称（运费模板）	目的国	表达时效
西班牙	西班牙邮政	CORREOSEXPRESS	西班牙邮政快递	西班牙	5日达
	SEUR	SEUR	SEUR	西班牙	5日达
	MRW	MRW	MRW	西班牙	5日达
	GLS	GLS_ES	西班牙GLS派送	法国	7日达
				波兰	7日达
	UPS	UPS_ES	西班牙UPS派送	西班牙	5日达
				法国	7日达
法国	Colissimo	COLISSIMO_FR	Colissimo	法国	5日达
	Chronopost	CHRONOPOST_FR	Chronopost	法国	5日达
	GLS	GLS_FR	法国GLS派送	法国	5日达
				西班牙	7日达
				波兰	7日达
波兰	InPost	INPOST_PL	InPost	波兰	5日达
	DHL	DHL_PL	波兰DHL派送	波兰	5日达
				法国	7日达
				西班牙	7日达

图 3-3-39　承诺达认可的物流商和物流方式

下标规则：

A. 虚假发货、成交不卖一经发现立刻下标；

B. 已上标的情况下，考核一个周期内的某一个或某几个指标，考核不通过则会下标；

C. 下标后，再次申请上标请参考上标规则。

2. 开通"承诺达"方法

开通承诺达需要四个步骤，配置运费模板—声明发货 ERP 配置—签订承诺达协议—开通承诺达线路，如图 3-3-40 所示。

图 3-3-40　承诺达开通步骤

（1）配置运费模板（使用承诺达对应线路）

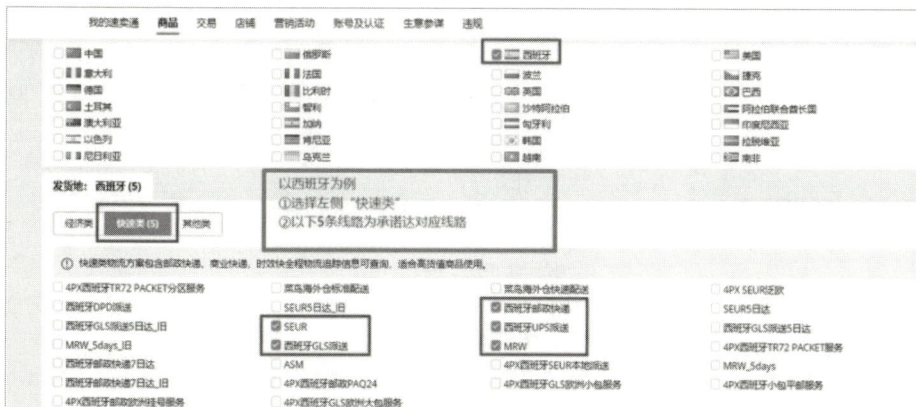

图 3-3-41　配置运费模板

（2）声明发货 ERP 如何配置

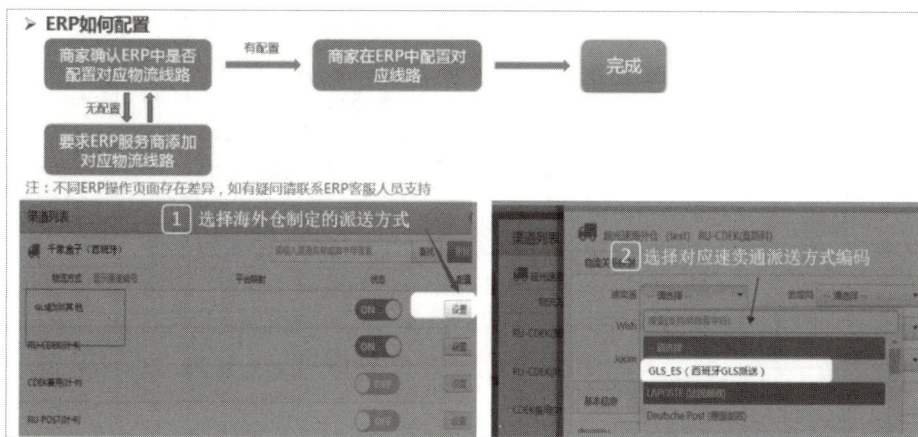

图 3-3-42　声明发货 ERP 配置

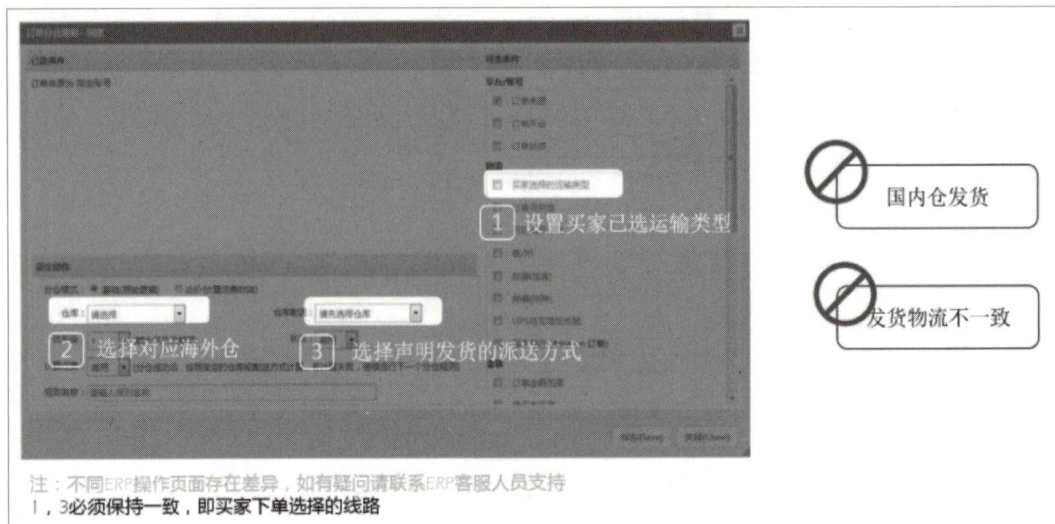

图 3-3-43　自动配货规则设置

（3）签订承诺达协议

在【交易】—【物流服务】—找到【商家仓承诺达服务】，点击【加入服务】，如图 3-3-44 所示。

图 3-3-44　申请开通承诺达线路

（4）申请开通承诺达对应使用的线路

根据实际要开通的承诺达线路，选择"我要报名"，如图 3-3-45 所示。

图 3-3-45　申请开通承诺达线路

七、海外仓其他问题

问题 1:海外仓服务规范有哪些?

答:检查商品设置,准确设置发货地,不得虚假设置。若商品只使用了英国海外仓,需要发往英国和德国,则只能设置发货地英国,不得设置发货地德国。

及时更新海外仓库存,避免超卖缺货。若偶尔出现超卖缺货,建议卖家和买家提前沟通,并选择快递物流发货,保证货物尽快送达。平台会综合考核卖家的虚假海外发货比例和物流时效,并根据虚假海外发货比例以及对买家体验造成恶劣影响的程度来决定是否进行处罚。

买家付款后尽快发货并优先选择可跟踪的物流方式。填写发货通知时需要准确选择物流方式并填写真实有效的运单号,物流方式选错将会导致物流信息不可追踪。例如通过 USPS 发货的订单,若选择的物流方式为 other-US,将会导致物流不可跟踪。

问题 2.海外仓报名中提到的海外通关证明是指什么?

答:报名海外仓时提到的海外通关证明,指的是卖家提交的相关清关材料比如报关单、缴税证明等。

问题 3:我的海外仓商品为什么没有打"×日达"标?

答:只有海外仓商品服务达到海外仓标准了,商品才能打标。海外仓的服务标准包括备货期设置小于等于 5 天,物流纠纷率低于海外仓平均水平,且 7 天妥投率处于正常水平。

问题 4:海外本地退货仓是怎么使用的?

答:仅符合以下条件的店铺可以使用官方本地退货仓服务。

条件一:卖家服务等级考核结果及格及以上

条件二:店铺好评率≥95% 且月交易额≥5 000 美元

若店铺不符合以上标准,则暂时无法使用官方退货仓服务,且后台无"本地退货服务"功能选项。

服务环节	时效
从海外退货仓签收至入库	10自然日
从海外退货仓入库且卖家给出退运指令至出库	20自然日
从海外退货仓出库至香港中转仓	25自然日
从香港中转仓签收至送至卖家	35自然日

问题 5:什么是菜鸟优选仓? 和海外仓有什么区别?

答:优选仓是速卖通官方直营仓库,和海外仓以及×日达体系贯通,会以营销专区和最优物流为核心价值持续发展成全球仓网中心,主要打造的是确定性的履约时效和客户体验。优选仓为中国广东东莞发货;海外仓为目的国当地发货。

问题 6:哪些国家可以设置为海外仓发货地?

答:卖家可设置海外发货地:美国、英国、德国、西班牙、法国、意大利、俄罗斯、澳大利亚、印尼、智利、巴西、捷克、土耳其等,实际以申请开通的海外仓国家列表为准;

越南、匈牙利、乌克兰、阿联酋、以色列、南非、尼日利亚、波兰海外仓仅开通了部分类目海外发货地功能(商品设置后台有该国家发货地就说明已经开通),未开放海外发货地设置功能的类目,卖家申请了海外仓发货地设置权限也暂时不能设置;

海外发货地设置功能仅向通过审核的卖家开放,您需要先确保平台已经有海外仓的国家且类目也开通了海外发货地(商品设置后台有该国家发货地就说明已经开通)之后再备货到海外,到卖家后台"我有海外仓"提交审核资料,通过审核后设置海外发货地和物流模板。

◎ 任务实施

【任务要求】

请同学们进行速卖通海外仓设置流程,根据引导问题逐步学习、研讨,使用网络搜索等方式,最终以 PPT 形式分组汇报实训成果。

【任务分组】

同学自由分组,4~6 人为一组。

表 3-3-1 学生任务分配表

班 级		组 号		指导老师	
组 长		学 号			
组 员	姓 名	学 号	姓 名	学 号	
任务分工					

【任务计划与实施】

引导问题1:根据速卖通海外仓标签规则,速卖通的海外仓包括哪些?

引导问题2:速卖通海外仓的订单状态包括哪些?

引导问题3： 速卖通海外仓承诺达服务上标与下标规则是什么？

引导问题4： 假设卖家小蔡有3个商品，商品发货地如下表所示，她需要设置多少个运费模板？为什么？

商　品	发货地
A	中国
B	美国
C	中国 & 美国

◎ 课程思政

为维护速卖通平台有序、健康、公平的市场环境，规范海外仓卖家服务履约行为，提升消费者体验，促进更多交易机会，速卖通平台特制订《海外仓时效标识使用规则》。速卖通平台有权利依据本规则，对卖家通过海外仓的发货、履约情况进行统一管理。具体内容请扫码查看。

速卖通海外仓
时效标识使用
规则

【思政考核】

要求：请根据以下选项，选出正确的答案。

1.（单选题）"×日达"考核指标中，订单48小时上网率要求达到（　　）。

A. 80%　　　　B. 85%　　　　C. 90%　　　　D. 95%

2.(多选题)速卖通海外仓,包括(　　　)。

A.菜鸟官方仓　　　　B.菜鸟认证仓　　　　C.商家仓　　　　D.第三方仓

◎ 考核评价

根据考核内容,学生完成自我小结并进行自评打分,教师根据学生活动情况进行点评并完成教师打分,最后按自评分×40%+教师评分×60%计算得分。

表3-3-2　考核评价表

项目三	任务三　速卖通海外仓设置				
班　级		团　队		姓　名	
评价类别	考核内容	分　数	自评	教师评分	
知识素养	了解菜鸟海外仓注册流程	10			
	掌握速卖通海外仓备货操作	10			
	掌握速卖通海外仓商品发货设置	10			
	掌握海外仓订单管理和账单管理操作流程	10			
	掌握速卖通海外仓承诺达相关要求及规则	10			
职业技能	能够在速卖通平台进行海外仓设置	10			
	能够处理速卖通海外仓备货操作流程	10			
	能够分析速卖通海外仓相关要求及规则	10			
	能够应对速卖通海外仓的其他问题	5			
职业素养	具有团队合作精神,小组能够协调分工完成任务	5			
	具有创新意识、创新精神,能够在海外仓管理中提出自己的观点	5			
	具备资源整合能力,能够借助外部资源,借鉴相关案例经验进行速卖通海外仓设置	5			
小　计		100			
合计=自评分×40%+教师评分×60%					

任务四　第三方海外仓选择

第三方海外仓是跨境电商平台官方仓之外的重要补充。尽管官方仓通常对卖家有政策支持,例如提升商品曝光量,售后问题无需卖家负责等。但官方仓通常会有种种限制,提供的服务相对也较少,因此卖家往往都是官方仓结合第三方海外仓进行海外备货。

◎知识点

一、使用第三方海外仓的原因

1. 品类限制少

亚马逊 FBA 对商品的尺寸、重量、类别有一定程度的限制,所以选品偏向于体积小、利润好、质量好的产品;第三方海外仓让卖家选品范围更广一些,体积大、重量大的产品更适合第三方海外仓备货,例如跑步机、平衡车等。通常能进入亚马逊 FBA 仓的产品必定能进入第三方海外仓,但能进入第三方海外仓的产品不一定能进入亚马逊 FBA 仓。

2. 仓储容量限制少

跨境电商平台对卖家使用海外仓库存的总容量或总数量会进行限制,一方面是因为跨境电商平台的仓库总容量有限,为了公平照顾到每个卖家,让大家都有机会使用官方海外仓服务;另一方面跨境电商平台主要收入并不依赖仓储费,而是销售佣金和广告等,因此平台非常不希望仓库内大量的商品都是滞销品,他们会通过制定各种绩效政策和收费标准来约束卖家的备货行为,从而提升仓库利用率和商品流转率。

而第三方海外仓主要收入是仓储费和服务费,无论仓库内的商品是否滞销对服务商来说影响不大。卖家如果销售的是有明显淡旺季的商品,例如圣诞节用品时,选择先备货至第三方海外仓,再逐步移仓至官方海外仓的做法往往是最优策略。因为这样既可以满足跨境平台的各种绩效要求,又能避免旺季高昂的物流费用,也能缩短备货时长避免缺货。

3. 头程服务好

部分第三方海外仓服务商会给卖家提供头程清关服务,甚至还会有包含代缴税金、派送到仓的一条龙服务;而官方仓通常都不会解决物流头程清关服务。

4. 货物存放风险低

将货物放在海外仓存在一定的安全风险。例如在亚马逊销售的产品出了问题,账号被封,那 FBA 的货品也就不能继续销售,需要弃置或移除,过程非常麻烦。如果是将货品存放在第三方海外仓库的话,这个风险相对会低很多。

5. 仓储成本低

总体来说使用海外仓的成本都不低。但相较之下,使用官方仓比使用第三方海外仓的成本更高。如果卖家海外备货量非常大,销售渠道又不局限于某一个跨境电商平台的话,使用第三方海外仓更为合适。

6. 提供服务多

跨境平台官方仓主要是为平台销售服务,对卖家服务相对比较单一。第三方海外仓可以提供退货换标、FBA 补仓、一件代发、仓储中转等服务,且与卖家沟通起来更加便捷、高效。

◎ 知识加油站

中国在世界各地超 1 800 个海外仓,缩短了物流时间,让海外消费者体验更好——海外仓,助力"中国造"畅销全球。具体内容请扫描二维码查看。

海外仓,助力"中国造"畅销全球

二、选择第三方海外仓的标准

1. 货物安全

货物一旦出国则不在卖家的掌控之下,对卖家来说选择海外仓一定要选择规模大、安全性高、有保障的,最好与服务商签订协议,否则出了事损失惨重。建议卖家挑选海外仓时优先选择与中国保险公司有合作的或者承保的服务商,这样才能为自己的货物加上一份保障。同时也建议卖家将自己的货物分多家海外仓服务商存放,分摊风险。

货物使用海外仓也会出现一些问题,如头程丢失、失火、浸水、海关抽检、仓库丢货、派送丢件等问题,靠谱的海外仓服务商会给予一定赔偿。

2. 规模和效率

选择海外仓一定要选择高标准、高要求的高架立体海外仓,切莫选择脏乱差的小仓。如果海外仓服务商在仓库建设上没有高投入,不想长期经营只是想赚快钱而已,那样的海外仓服务商肯定是靠不住的。在仓储效率方面则一定要选择日处理能力在万票货件以上的服务商,否则在旺季期间很容易因为服务商效率问题影响到销售。

3. 有完善的信息系统

海外仓实际上是一个全方位的服务提供商。对于海外仓来说,信息系统是否成熟、顺畅、高效、可靠是衡量海外仓综合实力的重要标准。卖家还需要注意海外仓服务商使用的仓储管理系统是否能够与自己使用的 ERP 或跨境电商平台对接,是否会需要手动操作从而增加工作量等问题。一些新的服务商虽然能够支持特定的服务需求,但很多采用离线订单。这就要求卖家填写 EXCEL 表格下订单,通过微信或电子邮件跟进进度,这样非常低效且容易出错。

4. 当地清关和派送能力

值得信赖的第三方海外仓绝对是一家知道如何在物流源头控制风险的公司。当货物在国外海关遇到各种问题时,好的第三方仓能有专人出面协助清关或者代缴关税。此外,第三方仓在当地合作的本土物流服务商的多少,物流线路的多少,价格的高低往往也能代表第三方仓的实力。

5. 仓库布局

规模较大的第三方海外仓服务商通常会在一个国家租用或新建多个仓储,例如在美国的美西、美中、美东分别设立仓库,便于卖家有选择性地配置海外货品,也能覆盖到更广的终端市场。而小服务商不具备四处设仓的实力,租用的仓库少,货物堆放安排不合理,不仅不能为卖家销售提供助力,反而成为销售瓶颈。

6. 头程运输能力

规模较大的第三方海外仓服务商可以提供头程运输到海外仓储的全程服务。头程运输对跨境卖家来说是非常重要的一个环节,相比于自己找物流公司,海外仓提供的运输服务相对是比较安全且省心的,因为从运输到入仓,都由海外仓操作,可控性是比较高的。

7. 服务质量

卖家在选择第三方海外仓服务商时,还需注意是否有专门的销售人员和客服人员对接卖家。在服务过程中能够随时响应卖家需求,及时沟通解决问题也是挑选服务商的重要依据。

三、第三方海外仓服务商介绍

这里介绍一些经营时间长、规模比较大的第三方海外仓服务商供大家参考。

1. 谷仓海外仓

深圳易可达科技有限公司(品牌名称为谷仓海外仓,简称谷仓),隶属于纵腾集团旗下品牌,公司于2015年12月12日在深圳创办,总部位于深圳市龙岗区坂田街道创汇国际中心。

谷仓业务覆盖全球30余个国家,在美国、英国、捷克、法国、意大利、西班牙、德国仓、澳大利亚、日本等九大贸易发达国家建成了30+个订单处理中心,2021年3月,海外仓面积超过100万平方米,成为国内首个"百万级"海外仓企业,计划2021年内开加拿大仓,预计年底将达到150万平方米。

◎ **知识加油站**

谷仓成立以来,以持续提升运转效率和客户体验为宗旨,专注于跨境电商海外仓储解决方案,持续完善海外仓布局,扩大运营能力。更多内容了解请扫码查看视频。

谷仓海外仓

2. 递四方

深圳市递四方速递有限公司成立于 2004 年,定位全球跨境电商供应链综合服务提供商。公司目前在全球共拥有约 5 000 名员工,超过 70 家分支机构,服务全球约 30 万家跨境电商商户与超过 100 万跨境电商终端用户。

2010 年,公司获得新加坡邮政的投资,成为新加坡邮政全球物流战略合作伙伴。2016 年,公司获得阿里巴巴集团旗下菜鸟网络的亿级战略投资,成为阿里巴巴买全球卖全球战略的重要合作伙伴与物流服务提供商;2018 年,公司获得阿里巴巴集团的新一轮投资,公司也是至今为止阿里巴巴集团唯一投资的一家跨境电商物流企业。

海外仓布局也是递四方一大亮点。目前,递四方已在全球铺设近 30 个成熟的全球仓储网络,覆盖美国、加拿大、澳大利亚、日本、英国、德国、西班牙、捷克等国及香港等地区,其规模与战略布局受到行业认可。

◎ 知识加油站

递四方副总裁戴彬给大家分享了递四方的成长史,以及如何领跑跨境电商物流,如何将自身打造为行业领头羊的不平凡之旅。具体内容请扫描二维码查看。

递四方成长史

（来源:东方资讯）

3. 出口易

出口易是广州市贝法易信息科技有限公司(简称贝法易)旗下,以全球仓储为核心,整合全球渠道资源,为跨境电商卖家提供海外仓储、FBA 服务、国际专线等跨境物流服务以及本地化售前售后服务,解决订单管理、本地发货、售后服务等难题,打造最值得信赖的跨境电商全程货运解决方案提供商。

截至 2016 年底,出口易已在英国、美国、德国、澳大利亚、加拿大 5 大主流外贸市场设置海外自营仓储运营中心;在香港、广州、深圳、上海等国内 8 个城市设有处理中心。

4. 万邑通

万邑通(上海)信息科技有限公司,2012 年在上海注册成立,英文品牌取义"赢在 IT",中文品牌"万邑通"取意"万邑通商"(邑:城市之意)。定位为中立开放的跨境电商产业支持平台,万邑通为全球客户提供领先的跨境售后物流服务体系,基于供应链管理,通过互联网实现,有效降低库存、提高库存周转率和资金回报率,为跨境电商提供端到端的全面、透明稳定、合法合规、成本优化、基于客户体验的整体供应链解决方案。

目前主要业务板块包括物流平台、金融平台以及数据信息平台,在全球设立了 9 个直营仓库,服务网络遍布中国、澳洲、美国、欧洲等主要跨境贸易市场。

◎知识加油站

为适应该类卖家在海外仓上的个性化需求,万邑通推出了标准化、精细化、流程化运作的海外仓3.0项目。具体内容请扫描二维码查看。

万邑通海外仓
3.0

◎任务实施

【任务要求】

请同学们认真学习掌握第三方海外仓相关知识,根据引导问题逐步学习、研讨,使用网络搜索等方式,最终以PPT形式分组汇报实训成果。

【任务分组】

同学自由分组,4～6人为一组。

表3-4-1　学生任务分配表

班　级		组　号		指导老师
组　长		学　号		
组　员	姓　名	学　号	姓　名	学　号
任务分工				

【任务计划与实施】

引导问题1:与跨境电商平台官方仓相比较,使用第三方海外仓有何优势?

引导问题2: 选择第三方海外仓的标准是什么?

引导问题3: 请探讨分析第三方海外仓有哪些劣势需要我们注意。

引导问题4: 第三方海外仓服务商中,除了文中介绍的谷仓海外仓、递四方、出口易和万邑通外,请自行搜索资料,介绍一个实力强劲的第三方海外服务商。

◎ 课程思政

2020 年疫情肆虐全球,庞大的宅经济需求反而让中国出口跨境电商发展迅猛,外贸企业尤其是跨境电商商家对海外仓的需求暴增,爆仓以及部分国际电商平台变相"阻挠"大件家具进入海外仓等成为年度热门现象。

直面海外仓的庞大需求,国家和地方都有相关优惠政策。国务院办公厅《关于进一步做好稳外贸稳外资工作的意见》提到,"鼓励进出口银行、中国出口信用保险公司等各类金融机构在风险可控前提下积极支持海外仓建设。"具体内容请扫描二维码查看。

关于进一步做好稳外贸稳外资工作的意见

【思政考核】

要求:请根据以下选项,选出正确的答案。

1.(单选题)发展贸易新业态新模式,拓展对外贸易线上渠道,推进( ),支持中小外贸企业开拓市场,帮助出口企业对接更多海外买家。

A."一站式阳光价格" B."线上一国一展"

C."一企一策" D."一带一路"

2.(多选题)国务院办公厅《关于进一步做好稳外贸稳外资工作的意见》提出15项稳外贸稳外资政策措施,主要内容包括( )。

A.支持重点产业和重点企业 B.提升通关和人员往来便利化水平

C.发展贸易新业态新模式 D.加大财税金融支持

◎ 考核评价

根据考核内容,学生完成自我小结并进行自评打分,教师根据学生活动情况进行点评并完成教师打分,最后按自评分×40%+教师评分×60%计算得分。

表 3-4-2 考核评价表

项目三	任务四 第三方海外仓选择					
班 级			团 队		姓 名	
评价类别	考核内容		分 数	自 评	教师评分	
知识素养	了解官方仓有哪些限制因素		10			
	掌握使用第三方海外仓的原因		10			
	掌握选择第三方海外仓的标准		10			
	了解第三方海外仓服务商介绍		10			
职业技能	能够分析第三方海外仓的特点		15			
	能够分析第三方海外仓的标准		15			
	能够根据特征使用搜索工具精准寻找适合的第三方海外仓服务商		15			
职业素养	具有团队合作精神,小组能够协调分工完成任务		5			
	具有创新意识、创新精神,能够在第三方海外仓选择中提出自己的观点		5			
	具备网络信息搜集能力,能够在网上搜索合适的第三方海外仓服务商		5			
小 计			100			
合计=自评分×40%+教师评分×60%						

项目四　跨境进口物流操作

◎ 情境导入

近年来,利好政策连续出台,跨境电商行业的体量不断增长,商业形态也日趋多样化。从2012年底跨境电商零售进口启动试点,到现行的486号文及海关总署194号公告,进口政策历经三次大的调整。其中,2021年3月18日商务部等6部委下发《关于扩大跨境电商零售进口试点、严格落实监管要求的通知》,意味着面向国内消费者的跨境电商零售进口业务将在全国范围内全面铺开,跨境电商零售进口市场势必迎来新一轮的发展红利期。

◎ 学习目标

通过本模块的学习,应达到的具体目标如下:

1. 知识目标

(1)了解跨境进口的三种通关模式及海关政策;

(2)掌握相关政策下计算商品税率的方法;

(3)了解进口海关清关的类型;

(4)掌握进口海关清关操作。

2. 职业能力要求

(1)能够掌握相关的跨境电商进口物流基础知识;

(2)能够准确理解跨境进口物流的相关政策。

3. 素质目标

(1)具有团队合作精神,小组能够协调分工完成任务;

(2)具有创新意识、创新精神,能够在跨境物流绩效管理中提出自己的观点;

(3)具备网络信息搜集能力,能够在网上快速准确搜索出有关跨境进口物流的新知识。

任务一　进口通关模式

为了促进跨境电商进出口业务的发展,方便企业通关,规范海关的管理,海关总署增列了海关监管方式的代码,比如9610、1210、1239,前两位数是按海关监管要求和计算机管理需要划分的分类代码,后两位数是海关统计代码。"96"代表"跨境","12"代表"保税",其他类似的代码还有0110,代表的是一般贸易。

◎知识点

一、9610-直购进口模式

9610全称跨境贸易电子商务,简称电子商务,俗称集货模式。境内电子商务企业将境外商品销售给境内个人消费者。

消费者下单后,海外商家将多个已售出商品统一打包,通过国际物流运送至国内的保税仓库(暂存区),国内电商企业拆大包按小包(单个订单包裹)逐个申报,为每件商品办理海关通关手续,经海关查验放行后,再由国内快递派送至消费者手中。每个订单附有海关单据。简单地说,就是先有订单,再发货。

1.9610-直购进口模式的特点

①操作灵活,不需要提前备货,国际物流及通关效率更强,一般不超过2周,对此消费者容易接受。

②在国内海关监管下,可通过跨境电商平台提供统一的入境清关服务。

③由商家对多个订单商品集货运送到海外集货仓,有利于控制运营成本;同时有利于提高包裹运输质量,降低丢包率;整体上在物流服务质量和成本方面得到进一步控制。

④订单商品提前运到海外集货仓,跨境电商平台提供售后服务,可根据平台反馈处理商品退货、换货、补货,加强用户体验。

⑤需具备海外团队优势、海外集货仓及批量作业资源优势,从而提高了前期资金投入要求和资金成本。

⑥需在海外完成打包操作,成本较高,并且从海外发货,在物流时间上会相对稍长。

2.9610-直购进口模式的适用范围

适用于境内个人或电子商务企业通过电子商务交易平台实现交易,采用"清单核放、汇总申报"模式办理通关手续的电子商务零售进出口商品。通过海关特殊监管区域或保税监管场所一线的电子商务零售进出口商品不适用于该监管方式。其中对于境内个人是个人物品直邮,不报关,抽检到交行邮税;而对于企业,则是报关清关入境,需海关三单核验。

3.9610-直购进口模式业务流程

消费者(订购人)在跨境电商平台上购买商品后,电子商务企业或平台企业、支付企业、物流企业分别向海关传输"三单信息",商品运抵海关监管作业场所(场地)后,电子商务企业或其代理人向海关办理申报和纳税手续。直购进口模式业务流程如图4-1-1所示。

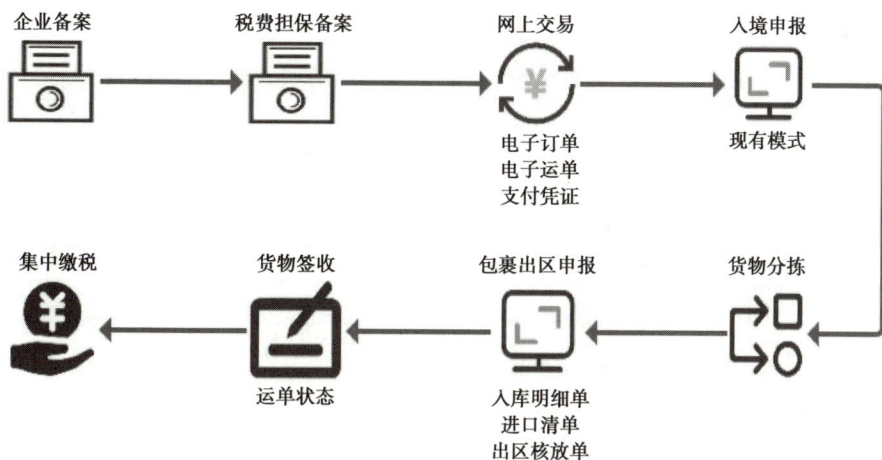

图4-1-1　直购进口模式业务流程图

二、1210-保税备货模式

1210全称保税跨境贸易电子商务,简称保税电商,俗称备货模式。境内电子商务企业将境外商品销售给境内个人消费者。在政策允许下设立跨境电商贸易试验区,支持保税进口模式,需要海关三单核验。

1.1210-保税备货模式的特点

①物流时效性强。销售的商品提前存储在国内保税仓,当消费者下达订单后,保税仓会根据订单办理报关、拣货、包装和出库业务,最后配送到消费者手里。

②在海关保税监管下有利于提前批量备货,交易成本较低。提前批量备货,在总体的物流运输和仓储成本上进一步减低,从而降低整个交易成本。

③响应售后服务,支持消费者退货,提高消费者体验和满意度。支持消费者退货到保税物流中心。

④保税通关对报税人要求比较高,需要报关企业具备一定的信息化能力。

保税通关的信息化主体包括保税物流中心、电商平台、第三方快递运输系统和申报平台,要求各业务方实现信息的对接,提高清关和配送效率。

2.1210-保税备货模式的适用范围

该监管方式适用于境内个人或电子商务企业在经海关认可的电子商务平台实现跨境交易,并通过海关特殊监管区域或保税监管场所进出的电子商务零售进出境商品。海关特殊监管区域、保税监管场所与境内区外(场所外)之间通过电子商务平台交易的零售进出口商品不适用该监管方式。"1210"监管方式用于进口时仅限经批准开展跨境贸易电子商务进口试点的海关特殊监管区域和保税物流中心(B型)。海关特殊监管区域包括保税区、出口加工区、保税物流园区、跨境工业园区、保税港区和综合保税区。"保税仓库"属于保税监管场所,是不属于1210监管方式范围内的。

适用"网购保税进口"(监管方式代码1210)进口政策的城市包括天津、上海、重庆、大连、杭州、宁波、青岛、广州、深圳、成都、苏州、合肥、福州、郑州、平潭、北京、呼和浩特、沈阳、长春、哈尔滨、南京、南昌、武汉、长沙、南宁、海口、贵阳、昆明、西安、兰州、厦门、唐山、无锡、威海、珠海、东莞、义乌37个城市(地区)。

3. 1210-保税备货模式业务流程

商家企业将境外商品批量备货至海关监管下的保税仓库,即海关特殊监管区域或保税物流中心(B型),当消费者下单后,电商企业根据订单为每件商品办理海关通关手续,在保税仓库完成贴面单和打包,经海关查验放行后,由电商企业委托国内快递派送至消费者手中。每个订单都会附有海关单据。换句话说,就是先备货(物流),后订单。保税备货模式业务流程如图4-1-2所示。

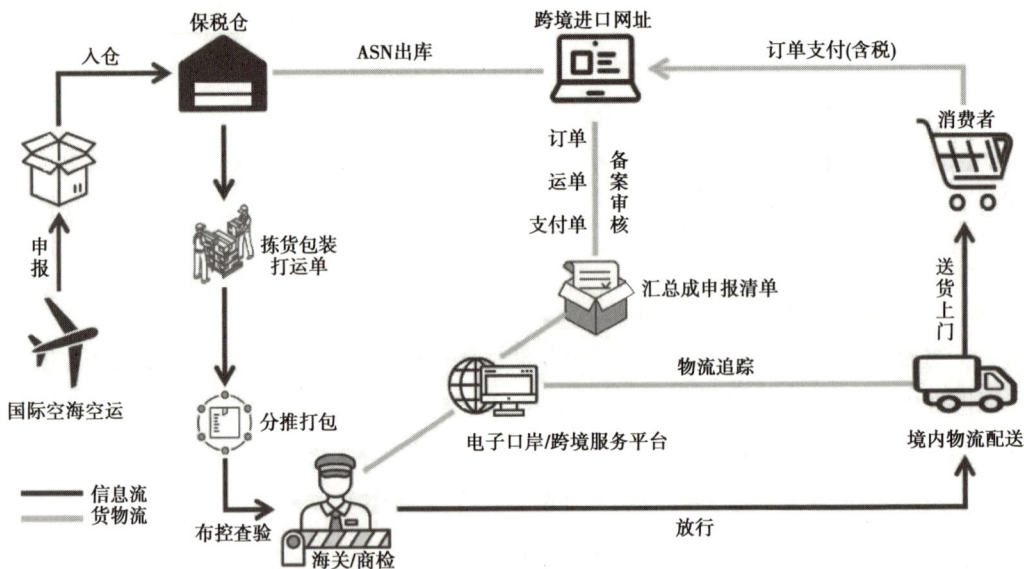

图4-1-2 保税备货模式业务流程图

操作起来比9610要简单得多,跨境电商网站可以将尚未销售的货物整批发至国内保税物流中心,再进行网上的零售,卖一件,清关一件,没卖掉的就不能出保税中心,但也无须报关,卖不掉的还可直接退回国外。

三、1239-保税电商A

1239全称保税跨境贸易电子商务A,简称保税电商A,适用于境内电子商务企业通过海关特殊监管区域或保税物流中心(B型)一线进境的跨境电子商务零售进口商品。

企业完成备案及通关手续,电商货物批量入境,进入海关监管场所或保税监管区域,网上产生订单后,在区内打包并申报清单,捆绑车辆配送出区,事后集中缴纳税款。

1.1239-保税电商 A 模式的特点

①企业提前备货至保税仓,当有订单后,可立即从保税仓库发货,整体物流成本降低;

②有海关监管,流程规范,通关效率较高;

③享受售后服务,在国内进行,退货手续简单,加强消费者的体验感;

④保税通关对报税人要求比较高,需要报关企业具备一定的信息化能力。

保税通关的信息化主体包括保税物流中心、电商平台、第三方快递运输系统和申报平台,要求各业务方实现信息的对接,提高清关和配送效率。

2.1239-保税电商 A 模式的适用范围

与"1210"监管方式相比,1239 的监管方式适用于境内电子商务企业通过海关特殊监管区域或保税物流中心(B 型)一线进境的跨境电子商务零售进口商品。

同时,区别于"1210"监管方式的是上海、杭州、宁波、郑州、重庆、广州、深圳、福州、平潭、天津 10 个试点城市暂不适用"1239"监管方式开展跨境电子商务零售进口业务。对于需要提供通关单的其他城市(非试点城市),采用新代码 1239。

3.1239-保税电商 A 模式的操作流程

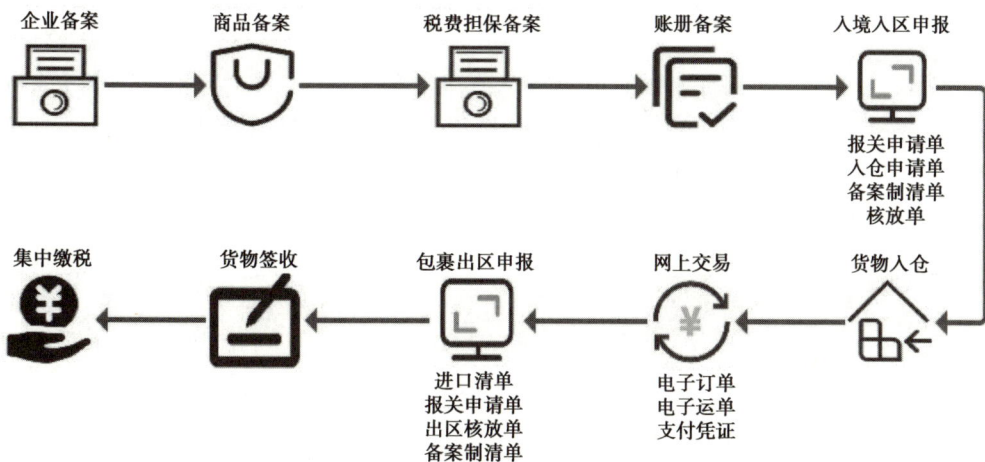

图 4-1-3 保税电商 A 业务流程图

①首先企业完成备案通关手续;

②接着对入境的商品进行备案通关手续;

③为税费担保备案;

④账册备案;

⑤入境入区申报,申报的单据包括报关申请单、入仓申请单、备案制清单、核放单;

⑥把商品存放到保税仓内;

⑦网上交易,消费者通过跨境电商平台上进行下单购买,从而产生电子订单、电子运单、支付凭证;

⑧消费者购买的商品进行出库申请,涉及的单据包括进口清单、报关申报单、出区核放

单、备案制清单；

⑨商品发货，配送至消费者手中；

⑩集中缴税。

四、跨境电商零售进口模式对比

表 4-1-1　跨境电商零售进口模式对比

比较项目	9610-直购进口	1210-网购保税进口	1239-网购保税进口 A
实施范围	没有实施城市的限制，需要在符合海关规范要求的监管作业场所（场地）进行	所有自贸试验区、跨境电商综试区、综合保税区、进口贸易促进创新示范区、保税物流中心（B型）所在城市（及地区）及海南全岛的区域（中心）	1210 适用范围之外的区域（中心）
商品进口要求	按个人自用进境物品监管，不执行有关商品首次进口许可批件、注册或备案要求	按个人自用进境物品监管，不执行有关商品首次进口许可批件、注册或备案要求	按照《跨境电子商务零售进口商品清单（最新版）》尾注中的有关要求执行：网购保税商品"一线"进区时需按货物监管要求执行，"二线"出区时参照个人物品监管要求执行；依法需要执行首次进口许可批件、注册或备案要求的化妆品、婴幼儿配方奶粉、药品、医疗器械、特殊食品（包括保健食品、特殊医学用途配方食品等），按照国家相关法律法规的规定执行
正面清单	按照正面清单及备注列明使用范围管理，备注栏提示"仅限网购保税商品"的不适用	按照正面清单管理	按照正面清单管理
物流方式	商品在国外打包，通过国际物流运输至国内海关监管作业场所，按照小包逐个向海关申报，海关放行后派送至消费者	以国际物流方式批量运至区域（中心），海关实施账册管理，待国内消费者下单后，再派送至消费者	
适用电商主题	适用于销售品类宽泛琐碎，不易批量备货的跨境电商企业	适用于品类相对专注、备货量大的跨境电商企业	

根据商务部等 6 部委《关于扩大跨境电商零售进口试点、严格落实监管要求的通知》（商财发〔2021〕39 号）将"1210 网购保税进口"的实施范围扩大到几乎涵盖所有区域（中心）所在的城市（地区），意味着"1239 网购保税进口 A"的模式将逐步退出历史舞台。

各通关模式之间的区别：

①9610 是给跨境电商的海关监管代码，1210 是给入驻保税区（B 型保税物流中心）的跨境电商的海关监管代码。

②9610 是已经售出的商品，存放的是保税仓库的暂存区，等待清关和国内运输；1210 和 1239 是尚未销售的商品，存放在保税仓库，需要等待销售完成之后，才会清关，再运输到消费者手中。即 1210 是跨境备货，9610 是跨境集货。

③1210 和 1239 都是保税方式，但针对的城市不同，是海关用于方便自身工作，内部的监管所致，对行业并无重大影响，主要还是为了方便海关监管，对于企业其实只是新政前 37 个城市不需要通关单，新政后的城市企业报关需报 1239，是需要通关单的。

◎ 知识加油站

进口奶粉是宝爸宝妈为孩子囤积口粮的主要选择之一，目前，从进口渠道来分，主要是有两种：一种是通过一般贸易渠道进口的奶粉；一种是通过跨境电商平台购买或者海外直邮进境的奶粉。那么问题来了，这两种渠道购买的进口奶粉到底有什么区别呢？具体内容请扫描二维码查看。

进口奶粉的那些事儿

◎ 任务实施

【任务要求】

请同学们搜索了解跨境进口通关模式相关的政策和案例，根据引导问题逐步学习、研讨，使用网络和市场调研等方式，最终以 PPT 形式分组汇报实训成果。

【任务分组】

同学自由分组，4~6 人为一组。

表 4-1-2　学生任务分配表

班　级		组　号			指导老师	
组　长		学　号				
组　员	姓　名	学　号		姓　名		学　号
任务分工						

【任务计划与实施】

引导问题 1：跨境电子商务进口通关模式包括哪几种?

引导问题 2：9610-直购进口模式的特点是什么?

引导问题 3：1210-保税备货模式通关的适用范围包括哪些?

引导问题4：请简单描述1239-保税电商A模式的操作流程。

引导问题5：请比较跨境电商零售进口模式9610、1210和1239三者区别。

◎课程思政

请扫码查看进口通关模式相关的政策公告。为做好跨境电子商务零售进出口商品监管工作,促进跨境电子商务健康有序发展。海关总署公告2018年第194号(关于跨境电子商务零售进出口商品有关监管事宜的公告)。

关于跨境电子商务零售进出口商品有关监管事宜的公告

【思政考核】

要求:请根据以下选项,选出正确的答案。

1.(多选题)网购保税进口业务:一线入区时以报关单方式进行申报,海关可以采取(　　)等方式加强对网购保税进口商品的实货监管。

　　A.视频监控　　　　　B.联网核查　　　　　C.实地巡查　　　　　D.库存核对

2.(多选题)以下城市适用"网购保税进口"(监管方式代码1210)进口政策的有(　　)。

　　A.天津　　　　　　　B.上海　　　　　　　C.重庆　　　　　　　D.东莞

3.(单选题)跨境电子商务企业、消费者(订购人)通过跨境电子商务交易平台实现零售进出口商品交易,应根据海关要求传输相关交易电子数据的,接受海关监管,不应当出现以下行为(   )。

A.跨境电子商务企业、物流企业等参与跨境电子商务零售出口业务的企业,应当向所在地海关办理信息登记

B.跨境电子商务零售商品进口时,跨境电子商务企业境内代理人或其委托的报关企业应提交《中华人民共和国海关跨境电子商务零售进出口商品申报清单》

C.跨境电子商务零售进口商品消费者(订购人)为纳税义务人,履行纳税义务

D.跨境电子商务企业应该对商品安全、知识产权等承担责任;消费者(订购人)对于已购买的跨境电子商务零售进口商品无质量问题可进行二次销售

◎ 考核评价

根据考核内容,学生完成自我小结并进行自评打分,教师根据学生活动情况进行点评并完成教师打分,最后按自评分×40% +教师评分×60% 计算得分。

表 4-1-3 考核评价表

项目四	任务一 进口通关模式				
班 级		团 队		姓 名	
评价类别	考核内容		分 数	自 评	教师评分
知识素养	认知进口海关监管方式的类别		10		
	掌握几种进口通关模式的特点		10		
	掌握进口通关模式的适用范围		10		
	掌握对跨境电商零售进口模式进行比较		10		
职业技能	能够熟知进口通关模式含义		10		
	能够分析 9610、1210、1239 的特点		10		
	能够分析跨境电商零售进口模式之间的区别		10		
职业素养	具有团队合作精神,小组能够协调分工完成任务		10		
	具有创新意识、创新精神,能够在进口通关模式中提出自己的观点		10		
	具备网络信息搜集能力,能够在网上搜索有关进口海关清关的新知识		10		
小 计			100		
合计 = 自评分×40% +教师评分×60%					

任务二　进口商品税率计算

自 2016 年开始,跨境电商迈入了一个新的时代,迎来了新的税务政策。货物或物品的合规入境方式划分为一般贸易进口、跨境电商进口和行邮物品。跨境电商进口的税率可以分为行邮税和跨境电商进口综合税。

那么跨境进口的商品需要缴纳什么税呢? 进口税率又该如何计算呢?

◎ 知识点

一、一般贸易进口税

一般贸易进口货物是海关监管货物的一种。根据《海关法》规定,货物或运输工具入境时,其收货人或其代理人必须向进出境口岸海关请求申报,交验规定的证书和单据,接受海关人员对其所报货物和运输工具的查验,依法缴纳海关关税和其他由海关代征的税款,然后才能由海关批准货物和运输工具的放行。

税收政策适用于一般贸易方式报关进口的批量货物。计征方法分为从价税、从量税、复合税和滑准税。税率分为最惠国税率、协定税率、特惠税率、普通税率、关税配额税率、暂定税率等,结合货物原产地、种类及其他申报材料确定。

进口缴税主要有三种:关税、增值税和消费税。

1. 关税

关税是世界各国海关对进出境的货物或物品普遍征收的一种税。计算处于进口环节计税的最基础地位,进口货物关税计算有从价、从量、复合三类。在关税从价计税的计算中,存在影响关税计算结果的两个重要因素——关税的税率及运用;关税的完税价格。

2. 增值税

我国税法规定,进口环节的增值税按照组成计税价格和规定的增值税税率计算应纳税额,不得抵扣任何进项税额,由海关代征。

3. 消费税

消费税是以特定消费品为课税对象所征收的一种税,目的是为了调节产品结构、引导消费方向,特定消费品包括一些过度消费有害健康、环境的产品,如烟、酒;奢侈品、非生活必需品;高能耗及高档消费品;不可再生和替代石油类消费品等。

进口环节税包含进口环节海关征收的关税和代征的增值税、消费税。从价计征时,一般贸易进口环节综合税计算方法如下:

$$关税 = 关税完税价格 \times 适用税率$$

$$消费税 = [(完税价格 + 关税税额) \div (1 - 消费税税率)] \times 消费税税率$$

$$增值税＝（完税价格＋关税税额＋消费税税额）×增值税税率$$

◎ 知识加油站

征收关税的目的

【财政关税】

以增加国家财政收入为主，通常向外国生产，国内消费需求大的产品征收，税率适中。多为发展中国家采用，对工业发达国家已经不再重要。

征收财政关税的条件：

①商品的进口需求缺乏弹性。

②税率不宜过高。

③税率高到了完全禁止进口的程度，就是禁止性关税。

【保护关税】

为保护国内经济行业、农业等而征收。

二、跨境电商综合税

1. 跨境综合税依据

从 2016 年 4 月 8 日开始，财政部、海关总署、国家税务总局联合发布实施《关于跨境电子商务零售进口税收政策的通知》，将关税、进口环节增值税、消费税、三税合并征收，税率普遍低于同类进口货物的综合税率，在限值以内的跨境电子商务零售进口商品，关税税率暂设为 0%，进口环节增值税、消费者取消免税税额，暂按法定应纳税额度的 70% 征收。

2. 跨境综合税计算公式

跨境电商综合税＝（关税＋消费税＋增值税）×70%

跨境电商综合税率＝[（消费税率＋增值税率）/（1－消费税率）]×70%

关税＝申报价值×关税税率，跨境电商进口商品暂行关税税率为 0%

消费税＝（完税价格/（1－消费税税率））×消费税税率

增值税＝（完税价格＋消费税税额）×增值税税率

3. 跨境综合税减税政策

2018 年 3 月 28 日，国务院总理李克强主持召开国务院常务会议，确定深化增值税改革措施。从 2018 年 5 月 1 日起，制造业等行业增值税税率将从 17% 降至 16%，交通运输、建筑、基础电信服务等行业及农产品等货物的增值税税率将从 11% 降至 10%。

2019 年 1 月 1 日，海关公告《关于完善跨境电子商务零售进口税收政策的通知》，规定单次交易限值由 2 000 元提高到 5 000 元，年度限额由 2

万元提高到 2.6 万元。

消费者单次购买商品的完税价格超过 5 000 元限值,年度累计购买额(含本次交易)在 2.6 万元限值以内,且订单下仅一件商品时,可以从跨境电商零售进口渠道进口,但要按照货物税率全额征收关税和进口环节增值税、消费税。交易额计入年度交易总额,但年度交易总额超过年度交易限值的,应按一般贸易管理。

关于完善跨境电子商务零售进口税收政策的通知

◎ 知识加油站

新政单次交易限制由 2 000 元提高到 5 000 元后,减少的税款计算明细如下(已完税价格 5 000 元的帽子为例):

旧政策:5 000 元的帽子是单件不可分割物品且超过 2 000 元,应按照一般贸易方式全额征税,关税、增值税计税常数为 27.6%,无消费税。应缴税款 = 5 000×27.6% = 1 380 元。

新政策:提高跨境电商渠道单次交易限值后,5 000 元的帽子可以通过跨境电商渠道进口,关税免征、增值税 16% 打七折征收,无消费税。应缴税款 = 5 000×16%×70% = 560 元。

对比之后节省了 820 元。

2019 年 3 月 20 日,财政部、税务总局和海关总署联合公告 2019 年第 39 号《关于深化增值税改革有关政策的公告》。我国对进口货物普遍征收增值税,征收标准与国内产品一致。此次下调增值税税率距上次调整不到一年时间。2018 年 5 月 1 日,我国将原增值税税率 17% 和 11% 调整为 16% 和 10%,本次又从 16%、10% 分别下调至 13%、9%。与此同时,备受消费者关注的跨境电商零售进口增值税税率也同步下调。

关于深化增值税改革有关政策的公告

根据《国务院关税税则委员会关于 2021 年关税调整方案的通知》(税委会〔2020〕33 号),自 2021 年 1 月 1 日起对部分商品的进口关税税率等进行调整。

调整方案主要内容包括:

①调整进口关税税率,包括最惠国税率、关税配额税率、协定税率和特惠税率。

②继续实施现行出口关税税率。

③调整税则税目。

◎ 知识加油站

关于执行2021年关税调整方案的公告

小明在淘宝海外旗舰店给儿子买了罐奶粉,购买价格为 240 元,计算缴纳进口环节跨境电商综合税为多少?

跨境电商综合税率=[（0%+13%）/（1-0%）]×70%=9.1%

跨境电商综合税=240×9.1%=21.84元

三、行邮税

行邮税是行李和邮递物品进口税的简称，是海关对入境旅客行李物品和邮递物品征收的进口税，包括关税以及进口环节的增值税、消费税，是三者合一的替代税种。"行"指的是入境时旅客随身携带的行李物品；"邮"指的是通过邮政渠道从国外邮寄到国内的物品。

1. 行邮税的征收依据

《中华人民共和国进出口关税条例》第五十六条规定："进境物品的关税以及进口环节海关代征税合并为进口税，由海关依法征收。"

跨境电商进口综合税包括进口关税、消费税、增值税。

2. 行邮税的功能特点

行邮税的征管工作是海关征税工作的重要组成部分，也是海关贯彻国家税收政策的一个重要方面。通过征收行邮税，对一些国内外差价较大的重点商品根据不同的监管对象予以必要和适当的调控，既能有效地发挥关税的杠杆作用，又能增加国家的财政收入，为国家建设累计资金。其主要特点为：

①需要纳税的是进境物品；

②关税和进口环节海关代征税合二为一；

③设有单独的税率表，根据物品类别的划分设有相应的单一的进口税率。

3. 行邮税的计算方法

行邮税的计算方法如下：

$$行邮税=完税价格×税率$$

4. 行邮税减税政策

自2016年4月8日起，根据国家财政部、海关总署、国家税务总局联合发布的《关于跨境电子商务零售进口税收政策的通知》将行邮税的税率分档由原来的10%、20%、30%和50%调整为15%、30%、60%。

2018年11月1日起，行邮税税率分档调整为15%、25%、50%。

2019年4月8日，为了促进扩大进口和消费，国务院关税税则委员会出台规定，从2019年4月9日起，调降对个人携带进境的行李和邮递物品征收的行邮税税率，行邮税税率分档调整为13%、20%、50%。其中对食品、药品等商品，税率由15%降至13%；纺织品、电器等由25%降为20%。

行邮税是对个人携带、邮递进境的物品关税、进口环节增值税和消费税合并征收的进口税。为维持公平竞争的市场环境，行邮税各税目税率应与归入该税目商品的同类进口货物综合税率大体一致。

根据调整,税目1、2 的税率将分别由现行 15%、25% 调降为 13%、20%。调整后,行邮税税率分别为 13%、20%、50%。适用于 13% 一档的物品包括书报、食品、金银、家具、玩具和药品。适用于 20% 一档的物品包括运动用品(不含高尔夫球及球具)、钓鱼用品、纺织品及其制成品。适用于 50% 一档的物品包括烟、酒、贵重首饰及珠宝玉石、高档手表、高档化妆品。

表 4-2-1　行邮税税率分档调整

税目序号	物品名称	税率/%
1	书报、刊物、教育用影视资料;计算机、视频摄录一体机、数字照相机等信息技术产品;食物、饮料;金银;家具;玩具,游戏品、节目或其他娱乐用品;药品①	13%
2	运动用品(不含高尔夫球及球具)、钓鱼用品;纺织及其制成品;电视摄像机及其他电器用具;自行车;税目1、3 中未包含的其他商品	20%
3②	烟、酒;贵重首饰及珠宝玉石;高尔夫球及球具;高档手表;高档化妆品	50%

但并不是所有税目1 的药品都按 13% 征行邮税。通知对税目1"药品"的注释作了修改:对国家规定减按 3% 征收进口环节增值税的进口药品(目前包括抗癌药和罕见病药),按照货物税率征税。与此前相比,本次调整扩大了按较低税率征税的药品范围。

四、不同进口模式下的税费对比

从 2016 年 4 月 8 日开始,新的跨境电商税收政策开始实施。自此,一件商品从海外发货至国内,合规的入境方式主要有三个:一般贸易、跨境电商、行邮通道。对比如下:

表 4-2-2　不同进口模式下的税收对比

入境方式	商品状态	税　收	特　征
一般贸易	货物	关税/增值税/消费税	按现行规定办理
跨境电商	个人货物	(增值税+消费税)×70%	"三单"对碰
行邮通道	个人物品	行邮税	身份证/运单/购物小票

注:1."个人货物"是为了区别一般贸易下的货物和行邮通道下的个人物品而创造的,在官方文件中仅显示为货物;

2. 本文所指的行邮通道,是指严格按照海关要求进行申报通关的入境方式,并非低报、漏报、瞒报等灰色通关方式。

---

① 对国家规定减按 3% 征收进口环节增值税的进口药品,按照货物税率征税。
② 税目3 说列商品的具体范围与消费税征收范围一致。

表 4-2-3　跨境电商、一般贸易及行邮通道的税收区别

税　种	征税范围	计算公式（从价计征为例）	一般贸易	邮件快递	跨境电商
关税	进出口货物	商品完税价格＝商品价格＋国际运费＋报费税额＝应税货物数量×商品完税价格×关税税率	√	×	×
消费税	进口货物，主要是烟、酒、化妆品、首饰等	计税价格＝（商品完税价格＋完税）÷（1－消费税率）税额＝商品计税价格×消费税税率	√	×	70%
增值税	进口货物	税额＝商品计税价格×增值税税率	√	×	70%
行邮税	入境个人物品	税额＝商品完税价格×商品行邮税（综合税）	×	√	×

表 4-2-4　不同通关模式下的税率

商　品	一般贸易货物			个人行邮物品	跨境电商
	关税（最惠国）	消费税	增值税	行邮税	综合税 70%
电子产品、母婴奶粉、日化护肤品、服装鞋帽等	5%～10%	0	13%	13%	11.9%
红酒	14%	10%	13%	50%	18.9%
高档手表及饰品	11%	20%	13%	50%	25.9%
彩妆及高档化妆品	10%	30%	13%	50%	32.9%

下面我们以红酒、奶粉、香水为例，对 B2B、B2C 以及 C2C 适用的不同税制进行比较和分析（以下案例均假设跨境综合税征税的交易金额在限值以内）。

【案例1】假设要进口的红酒 10 瓶，完税价格 200 元/瓶。

①一般贸易：

关税＝应税货物数量×商品完税价格×关税税率＝10×200×14%＝280（元）

计税价格＝（商品完税价格＋完税）÷（1－消费税率）＝2 280/0.9＝2 533.33（元）

消费税＝商品计税价格×消费税税率＝253.33（元）

增值税＝商品计税价格×增值税税率＝2 280×0.13＝296.4（元）

一般贸易合计缴纳的税收：280＋253.33＋296.4＝829.73（元）

②跨境综合税：

税额＝10×200×0.189＝378（元）

③行邮税（假定允许带 10 瓶，有 5 个人带）：

税额＝10×200×0.5＝1 000（元）

结论:跨境综合税≤一般贸易进口税≤行邮税。

对于红酒来说,作为跨境电商进口货物所缴的税额比较低。

【案例2】某品牌奶粉,海外进价80元,国内售价120元,关税税率5%,增值税税率13%,无消费税。

①一般贸易:

关税=80×5%=4(元)

增值税=120/1.13×13%=13.8(元)(进口环节缴纳的增值税在销售时作为进项抵扣)

一般贸易合计缴纳的税收=4+13.8=17.8(元)

②跨境综合税:

进口税收=120×13%×70%=10.92(元)

③行邮税:

行邮税=120×13%=15.6(元)≤50(元),免征。

结论:行邮税≤跨境综合税≤一般贸易税。

对于奶粉来说,作为行邮税进口货物所缴的税额比较低。

【案例3】某高档香水,海外进价80元,国内售价320元,关税税率5%,增值税13%,消费税15%。

①一般贸易:

关税=80×5%=4(元)

增值税=320/1.13×13%=36.81(元)(进口环节缴纳的增值税在销售时作为进项抵扣)

消费税=(80+80×5%)/(1−15%)×15%=14.82(元)

一般贸易合计缴纳的税收=4+36.81+14.82=55.63(元)

②跨境综合税:

进口税收=320×(13%+15%)×70%=62.72(元)

③行邮税:

行邮税=320×50%=160(元)。

结论:一般贸易税≤跨境综合税≤行邮税。

对于香水来说,作为一般贸易进口货物所缴的税额比较低。

【总结分析】

①若货物价值低,在行邮税的免征范围内(50元起征点内),行邮税都优于跨境电商综合税,则C2C平台可以充分发挥免税优势,如上例2中的奶粉等产品;

②若货物单价高又属于消费税的征税范围,且不属于行邮税的免税范围,行邮税大都高一般贸易进口和跨境电商进口,则B2B跨境电商采用一般贸易方式比较节税;

③若货物单价在一定的区间,导致限值内的跨境综合税免征关税、减征增值税、消费税的优势得到发挥,且不属于行邮税的免税范围。这个时候,对于大部分商品来说,跨境电商税额略微高于一般贸易进口,但二者相差不大,如化妆品等,则 B2C 跨境电商与其他两类相比有明显的税收成本优势。但对于某些商品来说,一般贸易进口税额要高于行邮税税额和跨境电商综合税额,例如保健品。

对此,当我们在比较一般贸易税、跨境电商综合税、行邮税时,需要针对具体的产品来分析。

【注意】

我们在实际比较时,切不可直接比较税率,原因有二:

①行邮税有 50 元的起征点,而跨境电商综合税没有;

②行邮税和跨境电商综合税的完税价格是零售价,而一般贸易进口的完税价格是 CIF 价。

◎ 知识加油站

跨境电商税收政策历史沿革

①财政部、海关总署、国家税务总局《关于跨境电子商务零售进口税收政策的通知》(财关税〔2016〕18 号)规定了跨境电子商务零售进口的税收政策。

②海关总署 2016 年第 26 号公告,规定了对跨境电子商务零售进出口商品的监管政策,主要包括适用范围、企业管理、通关管理、税收管理、物流监管、退货管理和其他事项。

③2018 年 3 月 28 日,国务院总理李克强主持召开国务院常务会议,确定深化增值税改革的措施,进一步减轻市场主体税负。

④财政部、海关总署、税务总局印发通知《关于完善跨境电子商务零售进口税收政策的通知》财关税〔2018〕49 号。

⑤财政部、税务总局和海关总署联合公告 2019 年第 39 号《关于深化增值税改革有关政策的公告》。

⑥海关总署公告 2020 年第 135 号(关于执行 2021 年关税调整方案的公告)。

◎ 任务实施

【任务要求】

请同学们熟悉跨境进口商品税率的计算方法。根据引导问题逐步学习、研讨,使用网络市场调研等方式,最终以 PPT 形式分组汇报实训成果。

【任务分组】

同学自由分组,4~6 人为一组。

表 4-2-5 学生任务分配表

班　级		组　号		指导老师	
组　长		学　号			
组　员	姓　名	学　号	姓　名	学　号	
任务分工					

【任务计划与实施】

引导问题1:若重庆某4S店企业从国外进口一批高级轿车,除了要缴纳进口关税外,是否还需要缴纳其他的税费? 具体有哪些税费需要缴纳?

引导问题2:某公司进口货物一批,经海关审批其口岸折合人民币102 400元。已知这批货物的关税税率为20%,消费税率17%。请计算应征消费税税额。

引导问题 3: 国内某公司从香港购进日本产轿车 10 辆,成交价格合计为 FOB 香港 120 000 美元,实际支付运费 5 000 美元,保险费 800 元。已知小轿车的汽缸容量 2000cc。使用中国银行的外汇折算价为 1 美元＝人民币 6.433 9 元,请你计算应征进口关税。

引导问题 4: 某公司进口一批货物,经海关审核其成交价格为 1 239.50 美元,其使用与中国银行的外汇折算价为 1 美元＝人民币 6.571 8 元。已知该批货物的关税税率为 12%,消费税税率为 10%,增值税税率为 17%,请计算应征增值税税额。

引导问题 5: 某公司从德国进口钢铁盘条 100 000 千克,其成交价格为 CIF 天津新港 125 000 美元,求应征关税税款是多少?

1. 审核申报价格,符合"成交价格"条件,确定税率。

2. 根据填发税款缴款书日的外汇牌价,将货价折算成人民币。

3. 计算关税税款。

◎ **课程思政**

关税调整方案是在海关进出口税则规定的进口优惠税率和出口税率的基础上,对某些进出口产品实施的更为优惠的关税税率,一般按照年度制定。为了鼓励进口更好地满足国内消费需求,2021 年我国新增或减低了部分商品的进口关税。相关规则请扫描二维码查看。

关于执行2021年关税调整方案的公告

【**思政考核**】

要求:请根据以下选项,选出正确的答案。

1.(单选题)当最惠国税率(   )协定税率时,协定有规定的,按相关协定的规定执行。

    A. 高于   B. 高于或等于   C. 低于   D. 低于或等于

2.(单选题)继续对与我建交并完成换文手续的最不发达国家实施(   ),适用商品范围和税率维持不变。

    A. 协定税率   B. 特惠税率   C. 最惠国税率   D. 关税配额税率

3.(单选题)继续对小麦等 8 类商品实施关税配额管理,税率不变。其中,对尿素、复合肥、磷酸氢铵 3 种化肥的配额税率继续实施(   )的暂定税率。

    A.1%   B.3%   C.4%   D.7%

4.(多选题)根据我国与有关国家或地区签署的贸易协定或关税优惠安排,除此前已经国务院批准实施的协定税率外,自 2021 年 1 月 1 日起,进一步下调中国与(   )的双边贸易协定和亚太贸易协定的协定税率。

    A. 新西兰   B. 秘鲁   C. 哥斯达黎加

    D. 瑞士   E. 冰岛

◎ **考核评价**

根据考核内容,学生完成自我小结并进行自评打分,教师根据学生活动情况进行点评并完成教师打分,最后按自评分×40% +教师评分×60% 计算得分。

表 4-2-6　考核评价表

项目四	任务二　进口商品税率计算				
班　级		团　队		姓　名	
评价类别	考核内容	分　数	自　评	教师评分	
知识素养	掌握一般贸易进口税的概念和算法	10			
	掌握行邮税的概念和算法	10			
	掌握跨境电商综合税的概念和算法	10			
	了解跨境电商税收政策的历史沿革	5			
	比较不同进口模式下的税费区别	10			
职业技能	能够熟知各种进口商品税率的计算规则	10			
	能够分析不同进口模式下的税费对比	10			
	能够进行进口商品税率的计算	10			
职业素养	具有团队合作精神,小组能够协调分工完成任务	5			
	具备较强理解能力及实践能力,能够结合案例分析商品税率的计算	10			
	具备资源整合、借鉴使用的能力,能够借助外部资源、借鉴案例的经验,运用到实践计算当中	10			
小　计		100			
合计＝自评分×40％＋教师评分×60％					

任务三　进口海关清关与操作

在本模块的跨境进口物流操作的任务一中,我们已经学习了进口通关模式。本任务将指引我们继续学习进口海关的清关及相关操作。

◎知识点

一、进口清关

1.进口清关含义

进口是指将货物从境外移送至我国境内的行为。税法规定,凡进入我国海关境内的货物,应于进口报关时向海关缴纳进口环节增值税。

清关即结关,是指进口货物、出口货物和转运货物进入或运出一国海关关境或国境必须向海关申报,办理完海关规定的各项手续,履行各项法规规定的义务。只有在履行各项义务,办理海关申报、查验、征税、放行等手续后,货物才能被放行,货主或申报人才能提货。

2.进口清关流程

(1)确认订单、合同和发货日期

确认订单——确认货物价格、货量。

确认合同——确认好合同的成交条款、最终发货量、货物价格、最晚出运船期。

(2)通知国内代理,联系货代

通知国内代理,联系国内货代准备清关单证。

清关单证包括:B/L(海运提单)、发票、装箱单、合同、原产地证、质检证书、包装声明等(清关单证需根据具体的品名,进口国家等具体而定)。

(3)清关流程

①换单:去货代或船公司换签 D/O(根据手中提单来确定是到何处换单,HB/L 货代提单 MB/L 船东提单);

②电子申报:电脑预录、审单、发送、与海关联系/放行;

③报检:电子申报放行后,凭报关单四联中的一联去商检局办理报价手续,出通关单或敲三检章;

④现场交接单:海关现场交接单;

⑤查验:海关根据货物申报品名的监管条件与当日查验概率给予查验,如有查验会开出查验通知书;

⑥放行:海关放行有以下几个步骤:

A.一次放行;

B.开出查验通知书或无查验直接两次放行;

C. 查验后,做关封后放行。

(4)运输

运输前需注意是否商检局开具动卫检查验联系凭条。如有动卫检查验,则需提前半个工作日预约。动卫检查验必须去查,逃检所产生的费用是人民币2万~5万或暂停其单位报检资格。车队需在港区排提货计划,如港区计划、理货、放行计划等,一般情况是提前1个工作日排计划。

(5)入库分销

收货人收到货物后安排仓储、分销出运,将税单送到税务局抵扣增值税。进口海关监管货物则在其监管期限内不得转让,如需转让则需向海关再次申报。

二、进口海关清关流程

1. 进口海关清关操作流程

(1)国内成立关联公司

需要在国内注册公司,用于在国内开展销售业务,并且用于在海关备案,每个跨境试点城市都有自己的跨境电商公共服务平台,以供商家注册、备案。

(2)海关备案

电商企业/电商平台进行企业备案和商品备案,办理税前保证金,由海关/商检进行审批;审批通过后,备案完成。

(3)发货入仓

电商企业/电商平台提供报关单给报关行,境外发货至境内口岸,保税仓提货转关,进入保税区申报,海关/商检查验放行。

(4)商品上架、消费者下单

跨境电商企业进行商品上架,消费者下订单后,电商企业根据订单为商品办理海关、检验检疫等通关手续,并通过跨境贸易电子商务平台与海关监管系统进行订单信息、支付信息、物流信息的数据交换,以个人物品形式申报出区并代为缴纳行邮税。

(5)委托清关

清关服务平台将支付单、订单、物流单、清单进行初步校验,通过后报送关、检、税、汇各管理部门业务系统。

(6)通关

海关将订单、物流单、支付单、清单进行比对,审核通过后,电商企业委托物流公司将商品装箱打包,贴上订单,通过国内快递系统直接派送到消费者手中。

2. 三单对碰

三单对碰,又称三单合一、三单核验、三单对比等,开展跨境电商进口业务的企业应当按照规定向海关传输交易、支付、物流等数据,由海关校验每一笔交易订单信息和消费者信息的真实性,从而促进跨境电商合规化发展。

(1)订单申报

跨境商家或平台,通过 ERP 对接跨境电商通关服务平台向监管部门推送订单信息。

(2)支付单申报

由 ERP 对接支付公司,推送订单,支付公司通过跨境电商通关服务平台向监管部门推送支付信息。

(3)运单申报

由 ERP 对接物流企业 WMS,通过跨境电商通关服务平台向监管部门推送物流信息。

(4)清单申报

包含订单、商品、支付、物流的相关信息,由仓储/物流企业通过跨境电商通关服务平台向监管部门推送清单信息。

(5)三单对碰流程

海关对"三单"信息和清单信息(即订单、支付单、运单中的订购人信息、收件人信息,清单中的订购人信息、收件人信息,商品及价格信息)进行数据比对,核验通过后,保税仓发货,信息回传到跨境 ERP,物流信息反馈到跨境商城,消费者据此了解进度。

(6)校验通过条件

海关系统会按照以下规则对信息进行校验,确认是否放行。

①订单、支付单、物流单匹配一致;

②电商平台、电商企业备案信息真实有效;

③订购人姓名、身份证号匹配查验一致。订购人年度购买额度 ≤ ¥26 000;

④单笔订单实际支付金额 ≤ ¥5 000;

⑤订单商品价格、代扣税金、实际支付金额等计算正确(允许5%误差);

⑥订单实际支付金额与支付单支付金额、支付人信息等一致。

三、进口报关程序

在进口报关阶段,需要办理海关包括申报、查验、征税和放行等手续后,货物才能放行,这样货主或申报人才能提货。对于特别监管的业务,需要在前期阶段进行备案工作,在后续阶段办理解除监管和销案手续。

1. 申报

由具有申报资格的报关公司、代理报关企业或自理报关企业及其报关员,在规定的申报期限内(进口货物在运输工具申报进境之日 14 日内)向海关提交报关单。申报地点分为进出境地、转关地、指定地点三种类型,由报关企业与海关协商选择。

应提交的申报单证包括：

（1）基本单证

如商业发票、装箱单、提单、运单、包裹单、减免税证明书等。

（2）特殊单证

如配额许可证、进出口货物许可证、机电产品进口证明以及商检、动植物检疫、药检检验报告书等。

（3）预备单证

如贸易合同、原产地证、授权书。

2. 查验

查验是指海关接受申报后，对进口货物进行实际核查，以确定货物真实情况是否与报关单内容一致，或确定商品归类、价格、原产地等。

查验的目的在于：

①核实单货是否一致；

②发现无证进口和走私、违规、逃漏税等问题；

③保证关税的依率征收，查验地点可以安排在口岸码头、车站、机场、邮局，或其他海关监管场所。

常见的海关查验方法包括彻底检查、抽查、外形查验等。查验时，报关人应代表货主到场，并交付有关费用。

3. 征税

进口货物税款包括进出口关税和进口环节海关代征税（主要包括增值税和消费税）。海关按照规定和国际惯例确定货物的完税价格，按照商品的归类原则、税目、税则号列、原产地、商品描述、适用税率和汇率计征进出口关税。

其中进口货物的完税价格指以海关审定的成交价格为基础的到岸价格，海关向报关人填发税款缴款书后，报关人应在限期内缴清。逾期不缴纳关税的，海关除依法追缴外，自到期之日起到缴清税款之日止，按日征收欠缴税款万分之五的滞纳金。海关发现多征税款的，向纳税人办理退税手续；货物放行后发现少征税款或漏征税款的，在1年内向纳税人补征税款。

4. 放行

放行指海关结束监管现场作业，准予进出口货物收发货人提取进口货物、装运出口货物的执法行为。除海关特准外，进出口货物在报关人缴清税款或者提供担保后，由海关签印放行。货物放行时，海关须在正本提单、运单上加盖放行章。海关放行后，报关人向海关办理必要的结关手续。

对于海关特别监管的业务，应在上述环节基础上，增加前期和后续阶段。前期阶段指应提前办理保税货物进口加工贸易备案手续（加工贸易电子账册、电子或纸质手册）、特定减免货物的减免税申请手续、暂准进出境货物进出口前的暂准进出境备案申请手续、出料加工备案手续等。后续阶段指应办理保税加工货物解除海关监管的手续、暂准进出境货物的复运出进境手续或正式进出口手续及销案手续、出料加工货物的销案手续。

◎ **任务实施**

【任务要求】

请同学们掌握跨境进口海关清关及操作流程，根据引导问题逐步学习、研讨，使用网络搜索和市场调研等方式，最终以PPT形式分组汇报实训成果。

【任务分组】

同学分组，以4~6人为一组。

表4-3-1 学生任务分配表

班 级		组 号		指导老师	
组 长		学 号			
组 员	姓 名	学 号	姓 名	学 号	
任务分工					

【任务计划与实施】

引导问题1：请对比快件与一般贸易的优劣。

引导问题 2:进口清关流程有哪些?

引导问题 3:什么叫三单对碰?

引导问题 4:请简述进口报关程序。

◎课程思政

为进一步优化优惠贸易协定项下进出口货物申报,海关总署决定将《中华人民共和国海关进(出)口货物报关单》有关原产地栏目的填制和申报要求调整。具体内容请扫描二维码查询。

中华人民共和国海关进(出)口货物报关单

【思政考核】

要求:请根据以下选项,选出正确的答案。

1.(多选题)选择"通关无纸化"方式申报的,进口商应当以电子方式向海关提交(   )等单证正本。

　　A.原产地证明　　　B.商业发票　　　C.运输单证　　　D.未再加工证明文件

2.(多选题)本公告中"原产地证明"是指相关优惠贸易协定原产地管理办法所规定的
（   ）。

  A.原产地证书 B.原产地范文 C.原产地声明 D.原产地单证

3.(多选题)越来越多的企业收到海关针对申报要素不规范的报关单提出的改单要求，
为什么企业需要规范填写报关单？（   ）

  A.根据《中华人民共和国海关报关单位注册登记管理规定》（海关总署令 2014 年第
   221 号），不符合商品规范申报要求会被记录为报关差错，报关差错率影响 AEO
   认证

  B.是企业认证的基础（分类管理→信用管理）

  C.是构建新型征纳关系，提高企业纳税遵从度的重要方式

  D.是汇总征税业务资信评估的基础

◎ 考核评价

  根据考核内容，学生完成自我小结并进行自评打分，教师根据学生活动情况进行点评
并完成教师打分，最后按自评分×40%＋教师评分×60%计算得分。

表 4-3-2　考核评价表

项目四	任务三　进口海关清关与操作			
班　级		团　队	姓　名	
评价类别	考核内容	分　数	自　评	教师评分
知识素养	了解进口清关的概念	10		
	掌握进口清关流程	10		
	了解进口海关清关操作流程	10		
	熟悉进口报关程序	10		
职业技能	能够理解进口清关的含义	15		
	能够分析进口海关清关流程	15		
	能够分析进口报关程序	15		
职业素养	具有团队合作精神，小组能够协调分工完成任务	5		
	具有创新意识、创新精神，能够在进口海关清关与操作中提出自己的观点	5		
	具备网络信息搜集能力，能够在网上搜索有关进口海关清关的新知识	5		
小　计		100		
合计＝自评分×40%＋教师评分×60%				

项目五　跨境物流绩效管理

◎情境导入

物流绩效是指在一定的经营期间内企业的物流经营效益和物流业绩。不同的跨境电商平台会对卖家物流业绩有不同的考核指标和考核标准，但无论如何考核，平台和卖家的共同目标都是为用户创造良好的购物体验。对跨境电商卖家来说，如何平衡销售和库存的关系、如何提升用户的物流体验、如何控制物流成本是物流绩效管理的关键。

◎学习目标

通过本模块的学习，应达到的具体目标如下：

1. 知识目标

(1)认知跨境物流长期存在的问题；

(2)认知跨境物流运营规划要点、备货计划制订内容；

(3)了解配送绩效评价指标；

(4)认知平台商品退换货规则。

2. 职业能力要求

(1)能够分析仓库储存问题，并制订合理的备货计划；

(2)能够根据绩效评价指标要点对店铺进行优化、做出调整计划；

(3)能够完成商品退换货流程。

3. 素质目标

(1)具有团队合作精神，小组能够协调分工完成任务；

(2)具有创新意识、创新精神，能够在跨境物流绩效管理中提出自己的观点；

(3)具备资源整合能力，能够借助外部资源进行跨境物流绩效管理规划。

任务一　跨境物流运营规划

◎知识点

长期以来困扰我国跨境电商企业发展有两大难题,一是如何形成稳定的客群提高复购率,二是如何在控制成本的基础上提升物流效率与本土电商竞争。跨境物流是桎梏我国跨境电商企业实现大规模盈利的一大瓶颈。发展至今,跨境物流仍然存在诸多问题需要解决。

一、跨境物流存在的问题

1.运输周期长

国内跨境电商的包裹大都通过邮政或专线等小包渠道运输,渠道虽然比较多,但时效的稳定性不高,目前从中国发货到美国客户收货的时间一般需要 10 ~ 15 天,更远一点的国家配送时效就更加长了,有时候甚至需要数月的配送时间,给跨境电商的发展带来了严重的制约。

2.出境后货物追踪难度大

国内快递系统基本已经实现包裹的实时查询,然而跨境物流有很多包裹在出境之后很难追踪轨迹。这种情况在欧美等物流发达国家还好,但是在物流欠发达国家跟地区,就很难及时查询到包裹的路由信息,跨境全程追踪难以实现。并且由于物流链路长、环节多、语言不通等因素,一旦包裹出国基本处于不可控的状态,一旦出现投递异常,卖家和服务商都基本无法解决,给客户带来非常不好的购物体验。

3.退换难、清关慢

跨境物流跟国内物流最大的不同就在于前者通过两次或多次不同国家海关。在出口电商中,关键环节在于目的国海关,有时候经常会出现海关扣货查验,而处理的结果基本就是三种:直接没收、退回发件地或要求补充文件资料。无论哪种情况,都会给卖家造成大额损失。

4.货物易损、易丢

在跨境电商物流从揽件到最终货物送达客户,一般需要经过四五次甚至更多次数的转运,这种情况就很容易出现包裹破损的情况。即使是专线物流,也存在一定的丢失率。这些不仅仅增加了卖家货损赔偿,也给买家带来了糟糕的购物体验,造成客户流失等损失。

5.政策变化快

跨境物流不同于国内物流运输,跨境物流很大程度上受制于国际贸易形势、政治形势的变化,商贸环境不够稳定。国与国之间的贸易和运输不仅需要遵守发件国法律法规,还需要遵守目的国的法律政策和销售平台规则等,而政策随时会变化,这无疑也会增加跨境企业的运营难度。

6. 物流成本高

各国邮政系统并非为跨境物流定制,海量增加的包裹数量让各国邮政系统成本飙升。而新冠疫情带来的运力缩减、系统瘫痪,又进一步增加了运输的不确定性,直接反应就是运费飞涨,有的地区甚至翻了几倍。

二、跨境物流运营规划

跨境物流问题,一直是跨境电商的短板。跨境物流的效率提升在于实现合理的智能化。高信息化、自动化的物流系统能提高订单处理的效率。跨境物流行业发展到今天,已经从跨境电商的背后走到了与之并肩的位置,已经与跨境电商形成了不可分割的关系。跨境电商的发展促进了跨境物流行业壮大,物流能力不足将严重限制跨境电商发展。有必要通过目标导向建立物流运营规划,提升跨境物流效率、控制物流成本。

1. 关注关键指标

对于跨境电商物流来说,成本主要来源于运作成本和管理成本。运作成本包括产品运输费用和仓储费用;管理成本包括日常管理费用、IT系统应用成本、存货占用资金成本和沉没成本(如缺货成本等)。我们可以从销售的本质入手来探讨跨境物流的关键指标。对电商公司来说,GMV=流量×转化率×客单价×复购率,卖家的盈利水平与流量、转化率、客单价、复购率这四个因素相关联。

(1)物流与流量的关系

通常情况下,海量SKU铺货会为卖家带来巨大的流量,但到了一定的程度跨境电商平台就会限制总流量。如果想要继续引流,最好的方式是从服务质量入手。做好产品质量和售后服务能赢得买家的认可,也会极大提升产品在平台的曝光度。

(2)物流与转化率的关系

影响转化率的关键因素包括销量、排名、卖家评论、价格和产品详情等。销量高的时候,如果出现仓库库存为零的情况会被平台认定服务质量不合格,降低卖家的综合评分。如果发货时间过长,影响买家的购物体验,同样会被平台判定服务质量不合格,降低综合评分。这些情况的出现都是由补货不及时或发货时效慢造成的。如果能提前大批量备货至海外仓,后续再通过商业快递的方式小批量补货,就能很好地规避这些问题。

(3)物流与客单价的关系

大件商品、定制化商品或高价值商品对物流运输的要求非常高,自然运输成本较高。对于这类产品选择专业的服务商提前规划库存计划可以有效降低物流成本,提高价格竞争力。

（4）物流与复购率的关系

提升复购率有很多因素，与物流相关的主要有发货速度、售后效率，这两者都跟卖家所选择的物流服务商和线路有关。

2. 建立物流供应链思维

跨境电商卖家需要建立供应链思维，打造稳定的供应链，为跨境销售建立稳固的后方。供应链有两个关键的要素，一个是物流要素，一个是支付要素，前者主要关于设施、库存、运输，后者关于流程、信息和采购。只要这些要素能够有效地结合，就可以大大提升物流时效，降低成本。许多跨境电商卖家都在多个跨境电子商务平台（如 Amazon，eBay，AliExpress）上经营店铺，并且经营了多个品类，因此从采购、库存到资金流的规划就需要做到面面俱到，卖家应该建立数据思维，用数字说话。

平衡库存成本和客户服务

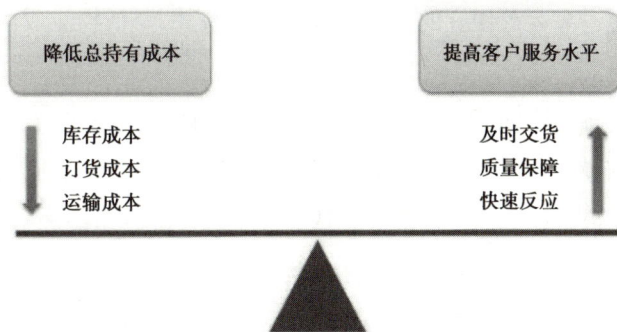

降低总持有成本	提高客户服务水平
库存成本 订货成本 运输成本	及时交货 质量保障 快速反应

图 5-1-1　库存和客服服务的关系

供应链管理的一个核心是数据分析（Data analysis），这是供应链里最底层的内容之一。供应链所有的活动都是建立在数据分析的基础上的。比如说卖家要给供应商下一个采购订单，具体要订多少数量的原材料，这绝不是拍脑袋或是根据经验得出来的。下单的数量要既不会产生过量库存，也不能造成生产线缺料，只有通过严谨的数据分析后，才能做出一张合理的采购订单。

供应链是平衡的艺术，其中最主要的一项就是平衡成本和服务，如图 5-1-1 所示。企业一方面想要降低总的持有成本（Total Cost Ownership），包括库存、订货和运输的成本。另外一方面，又想要提高客户服务水平，包括及时交货、质量保障和快速反应水平，来保持竞争力，争取更多的市场份额。但现实中这两个目标往往是相互背离的，这就要看企业的战略到底是什么。有些企业的毛利率不高，那就要增加运营的效率，势必要考虑降低成本。有些企业的利润率比较高，为了争取更多的市场份额，打击竞争对手，就一定要提高客户服务水平，成本就不是主要的约束条件了。

3. 制订合理的备货计划

商品的销量在一年当中并不是一成不变的,通常都存在一个周期性变化。遇到重要节假日,商品的销量可能会成倍增长,此时很容易出现库存量不够的情况。很多初级卖家都遇到过这种情形,商品上架一段时间后就突然成了爆款,结果仓库没库存了,再想补货又因为距离遥远根本来不及,结果就是造成商品权重下降,曝光减少,辛苦打造的商品因物流问题而耽误销售。所以需要制订合理的备货计划规避意外,备货计划主要围绕三个时间段来制订:淡季、旺季和节假日。

(1)淡季备货

淡季首先要注意的是旺季过后的订单退换货潮,如果卖家没有提供便利的退换货渠道可能会引发很多差评,更严重的是降低跨境平台对卖家的综合评分。淡季销量虽小,却是市场扩张、产品试销的好时机,卖家在这个时间段可以把主要精力放在推广上,还可以把之前曝光较少的产品做一个系统性的优化。此外卖家可以针对旺季做好准备,提前联系供应商进行生产备货,通过海运等便宜的运输方式备货至海外,降低物流成本。

(2)旺季备货

以亚马逊为例,每年第四季度是全年的销售旺季,西方的万圣节、圣诞节接踵而至。9到10月的时候卖家就可以将第四季度的库存提前备货至海外仓或亚马逊 FBA 仓库,倒推到供应链,需要卖家最迟在7到8月就进行选品和采购。旺季考虑的是卖家的资金实力,卖家需要垫付大量的资金进行采购、备货、物流运输、仓储等,而跨境电商平台在交易完成后还要等待一定的周期才能回款,所以资金链紧张是跨境电商卖家在旺季的常态。与此同时,跨境电商又存在太多不确定因素,尤其是在旺季,诸如物流问题、产品滞销、侵权风险或平台政策调整等,任何变动都可能会造成卖家资金链断裂。

(3)节假日促销备货

节日促销和一般促销有所不同,一般促销活动的目的是通过打折优惠活动来提升店铺的流量或者清库存。节假日促销则需要注意当地的节日风俗和习惯,节假日的销售额可能会占据全年销售额的很大一部分,卖家踩准点非常重要。世界各地区主要节日如表5-1-1所示。

表 5-1-1 世界各地区主要节日一览

地区	节日列表			
国际 节日	元旦	国际妇女节	愚人节	劳动节
	1月1日	3月8日	4月1日	5月1日
	母亲节	国际儿童节	父亲节	护士节
	5月第二个星期日	6月1日	6月第三个星期日	12月12日

地区	节日列表			
欧美	情人节	圣帕特里克节	枫糖节	狂欢节
	2月14日	3月17日（爱尔兰）	3—4月（加拿大）	2月中下旬（巴西）
	复活节	银行休假日	仲夏节	啤酒节
	春分月圆之后第一个星期日	5月31日（英国）	北欧6月	10月10日（德国）
	南瓜节	万圣节	感恩节	圣诞节
	10月31日（北美）	11月1日（10月31日夜）	11月第四个星期四	12月25日
东南亚	宋干节		食品节	
	4月13—15日		4月17日（新加坡）	

地区	节日列表				
亚洲	元宵节	端午节	中秋节	教师节	除夕
	农历1月15日（中国）	农历5月5日（中国）	农历8月15日（中国）	9月10日	农历12月31日（中国）
	春节	成人节	桃花节	男孩节	筷子节
	农历1月1日（中国）	1月15日（日本）	3月	5月5日（日本）	8月4日（日本）

　　卖家在选品时需要考虑到当地的风俗习惯、消费总量，针对性制作合理的促销方案。很多卖家经常碰到备货不足导致产品突然断货，或者备货过多导致库存积压，这些问题都是事先没有充分考察当地市场实际情况的结果。

4.数据驱动业务决策

　　《哈佛商业评论》曾这样论述，创建真正的企业数据文化，依靠的"不只是一系列技术或少数人"而是"应让数据和分析成为组织的脉搏，融入到所有关键决策之中"。在一个真正的数据驱动的企业中，数据一定是发现问题、影响业务决策的首要信息来源。跨境电商物流管理者应该将数据分析纳入公司决策流程，并对公司的决策提供价值和影响。可以组建专门的数据团队收集监控所有的物流相关数据，同时根据业务需求制定相应的物流数据体系，使数据分析、数据驱动成为真正的企业文化，同时不断促进业务的迭代发展。

5. 仓储物流常用运营指标

在考核物流运输和仓储管理时,经常会用到以下指标:

(1)妥投率

妥投率是指快递公司提供送件服务过程中,快件派送成功的比率。

妥投率的计算公式为:

$$妥投率=成功派送票数/总投递票数×100\%$$

妥投率一般以月为单位统计。比如和我们合作的 A 物流公司,6 月份帮我们总发货 100 票,其中有 2 票因物流原因造成延期到达,有 1 票被物流丢失,还有 1 票投送给客户时发现破损,那么,6 月份 A 物流公司的妥投率为 96% ,即(100-2-1-1)/100×100% =96%。

(2)库存金额

因为仓库随时有货物入库和出库,因此在计算库存金额的时候通常说的是平均库存金额,计算公式为:

$$平均库存金额=(期初库存金额+期末库存金额)/2$$

例如:1 月 1 日库存金额为 100 万元,1 月 31 日库存金额为 50 万元,则平均库存金额为(100+50)/2=75 万元。

(3)库存可用天数

亚马逊后台又称作“供应天数”。库存可用天数反映了当前库存可以满足供应的天数,计算公式为:

$$库存可用天数=库存商品数量/期内每日商品销售数量$$

“期内”一般可以用 7 天或 30 天来计算。

库存可用天数越长,代表库存可用时间越多,但过长的可用天数可能意味着商品滞销,过短则可能造成断货,因此库存可用天数要保持在一定的范围内。

(4)库存周转率

又称作库存周转次数,是商品销售出库数量与库存商品平均数量的比率,是仓储物流业务最关注的指标之一。库存周转率的计算公式为:

$$库存周转率=销出商品数量/[(期初商品库存数量+期末商品库存数量)/2]$$

或

$$库存周转率=销出库存金额/[(期初商品库存金额+期末商品库存金额)/2]$$

不同的公司对库存周转率有不同的要求,有些电商企业要求一月内库存周转 2 次,假设某产品一个月销售 100 件,那它的平均库存量需要保持在 50 件左右。

(5)库龄

仓储中的商品从进入仓库就开始计算库龄,一般意义上的库龄指的是商品库存时间。库龄的计算公式为:

$$库龄＝出库时间－入库时间$$

仓储系统中按照先进先出、先进先销的原则出库。无论仓库操作人员实际出库的是哪件商品，系统里都会从存放最久的库存中扣除库存数量。

（6）缺货率

缺货意味着库存商品无法满足用户的购买需求。缺货率计算公式为：

$$缺货率＝缺货商品数量/顾客订货数量$$

◎ 任务实施

【任务要求】

了解跨境物流运输的痛点、仓储物流评价指标，根据引导问题思考并开展小组研讨，使用网络搜索和市场调研等方式，最终以 PPT 形式分组汇报实训成果。

【任务分组】

同学分组，以 4~6 人为一组。

表 5-1-2　学生任务分配表

班　级		组　号			指导老师	
组　长		学　号				
组　员	姓　名	学　号		姓　名		学　号
任务分工						

【任务计划与实施】

引导问题 1：跨境物流运输中长期存在的问题有哪些？请列出问题，并举例。

跨境运输存在的问题	举例(可列举自己海外购的例子或新闻)

引导问题2：利用网络资源，进入各大跨境电商平台，查找平台对跨境物流是否有绩效要求、物流限制、物流设置规定。

电商平台	平台规则	物流绩效规则
阿里巴巴国际站		
速卖通		
亚马逊		
eBay		
Shopee		
Wish		
Shopify		

引导问题3：根据引导问题2找到的跨境电商平台物流规则，结合知识点中"跨境物流运营规划"，找出跨境物流运营中平台、商家的关键指标。

引导问题4：假设店铺内要迎接节日大促，查阅网络资料，请制订合理的备货计划。

步骤①：小组内选定售卖的平台（国际站/速卖通/亚马逊等）；

步骤②：找一个销售旺季，如感恩节、黑五、圣诞节等，了解平台往年大促的物流、仓储规则；

步骤③：设定商品备货数量、入仓安排等制订备货计划。

◎知识加油站

（1）备货数量适当增加

随着旺季来临，销量会逐步上升，甚至对于特定的产品可能会出现井喷式上升，所以，卖家再以之前的"以前一个月的销量为参考备货一个月"极有可能还会遭遇断货。因此，备货数量要更多一些，做到有备无患。

（2）提前备货发货

把握备货时间，提前备货，不同产品的生产周期不同，比如黑五的产品应该在10月份就开始备货，圣诞节的产品也要在10月底或11月初就进行备货，避免断货危机。

（3）备货原则

多频少量，多渠道互补，备用库存，备用物流商。

引导问题5：结合引导问题4，在店铺大促期间，在货物激增及存储量大的情况下，如何根据物流仓储的控制指标，管控仓储秩序。

1. 妥投率：

2. 库存金额：

3. 库存可用天数：

4. 库存周转率：

5. 库龄：

6. 缺货率：

◎ 课程思政

商家迎接节日大促，会对仓库商品进行备货、调仓等操作。物流仓储场所储存货物量激增可能会带来消防隐患，阅读《双十一发货忙，物流仓储安全不能忘！》。

物流仓储安全

【思政考核】

要求：请根据以下选项，选出正确的答案。

1. 商品在国际运输中，为避免运输问题的出现，应做到（　　）。

    A. 熟悉收件国海关政策，规避问题商品

    B. 商品使用合适的包装物

    C. 需找运输稳定、退换货政策清晰的物流服务商

    D. 建立物流供应链思维

2. 落实消防安全责任应该做到（　　）。

    A. 制订晚上的消防管理规章制度　　　　B. 根据店铺销售情况不堆积过多商品

    C. 配备足够的消防设施器材　　　　　　D. 便于发货将运营工作室搬来工作

3.所有商品入库出库时,都应当检查(　　　)。

　　A.商品入库应做好消防安全检查

　　B.物流包装物应归类放置

　　C.出库商品量过大所以物流车辆可随意停放,便于取货

　　D.商品出库应做好防摔包装

◎ 考核评价

　　根据考核内容,学生完成自我小结并进行自评打分,教师根据学生活动情况进行点评并完成教师打分,最后按自评分×40％+教师评分×60％计算得分。

表 5-1-3　考核评价表

项目五	任务一　跨境物流运营规划				
班　级		团　队		姓　名	
评价类别	考核内容	分　数	自　评	教师评分	
知识素养	了解跨境物流环节中存在的问题	10			
	认知物流运营规划要素	5			
	建立物流供应链思维	10			
	认知仓储备货计划	5			
	认知仓储物流运营指标	5			
职业技能	能够分析跨境物流运营规划	10			
	能够关注指标规划跨境物流运营操作	10			
	能够建立物流供应链思维	10			
	能够制订合理的备货计划	10			
	能够根据店铺运作计划管控仓储秩序	10			
职业素养	具有团队合作精神,小组能够协调分工完成任务	5			
	具有创新意识、创新精神,能够在跨境物流运营规划中提出自己的观点	5			
	具备资源整合能力,能够借助外部资源进行跨境物流运营规划	5			
	小　计	100			
	合计=自评分×40％+教师评分×60％				

任务二　亚马逊物流绩效管理

亚马逊物流绩效主要分为两个部分:配送绩效和库存绩效。配送绩效直接关乎卖家账号安全,严重违反亚马逊配送绩效政策时可能会被移除销售权限。库存绩效主要决定账号是否能使用亚马逊 FBA 仓库以及 FBA 仓库使用配额的大小。

◎ 知识点

一、配送绩效

不同站点要求的配送绩效可能不尽相同,这里以亚马逊美国站点为例。美国站主要考察卖家"迟发率""预配送取消率""有效追踪率"和"准时交货率"这四个指标。在后台点击【绩效】-【账户状况】-找到"配送绩效"并点击【查看详情】即可看到完整的配送绩效,如图5-2-1 所示。

1. 迟发率

迟发率(LSR)是在 10 天或 30 天的时间段内,在预计配送时间之后确认配送的所有订单数占订单总数的百分比。LSR 仅适用于卖家自配送订单。

在预计发货日期之前确认订单发货十分重要,这样买家才能在线查看他们的已发货订单的状态。订单延迟确认发货可能会导致索赔、负面反馈或买家联系次数增加,并对买家体验产生负面影响。

图 5-2-1　亚马逊配送绩效页面

亚马逊的政策规定,卖家需维持低于 4% 的 LSR,才能在亚马逊上销售商品。高于 4% 的 LSR 可能会导致账户停用。

有些卖家为了使迟发率不高于 4% 的阈值,会采用虚假发货的方式随意填入一个追踪编号。但亚马逊同样会考察卖家货件的"有效追踪率",有效追踪率不达标同样也会触发警告或引起账户问题。

卖家也可以下载报告查看具体的迟发率报告。具体方式为前往【账户状况】页面。在【配送绩效】部分,点击【查看详情】。选择【迟发率】选项卡。向下滚动并点击【下载报告】按钮。

图 5-2-2　亚马逊预配送取消率

2. 预配送取消率

取消率主要考察卖家是否"有货不发"或"无库存铺货"等问题,卖家因任何原因取消订单都会被亚马逊视作给客户带来不好的购物体验。卖家应当确保在亚马逊上发布的商品有货且能够配送,这一点非常重要。在配送前取消订单或取消订单中的商品通常是因为商品缺货。当然,在正常的业务操作中,一定比例的缺货现象可能无法避免,但亚马逊希望卖家能够最大限度减少此类问题。订单取消率较高可能会影响卖家的销售能力。就短期而言,它还会对卖家的利润产生负面影响,因为未配送商品或订单会导致卖家损失收入。

取消率(CR)是在给定的 7 天时间段内,卖家取消的所有订单占订单总数的百分比。CR 仅适用于卖家自配送订单。

此指标包括所有由卖家取消的订单和商品,但买家使用其亚马逊账户中的订单取消选项请求取消的订单除外。也就是说当买家向卖家发送以 Order cancellation request 开头的信息,卖家取消的订单不会被计入取消率。买家在亚马逊上直接取消的等待中订单或商品不包括在内。

亚马逊的政策规定,卖家应维持低于 2.5% 的 CR,这样才能在亚马逊上销售商品。高于 2.5% 的 CR 可能会导致账户停用。

要查看 CR 并下载 CR 报告可以在【账户状况】页面,在【配送绩效】部分,点击【查看详情】,选择【预配送取消率】选项卡,向下滚动并点击【下载报告】按钮,如图 5-2-2 所示。

◎ 快速问答

问题:"退款"和"取消订单"有何区别?

答:在确认发货前决定不配送订单被视为取消订单。在订单确认发货后,决定接受退货或不配送商品被视为退款。

有些卖家为了使取消率不高于2.5%的阈值,会采取先虚假发货,后退款的方式规避取消率超标。但虚假发货必然也会使"有效追踪率"下降。实际上卖家还可以主动和客户联系,请客户发送一封以Order cancellation request开头的信息来取消订单。这需要卖家具有一定的沟通技巧,也取决于客户是否愿意配合。

3.有效追踪率

有效追踪率(VTR)用于衡量卖家为订单使用有效追踪编码的频率,即卖家是否提供了可供追踪的快递单号供买家查询,换句话说,亚马逊不允许卖家使用平邮等无法追踪的物流方式发货。

亚马逊买家使用追踪编码来了解订单配送状态和预计收货时间。有效追踪率(VTR)是一项可以反映这些期望的绩效指标。以下是有效追踪率的要求:

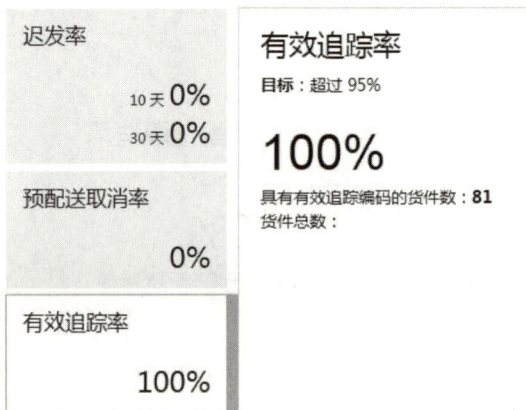

图5-2-3　有效追踪率

①卖家必须维持大于或等于95%的VTR。如果某个商品分类中的VTR低于95%(亚马逊是按卖家销售的品类大类别,分类来统计VTR),亚马逊可能会限制在此分类下销售非亚马逊物流商品的权限。这还可能影响参与优先配送和保证送达的资格。

②VTR是指在30天内具有有效追踪编码的所有货件占总货件数的百分比。

③VTR仅适用于卖家自配送订单。

要查看VTR并下载VTR报告可以在【账户状况】页面,在【配送绩效】部分,点击【查看详情】,选择【有效追踪率】选项卡,向下滚动并点击【下载报告】按钮,如图5-2-3所示。

◎快速问答

问题1:如果我要使用未与亚马逊合作的服务商提供的追踪服务,应该怎么做?

答:卖家需要使用亚马逊合作的物流服务商发货,国内大的物流公司如中国邮政、燕文快递、云途物流、递四方等都是亚马逊认可的服务商。有些卖家因为规模比较小,并没有和有些物流服务商如UPS建立直接的联系,而是把货交给货代公司,货代公司再将卖家的货件交由UPS发运。卖家在亚马逊后台填写发货追踪编号的时候依然可以直接选择服务商为UPS,填入UPS的追踪编号。

问题2:我的包裹有追踪编码,但是有效追踪报告里显示包裹缺少有效追踪信息。我该怎么做？

答：可能的原因有：

①提供的追踪编码不正确。

②如果追踪编码正确无误，但该编码与您指定的承运人没有任何关联。例如，如果使用 UPS 配送包裹，但在承运人名称处输入了"USPS"，则该追踪信息将标记为"未确认"。

③追踪编码和承运人名称均正确（承运人未在【确认发货】页面的"下拉列表"中列出），但亚马逊不支持该承运人，由于亚马逊无法核实追踪编码，因此不计入有效追踪率指标。

④卖家在订单完成配送后或"发货日期"后确认或更新信息，此时追踪编码对买家而言已无用处，因此不计入有效追踪率指标。

4. 准时交货率

准时交货率（OTDR）显示的是，在卖家自配送包裹中，买家在预计送达日期前收到的包裹所占的百分比，如图 5-2-4 所示。

据买家反映，能否准时收到订购的商品以及能否追踪包裹，在很大程度上决定了他们对订单的整体满意度。亚马逊的研究显示，追踪订单的缺陷比普通订单少 60%，并且追踪也有助于减少买家的订单查询。

图 5-2-4　准时交货率

亚马逊建议卖家维持高于 97% 的准时交货率，以便可以为其提供更好的客户体验，但是目前对于没有满足绩效目标的情况暂无处罚。

二、优先配送资格

借助优先配送服务，卖家能够为买家提供快速配送选项。这些快速配送选项可提供追踪信息，让买家了解确切的送达日期，从而改善买家体验。在美国站，优先配送选项包括次日达或隔日达，卖家可在配送设置中启用此服务。

如果使用了优先配送，那么自发货订单也带亚马逊 Prime 标志，就和 FBA 发货一样，从而大大提高店铺订单转化率。但由于优先配送选项只包括次日达或隔日达，这就要求中国卖家必须使用美国第三方仓，从美国本土发货才有可能达到物流配送要求。

为了具备提供优先配送选项的资格，必须在亚马逊上开店超过 90 天，且必须有 30 天满足以下针对优先配送订单的要求：

★有效追踪率不低于 99%；

★准时送达率不低于 97%；

★卖家取消率低于0.5%。

卖家可以在【绩效】-【账户状况】-【资格条件】选项卡中查看自己是否具备优先配送资格,如图5-2-5所示。当然,即便拥有优先配送资格,但是由于并没有使用美国本地第三方仓,卖家也可以在配送设置中不启用此服务。

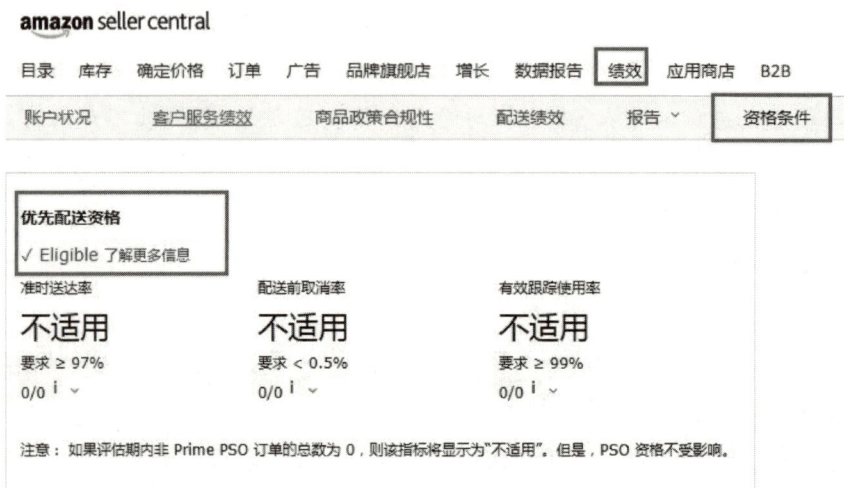

图5-2-5 优先配送资格

◎知识加油站

什么是亚马逊 Prime?

Amazon Prime 主要是针对买家而言的,可以翻译为尊贵会员,需要每年缴纳年费,比普通会员拥有更多的服务。可以享受以下服务:

①对符合条件的物品承诺2天到货。

②对符合条件的物品免运费。

③对不急的订单(一般一个星期以上)免运费。

④升级为加急物流。

⑤可以限时免费观看某些付费视频。

⑥可以免费观看某些 Kindle 里的书籍。

Prime 会员显示比普通会员更具购物力,作为卖家应努力触及此类用户,亚马逊也鼓励卖家针对 Prime 会员设置单独的产品折扣。

亚马逊创始人杰夫·贝索斯(Jeff Bezos)在2021年4月15日的年度股东信中称,目前亚马逊全球 Prime 会员数量已突破2亿。在大约一年的时间内,增长了5 000万新用户。上一次亚马逊公布 Prime 用户数量是在2020年1月公布的2019年第四季度财报时,当时亚马逊全球 Prime 用户数达1.5亿,距离2018年4月的1亿 Prime 用户数量已过去两年时间。

三、库存绩效

1. 库存绩效指标

库存绩效指标(IPI:Inventory Performance Index)是衡量一段时间内卖家库存绩效的指标。IPI 分数用于衡量卖家在管理亚马逊物流库存方面的效率和成效。IPI 的得分在 0 到 1 000 之间,亚马逊会根据卖家的 IPI 得分来评估卖家的 FBA 库存管理情况,并没有公布具体的计分算法。目前 IPI 分数是按周更新,每周一后台都会自动计算卖家的 IPI 最新得分。

亚马逊会不定时发布 IPI 分数阈值,例如本周期亚马逊要求的 IPI 分数为 450 分,如果你的 IPI 分数在本周期降到 450 分以下,那么亚马逊会在本周期结束前 4~8 周发出警告。如果你的 IPI 分数在亚马逊的两次分数检查周都没有高于 450 分,那么在新的周期亚马逊将会对你实施 FBA 存储限制。从新的周期起,你将无法向亚马逊发送更多库存。当然,如果你的 IPI 分数能在新的周期中上升到 450 分以上(必须是两次分数检查周中的一次),那么亚马逊将在下一个新周期取消 FBA 库存限制。如果没有,你将会再次进入存储限制的恶性循环中。需要注意的是 IPI 450 分并不是一成不变的,亚马逊随时会根据需求提高或降低分数门槛。至于 IPI 分数阈值和两次分数检查周在什么时间则需随时关注卖家后台的“新闻”界面。如图 5-2-6 所示。

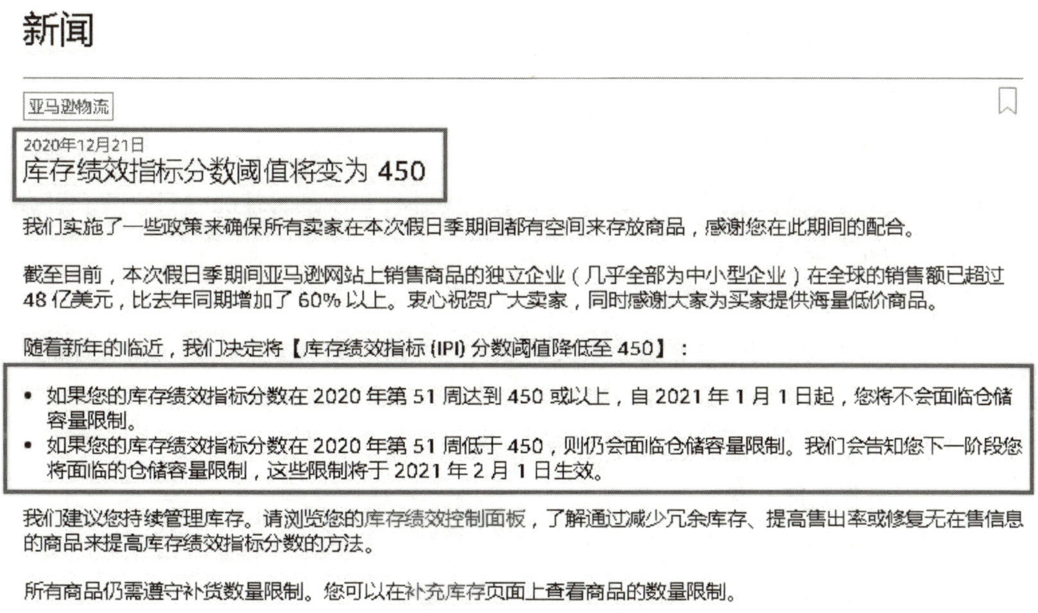
新闻

亚马逊物流

2020年12月21日

库存绩效指标分数阈值将变为 450

我们实施了一些政策来确保所有卖家在本次假日季期间都有空间来存放商品，感谢您在此期间的配合。

截至目前，本次假日季期间亚马逊网站上销售商品的独立企业（几乎全部为中小型企业）在全球的销售额已超过 48 亿美元，比去年同期增加了 60% 以上。衷心祝贺广大卖家，同时感谢大家为买家提供海量低价商品。

随着新年的临近，我们决定将【库存绩效指标 (IPI) 分数阈值降低至 450】：

- 如果您的库存绩效指标分数在 2020 年第 51 周达到 450 或以上，自 2021 年 1 月 1 日起，您将不会面临仓储容量限制。
- 如果您的库存绩效指标分数在 2020 年第 51 周低于 450，则仍会面临仓储容量限制。我们会告知您下一阶段您将面临的仓储容量限制，这些限制将于 2021 年 2 月 1 日生效。

我们建议您持续管理库存。请浏览您的库存绩效控制面板，了解通过减少冗余库存、提高售出率或修复无在售信息的商品来提高库存绩效指标分数的方法。

所有商品仍需遵守补货数量限制。您可以在补充库存页面上查看商品的数量限制。

图 5-2-6 库存绩效指标分数阈值调整

卖家在【库存】-【库存规划】界面,找到【绩效】选项卡,就能看到库存绩效。

影响 IPI 分数的因素有很多种,但其中最重要的是操作因素:

①在已售库存和现有库存之间保持平衡的库存水平,避免冗余库存(积压库存);

②避免长期仓储费;

③修复商品信息问题；

④尽可能将最畅销商品保持在适当的有货水平，以满足买家需求并最大限度地提高客户满意度。

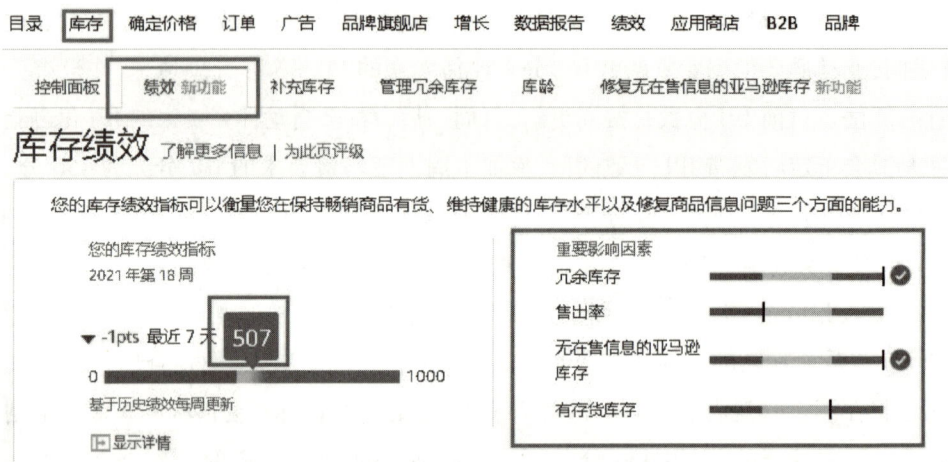

图 5-2-7　库存绩效指标 IPI

IPI 控制面板会显示其中每个分类的绩效标准，一共有 4 个绩效标准，如图 5-2-7 所示。

（1）冗余库存百分比

就是指冗余库存在全体库存中的占比。

商品的可供货天数超过了 90 天，或者库存中至少一件存储超过 90 天并且系统判定继续存储的成本高于其他对应措施（如弃置、降价等）成本。以上两种情况的 FBA 库存都会被亚马逊判定为冗余库存。

（2）无在售信息的亚马逊库存百分比

库存空间有限的情况下亚马逊不会允许没有销售信息的商品存在。一般在商品已经到达亚马逊物流运营中心但依然是卖家自配送时会出现无在售信息的情况，及时修复这些产品的页面即可，即把卖家自配送转换成亚马逊物流配送。

（3）亚马逊物流售出率

通过 FBA 售出的订单数量占库存的比重。具体计算方法是过去 90 天内售出并配送的商品数量除以该时间段内 FBA 库存的平均可售商品数量。

要提升这个分数比较难，需要卖家把握好库存数量和销售量的关系。而且想要提升这个指标，需要有一个过程。

（4）亚马逊物流有存货率

可以解读为，FBA 的货物在一个月内有货时间的占比。每个 SKU 根据近 60 天的销量，有不同的权重。60 天内如果无销量或者销量很低的 SKU 相对对于这个分数的影响不及销量很高但是断货的 SKU。

亚马逊需要所有可售的 listing 保持有货的状态,避免卖家的损失(当然也是亚马逊的损失)。

总体来说,亚马逊这样的考核方法是为了提高仓库的利用率。这必然也增加了卖家的运营难度与为了达标为付出的额外成本。FBA 卖家需要注意自己 IPI,了解 IPI 的计算方式,及时进行优化。

随时注意查看 IPI 分数的异动,提前规划。注意 IPI 相关指标,根据销售情况合理备货。尽量多批次分散发货。适量结合自发货,降低对 FBA 的依赖。考虑合理利用多账号来更灵活地使用 FBA。

2. IPI 提升方法

IPI 分数决定了卖家能使用多大的 FBA 库存容量和能发多少件货品到 FBA,因此提升 IPI 分数,保证在旺季前账号能被允许发送足够的库存量到 FBA 仓库就显得十分重要,非常考验卖家的运营能力。

(1)清理积压库存

滞销库存不仅有仓储费,还会影响到 IPI 分数。可以通过降价、促销活动或库存移除/弃置来处理掉滞销库存。有时候即便不是滞销库存,但是因为前期发往 FBA 的货量过多,也需要尽快降低库存水平。

(2)停产和无法补货的产品

停产和无法补货的产品不会影响 IPI 分数,因此可以忽略亚马逊在补货页面对这些产品提出的推荐。

(3)加快库存周转

FBA 备货的商品需要在短时间内快速销售出去。在可能的情况下,尽量小批量、多批次地向亚马逊 FBA 仓库补货,避免库存堆积过多。

(4)避免热销品缺货

如果一件商品的销量是另一件商品的 10 倍,那么这件商品对你的 IPI 的影响也是另一件商品的 10 倍。因此,在评估期开始之前,你应该专注于保证畅销品的库存供应量,来提高你的 IPI 分数。当你补充库存时,亚马逊不会因为你实际发送库存量比他们推荐得少而惩罚你。但当你的库存完全售出时,你的 IPI 分数会立即受到影响。因此需要确保仓库内至少有一个库存,尤其是热销产品。

(5)修复无效 Listing

新库存一旦入库,立刻会对你的"亚马逊物流售出率"产生影响。因此需要频繁监控产品发货状态,及时将商品发货状态转化为"亚马逊配送",还需要不断调整产品价格和优惠信息来加速销售,注意 Listing 的描述和语法,提升产品页面吸引力。

表 5-2-1　影响 IPI 分数的操作

提高 IPI 分数	降低 IPI 分数
通过广告/Deals/降低提高销量	储存过多无销量或销量差的库存
移除超龄库存,避免长期库存费	持有很多无销量的超龄库存(并侥幸希望未来会产生销量)
采用"少量多次"的方式为畅销品补货	不为畅销商品补货,且仅有销量差的过季商品积压在库
移除销量差或无销量的库存	拥有大量产生长期仓储费的库存
通过 outlet deal 销售过季商品	未及时修复不在售信息的库存

3. 库存绩效其他问题

问题 1:新 ASIN 是否会影响我的 IPI 分数?

答:不会,90 天内的新商品不会影响卖家的 IPI 分数。

问题 2:IPI 中是否会计算已申请移除但还未出库的库存?

答:一旦提交移除订单或清货请求,库存将不再计入卖家的 IPI 分数。请记住,当前采取的措施(如移除订单)需要一些时间才能反映在卖家的 IPI 分数中,因为 IPI 分数目前是按周更新。

问题 3:经过分数检查周发现我达到了 IPI 分数阈值。能否马上取消我的仓储容量限制?

答:不可以。亚马逊会公布和评估两个分数检查周来确定您的仓储容量限制。您需要在这两个分数检查周内至少有一次等于或高于要求的 IPI 阈值,才能在下一时间段豁免仓储容量限制。当前的容量限制将持续有效,直至新期限开始。

表 5-2-2　IPI 限制仓储容量的规则

情景	第 1 个分数检查周	第 2 个分数检查周	您是都要遵守仓储容量限制?
1	等于或高于 IPI 阈值	等于或高于 IPI 阈值	否
2	低于 IPI 阈值	等于或高于 IPI 阈值	否
3	等于或高于 IPI 阈值	低于 IPI 阈值	否
4	低于 IPI 阈值	低于 IPI 阈值	是

问题 4:我如何知道使用哪个 IPI 分数来确定我的仓储容量限制?

答:新期限限制生效前 4 至 8 周,亚马逊会提前通知 IPI 阈值,以及评估是否受限于仓储容量限制所用的 IPI 分数检查周。卖家可以在库存绩效控制面板上查看当前和过去几周的 IPI 分数。分数上方的该周即为适用卖家当前分数的周期,可以点击分数下方的【显示详情】链接来查看过去几周的分数。

问题 5：将 ASIN 标记为不可补货商品会如何影响我的 IPI 分数？

答：将商品标记为不可补货商品不会影响 IPI 分数，它只是从亚马逊物流有存货率计算中移除 ASIN，以保持商品信息的准确性，从而使有存货率保持最新。现有库存的绩效会影响 IPI 分数。

问题 6：如何提高售出率？

答：提高售出率的两个主要方法是提高现有库存的销量或移除未出售的库存。为了提高销量，请考虑您的定价，并在适当情况下开展促销活动、改进关键词或使用商品推广做广告。如果销量未在同一时间段以相同的速度增长，那么最近持续向亚马逊发送大量库存可能会影响售出率。

问题 7：亚马逊物流售出率是如何计算的？

答：亚马逊每天更新售出率，计算售出率需查看过去 90 天的已发货商品和同一时间段内的平均库存。亚马逊物流售出率的计算方法是，卖家在过去 90 天内售出并配送的商品数量除以该时间段内在运营中心的平均可售商品数量。亚马逊会通过当天、30 天、60 天和 90 天前的库存水平快照来计算平均可售商品数量，然后取这些数值的平均值。例如：一卖家在过去 90 天内配送了 120 件商品，且在该时间段内的平均可售商品数量为 80 件，售出率将为 120/80=1.5，如图 5-2-8 所示。

在过去 90 天内售出的商品总数（累计）			120 件商品	
日期	当天	30 天前	60 天前	90 天前
可售库存	80 件商品	150 件商品 （已收到 150 件商品的新货件）	40 件商品	50 件商品

图 5-2-8　库存绩效指标 IPI

平均可售库存=（50+40+150+80）/4=80 件商品

售出率=120/80=1.5

问题 8：我为什么没有 IPI 分数？

答：IPI 分数仅适用于参与专业销售计划、在亚马逊物流运营中心有库存和最近有账户活动的卖家。如果是亚马逊物流的新用户或在过去 13 周内不活跃，那么在系统记录到更多数据之前，可能没有 IPI 分数。

◎ 任务实施

【任务要求】

亚马逊的绩效指标作为亚马逊卖家账户的日常行为准则，让买家可以放心安全地与第三方卖家交易。绩效管理不仅是提高卖家良好店铺形象的指标，也是规范店铺合理运营的准则。结合课程知识点,根据引导问题,小组成员通过研讨、网络搜索、市场调研等方式,最终以 PPT 形式分组汇报实训成果。

【任务分组】

同学自由分组,4~6 人为一组。

表 5-2-3　学生任务分配表

班　级		组　号		指导老师	
组　长		学　号			
组　员	姓　名	学　号	姓　名	学　号	
任务分工					

【任务计划与实施】

引导问题 1:卖家绩效对店家有什么用?

◎ **知识加油站**

卖家绩效主要对账户产生以下影响:

①商品的搜索排名;

②获得跟卖页面"黄金购物车"的几率;

③订单转化率;

④问题严重时,可能导致账户被限制,甚至取消销售权限。

引导问题 2:亚马逊将基于过去 30 天滚动周期来测量卖家所有自配送订单下的各个商

品分类的订单有效追踪率。有效追踪信息为何如此重要？

引导问题3：商家如何保持良好的配送绩效？

◎知识加油站

①小心配送，对于高价商品，应妥善包装，使用可追踪的配送方式并要求签收。

②定期更新库存，以避免缺货。

③如果收到的订单中有无法配送的商品，立即取消订单。

④监控订单的配送进度，如有任何延迟，立即通知买家。

⑤积极解决与所用的配送方式相关的任何配送问题。

⑥及时确认发货，以便让亚马逊和买家知道订单已发货。延迟确认发货的时间越久，忘记确认的风险便越大。

⑦为关键销售期的订单量增长（如节假日期间的销量激增）做好准备。

引导问题4：店铺的有效追踪率偏低，有什么方式提高追踪率？

引导问题5:影响 IPI 分数的主要因素有哪些?

引导问题6:假设当前店铺库存绩效指标低于亚马逊发布的 IPI 分数阈值:

①查阅亚马逊站点的绩效指标分数达标值,假设店铺目前的 IPI 分数未达标。

②根据规则指标,有哪些方面会受到影响?

③评价指标多久更新一次? 有哪些重要时间点需要注意?

④库存绩效指标是怎么计算的? 店铺运营时应该怎么提高?

◎ 课程思政

电商平台政策会随着政策环境、市场环境等频繁调整,及时了解平台政策有助于店铺运营的操作规范性、有效性以及准确性。阅读《8 月 9 日起,亚马逊美/欧/日自配送有效追踪率不达标,或限制销售权限!》文章。

亚马逊有效追踪率政策更新

【思政考核】

要求:请根据以下选项,选出正确的答案。

1.(多选题)亚马逊美国站点的配送绩效会考察卖家的( )。

    A.预配送取消率   B.有效追踪率   C.准时交互率   D.迟发率

2.(多选题)有效追踪信息如此重要的原因有什么? ( )

    A.提供有效追踪编码,有助于减少买家咨询次数

    B.减少订单缺陷

C. 降低货物丢失成本

D. 提高卖家反馈评级

3. (多选题)遵守电商平台对货物配送的要求及绩效评审,对卖家店铺运营有何种规范作用?(　　)

A. 迟发率方便买家在线查看已发货订单状态,督促卖家在预计发货日期之前确认订单发货

B. 预配送取消率主要考察卖家是否"无库存铺货"等问题,卖家以因无货可发,联系已下单客户取消订单

C. 有效追踪率促使商家尽量使用可追踪的物流方式运输商品,便于买卖双方追踪货物运输情况

D. 清楚店铺库存量及物流运输状态,可保持稳定的准时交货率

◎ 考核评价

根据考核内容,学生完成自我小结并进行自评打分,教师根据学生活动情况进行点评并完成教师打分,最后按自评分×40%+教师评分×60%计算得分。

表 5-2-4　考核评价表

项目五	任务二　亚马逊物流绩效管理				
班　级		团　队		姓　名	
评价类别	考核内容		分　数	自　评	教师评分
知识素养	了解站点的配送绩效的概念、含义		10		
	认知配送绩效评价范围		10		
	清晰认知 IPI 绩效标准及评价范围		10		
	了解 IPI 绩效分数提升方法		10		
职业技能	能够使用配送绩效组成因素及查询方式		10		
	能够分析配送绩效中指标问题,并作出解决方法		10		
	能够分析 IPI 影响因素并做出调整计划		15		
职业素养	具有团队合作精神,小组能够协调分工完成任务		5		
	具有创新意识、创新精神,能够在亚马逊物流绩效管理中提出自己的观点		10		
	具备资源整合能力,能够借助外部资源进行物流绩效规划		10		
小　计			100		
合计=自评分×40%+教师评分×60%					

任务三　速卖通物流绩效管理

◎知识点

2018 年 10 月 19 日,速卖通商家后台首页上线了商家成长模块,主要由商家能力模型和数据诊断,优化建议组成。能力模型由 7 大能力项组成,分别为商品能力、流量渠道能力、流量承接能力、物流能力、客服能力、客户运营能力和成长规模。运营能力分可以全面地衡量商家的综合能力,同时平台会根据数据分析得出商家运营短板,店铺诊断后给予提升指引。为了激励平台全体商家提升运营能力,2019 年 2 月,速卖通平台正式推出全新商家分层和匹配权益——由能力模型-店铺诊断-优化建议-商家分层-权益匹配组成的商家成长机制。

进入速卖通后台首页,点击【查看今日报告】就能查看 7 大能力得分,如图 5-3-1 所示。

图 5-3-1　商家成长模块入口

一、运营能力综合分

运营能力综合分由 7 大能力项单项得分组成,每个单项能力得分由旗下多项指标表现得出,各指标在单项能力项中的所占权重由算法模型自动跑出并不断调整优化,各单项能力得分会每日更新,根据二级类目的不同,单项能力得分在综合分中所占权重也是不同的,且权重规则会定期更新,并不对外公布。

根据运营能力综合分的高低,最新的商家运营能力分层有 4 个层级,分别为高级-高潜-腰部-普通,当月运营能力层级根据上月运营能力综合得分参考二级类目下排名得出,如图 5-3-2 所示。

商家运营能力层级越高,享受资源越多。平台将给予不同层级商家以下几大种类的权益:流量支持、营销支持、服务支持、成长支持、品牌特权等,如图 5-3-3 所示。各层级权益会视平台业务变化定期进行优化和更新。

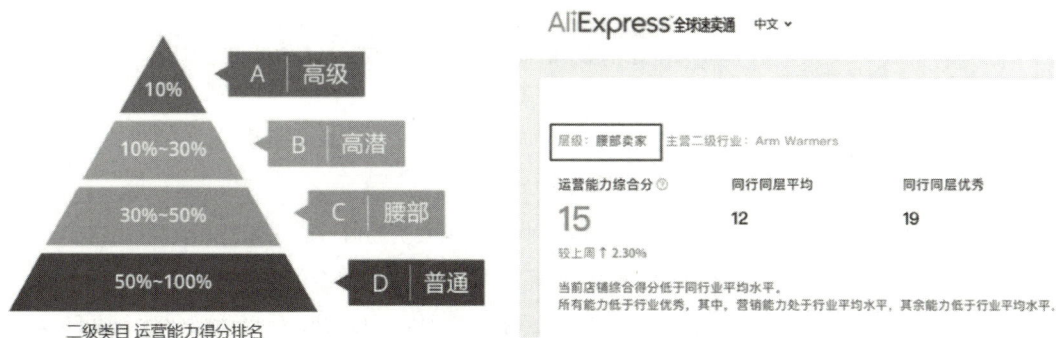

图 5-3-2　二级类目运营能力得分和商家层级

图 5-3-3　商家层级和权益对照表

表 5-3-1 是 7 大能力指标明细表:

表 5-3-1　商家 7 大能力指标表

能力模块	指标名	指标解释(支付排风控)	统计时间范围
商品能力	在售商品数	统计当天产品管理页面中状态为【正在销售】的产品个数,一天仅更新一次	统计当天
	店铺爆品数	累计支付金额在全平台二级类目里前 20% 的商品个数	近 30 天
	单品最高支付件数	支付件数最高商品的支付件数	近 30 天
	上新商品数	首次发布成功的商品数	近 30 天
	货不对版纠纷提起率	(买家因货不对版提起退款订单数-买家主动撤销退款的订单数)除以(买家确认收货+确认收货超时+买家提起退款的订单数)	近 30 天
	DSR 商品描述	DSR 商品描述分的平均分	近 30 天

续表

能力模块	指标名	指标解释(支付排风控)	统计时间范围
商品能力	商品动销率	有支付成功的商品数除以在售商品数(近30天反复上下架仅进入1次)	近30天
	新品动销率	新发布且支付成功商品数除以上新商品数(近30天上线的商品)	近30天
	成交不卖率	卖家未全部发货且卖家发货超时或者买家选择卖家原因并成功取消订单数除以(卖家未全部发货且卖家发货超时或者买家选择卖家原因并成功取消订单数+全部发货的订单数)。全部发货的订单是指排除未发货和部分发货	近30天
流量渠道能力	搜索店铺访客数	通过搜索进入店铺(含商品详情页)的去重访客人数(PC+APP)	近30天
	搜索点击率	搜索店铺访客数/搜索曝光访客数	近30天
	搜索引导支付转化率	搜索支付买家数/搜索店铺访客数(PC+APP)	近30天
	直通车点击量	直通车推广商品的点击次数	近30天
	直通车下单转化率	直通车引导下单订单数/直通车点击量	近30天
	联盟访客数	联盟引导访问店铺页面(含商品详情页)人数(PC+APP)	近30天
	联盟下单转化率	联盟引导下单买家数/联盟店铺访客数	近30天
	站外访客数	第一步直接进店或者商品详情页的访客数	近30天
	站外访客支付转化率	第一步直接进店或者商品详情页的支付访客数/第一步直接进店或者商品详情页的访客数	近30天
	店铺活动访客数	店铺活动(全店铺&限时限量)中商品的点击访客数(PC+APP)	近30天
	店铺活动支付转化率	店铺活动(全店铺&限时限量)中支付买家数/店铺活动访客数(PC+APP),排风控	近30天
	店铺活动支付金额	已生效店铺活动的商品的支付成功订单金额,含之前下单当天支付订单	近30天
	店铺活动次数	已生效的店铺活动次数(生效时间持续多天的同一个店铺活动只记为一次)	近30天
	平台活动访客数	已生效平台活动对应商品的访客数	近30天
	平台活动支付转化率	平台活动支付买家数/平台活动访客数	近30天
	平台活动支付金额	已生效平台活动的商品的支付成功订单金额,含之前下单当天支付订单	近30天

能力模块	指标名	指标解释(支付排风控)	统计时间范围
流量承接能力	支付转化率	支付买家数/店铺访客数	近30天
	商品收藏人数	点击收藏商品的人数	近30天
	加购人数	添加购物车的人数	近30天
	平均停留时长	访问店铺的所有访客总的停留时长/店铺访客数,单位为秒	近30天
	跳失率	没有发生点击行为的访客数/店铺访客数	近30天
	人均浏览商品数	浏览商品数/店铺访客数	近30天
	人均支付件数	支付件数/支付买家数	近30天
	客单价	支付金额/支付买家数	近30天
物流能力	DSR 物流服务分	DSR 物品运送时间合理性平均分(不包含采用线上发货/4PL 物流且物品运送时间合理性评分为1、2、3分的订单)	近30天
	平均发货时长	声明发货总时长/声明发货总包裹数	近30天
	未收到货物纠纷提起率	(买家因未收到货物提起退款主订单数-买家主动撤销退款的主订单数)/(买家确认收货+确认收货超时+买家提起退款的主订单数)	近30天
	海外仓商品覆盖率	支持海外仓发货的商品数/在售商品数	近30天
	7 天上网率	(过去30天全部发货且物流上网时间-支付成功(风控审核成功)时间小于等于7天的订单数)/(过去30天支付成功(风控审核成功)的订单数-成功取消/超期取消订单数)	近7天
服务能力	DSR 卖家服务	统计时间范围内,DSR 沟通质量及回应速度平均分	近30天
	好评率	统计时间范围内,好评次数除以(差评次数+好评次数)	近30天
客户运营能力	支付买家数	支付成功买家数	近30天
	新买家数	统计当日之前,在店铺没有支付行为的买家,且统计当日第一次支付的买家数	近30天
	新买家转化率	新买家数/新访客数	近30天
	老买家数	统计当日之前,在店铺有过支付行为的买家,在统计当日再次支付的买家数	近30天
	老买家转化率	老买家数/老访客数	近30天
	90 天回访率	90 天回访访客数/90 天前那一天访客数	

续表

能力模块	指标名	指标解释(支付排风控)	统计时间范围
成长规模	支付金额	支付金额为统计时间范围内按天累加值	近30天
	支付金额同比	(支付金额/去年同期支付金额−1)×100%	近30天
	支付金额环比增长	(支付金额/上一周期支付金额−1)×100%	近30天

二、物流能力评分

这里只讨论7大能力中的物流能力。物流能力得分由DSR物流服务分、平均发货时长（h）、未收到货纠纷提起率、海外仓商品覆盖率和7天上网率五项指标构成，要想提升物流能力得分，需要对五项指标都进行优化，如图5-3-4所示。

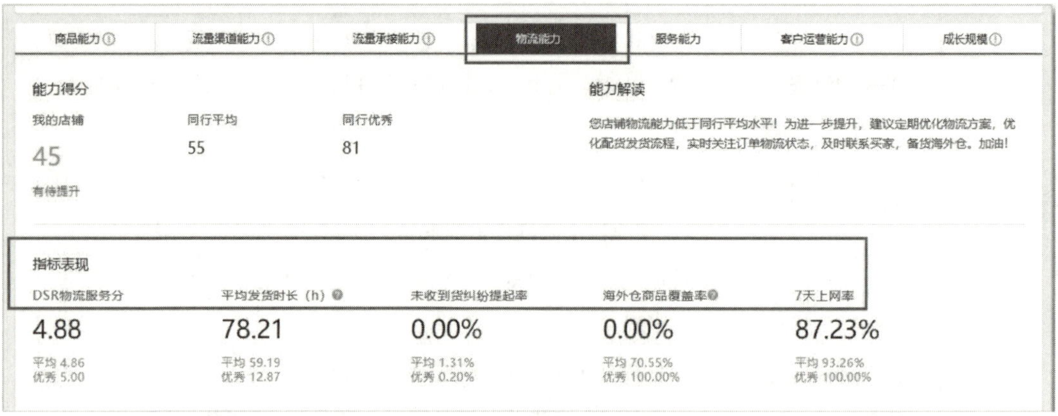

图5-3-4　物流能力得分详情

1. DSR 物流服务分

DSR是指卖家服务评级系统（Detailed seller ratings），包括买家在订单交易结束后以匿名方式对卖家在交易中提供的商品描述的准确性（Item as described）、沟通质量及回应速度（Communication）、物品运送时间合理性（Shipping speed）三方面服务作出的评价（单向评分）。DSR评分会在速卖通前台页面展示给买家，如图5-3-5所示。

DSR物流服务分可以通过完善物流政策和细则，如发货、运输说明、退货说明等，选择优质的物流供应商等方法进行提升。

①选择速卖通AliExpress无忧物流等线上方式发货。在订单交易结束后，买家匿名给予DSR物流服务（Shipping Speed）1、2、3星评价时不计入卖家得分表现，这就大大降低了物流服务低分的可能性。

②订单尽早发货，比如实现订单24小时内全部发出等。

③选择投递网络强大、通达国家多、覆盖面广、速度快、清关能力强的物流方式。

④选择可正常查询的物流方式(尤其是尽量选择可全程时限跟踪查询的物流),避免因无法查询相关物流信息而产生的纠纷。

⑤客服要及时做好和买家的沟通工作,处理好物流问题。

⑥在详情页面完善店铺发货、运输和退货说明。

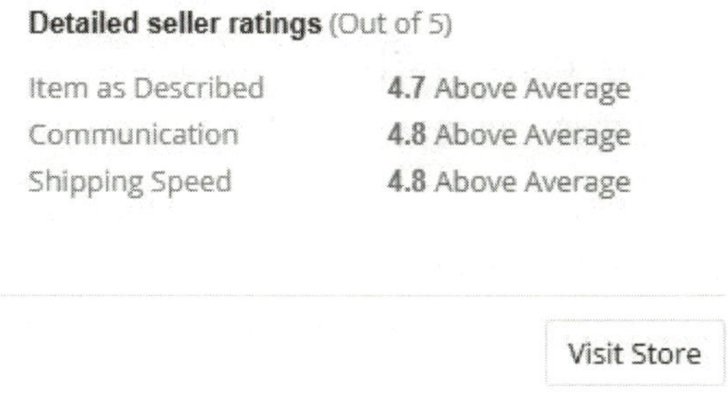

Detailed seller ratings (Out of 5)

Item as Described	**4.7** Above Average
Communication	**4.8** Above Average
Shipping Speed	**4.8** Above Average

Visit Store

图 5-3-5　DSP 评分详情

2. 平均发货时长(h)

平均发货时长=声明发货总时长/声明发货总包裹数。平均发货时长越短越好,卖家后台会给出同行同层级卖家的平均值和优秀值,超过平均值才能提升得分,而平均值和优秀值是动态变化的,所以需要卖家经常关注这个指标。

3. 未收到货纠纷提起率

未收到货纠纷提起率=(买家因未收到货物提起退款主订单数-买家主动撤销退款的主订单数)/(买家确认收货+确认收货超时+买家提起退款的主订单数)

订单如果使用线上发货,物流原因造成的投诉会计算卖家免责,但以下情况例外:

①使用线上发货方式,且填写发货通知时正确选择物流渠道并填写物流单号;若卖家创建了线上发货物流订单但是后续却通过了线下的方式进行发货将无法享受免责。

②物流运单号和速卖通交易订单号必须一一匹配。若卖家创建了线上发货物流但是没有填写对应的物流单号(如误填写了其他订单的线上发货物流单号)将无法免责。

③订单提起的纠纷最终上升到平台后,被平台判为的纠纷类型是"未收到货物"才能免责,若是"货不对版"类型的将无法享受到保护。

④无忧标准,简易和优先,还必须同时满足卖家已交货到仓库且无延迟发货情况:自创建物流订单起 5 个工作日内货物到仓。货物是否到仓以及到仓时间以上网信息为准:揽收件以揽件成功信息为准,自寄件以仓库签收成功信息为准。

⑤无忧集运自创建物流订单起 3 个工作日内货物到仓。订单如果是线下发货,物流原因产生纠纷不会免责。

⑥仅创建运单号,未实际发货的订单不能免责。

在日常未收到货纠纷和申诉咨询中,速卖通平台经常收到一些商家因为对纠纷响应不及时,对物流线路和规则不了解,从而在操作发货和后面纠纷处理时产生一些问题,这里总结了一些场景,希望商家能在纠纷产生前,做好风险的预判,提前避免这些不当操作导致后期产生资损。

场景1:协商阶段商家超时未响应纠纷导致退款。

纠纷流程:当买家提起纠纷后,卖家需要在买家提起纠纷的5天内接受或拒绝买家提出的纠纷,若逾期未响应,系统会自动根据买家提出的退款金额执行。

举例:日常交易管理完全依赖订单通知邮件,认为没有看到邮件通知就不需要关注纠纷列表;5天响应的截止时间在周末,或者平台未官方告知响应期会顺延的节假日,不在自己的工作时间所以错过响应,要求平台赔付。

目前处理:5个自然日的协商期响应超时,未响应退款的订单,平台目前是不支付赔付的。

建议:订单通知邮件是作为辅助功能使用的(邮件通知存在送达的概率问题),订单和纠纷列表才是商家日常处理订单交易问题的主页面。需要商家日常自己多关注该页面订单的情况。订单少的商家尽量养成每日查看的习惯;订单多的商家,在使用第三方工具批量处理订单的时候,也可以关注下第三方工具是否有相关提示或者倒计时提醒。关于节假日,目前一般涉及春节或者国庆长假,相关业务会有商家公告。短期节假日,纠纷有5个自然日的响应期,请不要等到最后一天再去操作。

场景2:补差价下单。

纠纷流程:平台订单纠纷是独立订单维度处理,未收到货纠纷处理时,是依据商家在订单申明发货填写的运单物流信息。

举例:买家下单A订单15USD,由于各种原因需要补差价,商家引导买家重新下单B订单5USD,A订单填写了无忧运单号LA,LA实际并未操作发货,B订单进行实际操作了无忧发货,运单号LB。后期买家未收到货在A订单提交了纠纷,平台直接介入无商家响应阶段,按照A订单的物流信息处理纠纷,A并未发货,因此纠纷会退款买家,此时因为未发货无忧也不会赔付。

此时如果买家在B订单也提交了未收到货的纠纷,物流实际未在限时达内妥投,此时纠纷退款买家,平台会代替商家发起无忧赔付投诉,但是这个时候,按照无忧物流的赔付标准,未超过该线路上限的订单是按照本订单金额赔付,因此赔付不会超过B订单的金额5USD。此种操作就会造成资损。

目前处理:未收到货纠纷在处理时,主要依据商家在订单申明发货时填写的运单信息。

建议:产品运费等信息,建议商家定期检查,避免在下单后产生此类问题。如果已经产生可以和买家协商,协商一致后,重新按照约定下单,在新订单按照真实发货信息填写物流单号。

场景 3:补发或者换运单。

纠纷流程:订单在申明发货之后 10 天内可以在系统更换物流单号,纠纷处理是依据商家在订单申明发货填写的运单物流信息。限时达一般是按照买家下单时选择物流线路的承诺运达时间计算。

举例:商家订单 C 于 5 月 1 日操作线上发货并填写发货通知,在申明发货后 5 月 8 日商家发现物流信息未更新,联系物流之后核实到该包裹揽收未入库,此时商家重新操作了发货于 5 月 9 日在买家会话留言给买家说更换了运单号。限时达到期后,包裹未妥投,买家提交了纠纷。纠纷会按照申明发货的运单判断。

目前处理:订单系统有正规提交运单信息的位置,买家会话和订单留言等其他地方备注的信息不是纠纷判断依据,未在申明发货的有效位置更新运单的,在纠纷处理阶段未在纠纷中举证或者在 4PL 平台直接代替商家处理纠纷时这些信息是无法获得的。申诉也不支持该场景。

建议:如果发生更换运单的情况,在系统支持的运单更换的时效内,商家务必及时去系统更新运单号。如果超出了 10 天,需要补发系统无法更新的话,建议联系买家协商一致之后,重新下单再重新发货。

场景 4:纠纷限时达和物流投诉限时达。

纠纷流程:纠纷限时达,是从商家在速卖通订单填写申明发货开始计算。物流时效投诉的限时达,一般是从揽收成功开始计算。

举例:订单 E,运单号 LE,速卖通订单系统申明发货时间是在 2020 年 3 月 1 日,物流线路和商家运费模板设置的限时达一致,都是 60 天。实际操作发货和物流揽收成功的上网信息是在 2020 年 3 月 5 日。运单 LE 还显示在途,从 4 月份就无更新记录,在 2020 年 5 月 1 日没有到达代取或者尝试投递信息,买家提交了纠纷,此时纠纷判则的时候,因为超过承诺运单时效所以是退款买家的。纠纷结案之后物流信息在 2020 年 5 月 3 日更新显示到达代取,此时商家去投诉物流超时投递,一般不会投诉成功,因为从揽收成功到妥投计算,还在物流承诺的投递时间内。

目前处理:在限时达起点一致的情况下,物流超过投递时效,纠纷退款买家,物流按照线路规则赔付商家。但是如果揽收操作晚于申明发货时间,产生案例这样的情况,物流就不会赔付,商家会产生资损。

建议:在申明发货之后,买家也是按照看到的申明发货和限时达自己关注到货时间的。因此请及时真实操作发货,尽量缩短申明发货和揽收时间差,减少此类特殊情况发生的可能。

4. 海外仓商品覆盖率

海外仓商品覆盖率=支持海外仓发货的商品数/在售商品数。

海外仓发货的商品越多,该项得分就越高。

5.7 天上网率

7 天上网率=(过去 30 天全部发货且物流上网时间-支付成功(风控审核成功)时间小于等于 7 天的订单数)/(过去 30 天支付成功(风控审核成功)的订单数-成功取消/超期取消订单数)

①统计时间均为自然日,考虑物流上网时间反馈延迟情况,统一会预留 7 天,举例:1 月 8 日的数据,统计的是 1 月 1 日倒推 30 天的数据。国庆和春节假期统计顺延,不统计进 7 天中。7 天上网率考核商家过去 30 天订单中 7 天上网情况,跟服务分考核时间不相关。

②外仓订单暂不考核,海外仓是平台重点,平台将单独启动激励政策。

③定制类目:备货期>7 天的订单暂不考核。

④特殊类目补差价链接不考核。

⑤特殊商品(如大件、液体粉末等)暂无线上物流解决方案的,卖家通过自定义发货的订单暂不考核,平台将联合菜鸟拓展和对接特殊商品线路及物流信息,根据线路拓展和数据对接情况,另行启动考核计划。

三、线上发货的问题投诉

针对卖家线上发货产生的物流问题,卖家可以在速卖通后台进行投诉,维护自身权益。目前线上发货可以针对时效性问题、货物类问题、费用类问题这 3 类问题发起投诉。

①针对时效性发起投诉:物流商未在承诺时效内达成服务。

例如:如入库延迟、调拨延迟、发货延迟、配送延迟等情况。

②针对货物类问题发起投诉:货物在仓储、运输、配送过程中发生的错发、破损、丢失或发票问题,在物流订单投诉时效内卖家可在平台上起投诉。

例如:如库存差异、发货错误、货物丢失、货物破损等情况。

③针对费用类问题发起投诉:客户对菜鸟费用结算有异议,在物流订单投诉时效内卖家可在平台上起投诉。

例如:如多收费、扣费错误等情况。

后台提交投诉的方式:在【交易】—【国际小包订单】—找到要投诉的那笔物流订单—点击【投诉】,如图 5-3-6 所示。

图 5-3-6 物流投诉入口

◎ 任务实施

【任务要求】

速卖通为了保证消费者的购物体验,对卖家店铺运营都有一定的要求,而绩效表现的各项指标要求则是最低分数线。结合课程知识点,通过小组讨论、网络资源整合回答引导问题,最终以 PPT 形式分组汇报实训成果。

【任务分组】

同学自由分组,4~6 人为一组。

表 5-3-2 学生任务分配表

班 级		组 号		指导老师	
组 长		学 号			
组 员	姓 名	学 号		姓 名	学 号
任务分工					

【任务计划与实施】

引导问题 1：登录速卖通卖家后台首页,点击【查看今日报告】查看 7 大能力得分。运营能力综合分的评价点是哪些?

引导问题 2：物流能力的评分指标是哪几项?

引导问题 3：以下商家纠纷场景,我们应该怎么做?

①商家使用无忧物流发货,但物流原因导致的运单号无法查询到物流信息;

②卖家延迟发货,自创建物流订单起 5 工日内货物未到达仓库;

③卖家按约定时间内发货,商品在运输途中因运输工具发生意外事件而延误送达,且收到商品时包装破损。

引导问题4：速卖通线上发货可针对哪些问题发起投诉？

◎ 课程思政

物流能力评价使商家能更全面地了解店铺物流情况，动态调整优化物流方案。结合课程知识点来查看《菜鸟商家违规行为治理规则》。

菜鸟商家违规
行为治理规则

【思政考核】

要求：请根据以下选项，选出正确的答案。

1. (多选题)速卖通平台建立了物流能力评价指标，有统一的技术指标及评价标准，才能更好提升店铺物流运营能力，指标评价包括(   )。

　　A. 未收到货物纠纷提起率　　　　　　B. DSR 卖家服务

　　C. DSR 物流服务分　　　　　　　　D. 平均发货时长

2. (多选题)当商家后台接收到客户订单时，应该(   )。

　　A. 物流运单号和速卖通交易订单号必须一一匹配

　　B. 订单尽早发货，比如实现订单 24 小时内全部发出等

　　C. 卖家创建了线上发货物流订单，但是实际发货使用线下发货

　　D. 在详情页面完善店铺发货、运输和退货说明

3. (多选题)在商品售卖、邮寄中涉及到(   )会判定为违规行为。

　　A. 寄送限运商品　　　　　　　　　　B. 知识产权侵权商品

　　C. 寄送禁运商品　　　　　　　　　　D. 包裹内为禁限售商品

◎ 考核评价

根据考核内容，学生完成自我小结并进行自评打分，教师根据学生活动情况进行点评并完成教师打分，最后按自评分×40％＋教师评分×60％计算得分。

表5-3-3 考核评价表

项目五	任务三　速卖通物流绩效管理				
班　级		团　队		姓　名	
评价类别	考核内容	分　数	自　评	教师评分	
知识素养	认知速卖通商家成长模块概念及内容	10			
	了解商家成长模块概念及内容	10			
	了解物理能力评价指标含义及内容	10			
职业技能	能够运用商家成长模块评价范围	10			
	能够使用物流评分指标范围	15			
	能够分析处理物流纠纷事件	15			
职业素养	具有团队合作精神,小组能够协调分工完成任务	10			
	具有创新意识、创新精神,能够在速卖通物流绩效管理中提出自己的观点	10			
	具备资源整合能力,能够借助外部资源进行物流绩效规划	10			
小　计		100			
合计 = 自评分×40% + 教师评分×60%					

任务四　海外退换货管理

◎知识点

  跨境电商由于距离原因,商品一旦出现退换货问题就非常麻烦,而退换货又无法避免。以鞋类为例,无论是内贸还是外贸通常都会有 15% 左右的退换货率,并且鞋类的退换货也没法通过给客户部分退款或送优惠券等常规手段来解决。

  客户退换货面临最主要的两个问题,一是时间太长,如果按照电商正常的处理规则,客户需要把商品寄回给商家。如果商家在海外没有仓库的话,客户就需要把货寄回中国;二是高额运费,如果商品本身价值不高,由于客户缺乏国际物流寄送渠道,客户寄回中国的运费往往会远远高于商品价值。对价值不高的商品,平台也不愿出退回的运费。

  对于自建网站的跨境电商企业来说,可以自定义退换货规则,相对可以灵活处理各种问题。而在一些跨境电商平台,退换货规则较买家更有利,这也变相增加了卖家运营成本。总体来说,是否需要卖家退货退款需要视商品价值决定,很大一部分跨境卖家会采用退款不退货或者免费再寄一个替换品的方式来解决退货问题。

一、亚马逊退货规则

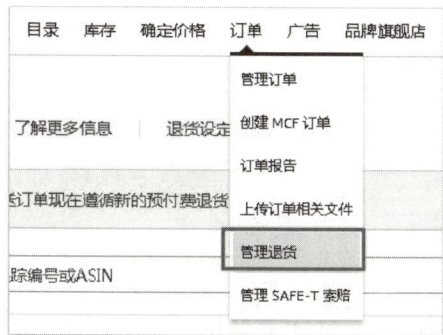

图 5-4-1　管理退货界面

  亚马逊不同国家站点的退换货政策可能存在一定差异。以下除特别说明外均是以美国站为例。

1. 卖家自配送订单退货政策

  为确保买家获得一致体验,亚马逊第三方卖家必须至少提供与亚马逊自营退货政策同等的退货政策。亚马逊会根据实际情况随时调整买家退换货政策,有时买家购买订单后,最长三个月内都可以申请退货。

  自 2021 年 5 月 25 日起,如果卖家从美国境外国家/地区向美国境内买家配送价值低于 $ 25 的订单商品,则必须提供一个有效的美国境内退货地址。在退货请求符合要求时,亚马逊将使用此地址为买家生成预付费退货标签(即已经向物流服务商支付了运费的运单标签,买家可自行下载打印并贴在退货包裹上)。如果未提供美国退货地址,亚马逊将为 $ 25 以下符合要求的退货向买家发放退款,并且不要求退回商品(即不退货退款)。

  一般情况下,卖家自配送订单出现的退换货申请有四种处理方式:不退货退款、提供国内退货选项、提供预付费国际退货运输、提供部分退款。

（1）不退货退款

即提供全额退款,而不要求退回商品。具体操作步骤为:从"订单"下拉菜单中,点击【管理退货】,如图 5-4-1 所示。选择要退款的商品,然后点击【发放退款】。选择【买家退货】作为退款原因,然后发放全额退款。关闭退货请求时选择【退款而不退货】作为原因,然后给买家留言。

（2）提供国内退货选项

提供买家所在国家/地区的当地退货地址,由于亚马逊 FBA 仓库不会接收卖家自配送订单的退货,卖家可以填写合作的海外第三方仓库的地址。在海外第三方仓收到货物并验收合格后,卖家就可以提供退款。

从【设置】下拉菜单中,点击【账户信息】。在"卖家账户信息"页面上,前往【发货和退货信息】部分,然后点击【退货信息】。在"退货设定"页面中,点击【退货地址设置】。选择一个现有当地地址作为默认退货地址,或者输入一个新的默认退货地址,如图 5-4-2 所示。最后点击【提交】。

图 5-4-2　设置默认退货地址

（3）提供预付费国际退货运输

实际上,卖家也可以将退货地址设置成卖家实际所在地,让买家跨国退货。操作与上一步中"提供国内退货选项"一样,只是把退货地址填写为卖家所在地。

从"订单"下拉菜单中,点击【管理退货】。选择要批准的退货请求,点击【批准请求】。在【退货邮寄标签】部分中,选择【我将为此申请提供预付费邮寄标签】,如图 5-4-3 所示。上传货件标签,选择使用的承运人,然后输入追踪编码(如有)。将退货标签成本设置为 0.00,以确保买家无须支付退货运费。或者也可以转至卖家平台账户的"买家与卖家消息"部分,然后通过站内信将预付费退货标签发送给买家。

事实上,卖家也可以不提供预付费的邮寄标签(快递运单标签),让买家承担国际退货费。但这会造成不好的购物体验,需要事先与客户沟通好,否则容易产生差评。

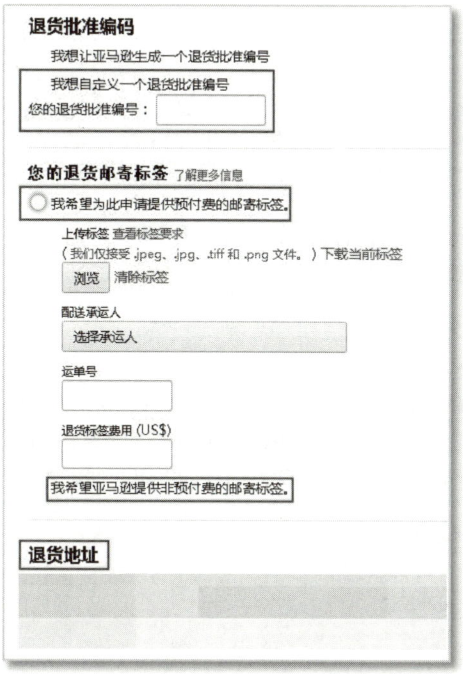

图 5-4-3 订单退货选项设置

（4）提供部分退款

取消订单和缺货商品，应给予全额退款。对于退货申请还可以与客户沟通发放部分退款。例如，送达的商品存在轻微残损或与商品描述略有差异。部分退款发放与否、发放多少由卖家自行酌情决定。如果卖家决定发放部分退款，一定要提前征得买家同意，并请买家取消退款申请。以免造成误解或导致亚马逊商城交易保障索赔。

此外，卖家可以在后台通过添加规则的方式自动处理退货申请，具体操作为：

从【设置】下拉菜单中，点击【账户信息】。在"卖家账户信息"页面上，前往【发货和退货信息】部分，然后点击【退货信息】。

在这个"退货设定"页面中，可以在退货【常规设定】中让亚马逊自动批准满足规则的（如金额规则）退货申请等，还可以在【不退货解决方案】中添加规则，自动拒绝某些类目的某些退货理由，如图 5-4-4 和图 5-4-5 所示。

2. FBA 订单退货

由亚马逊物流运营中心履行的订单，退货是买家将商品发回至亚马逊物流运营中心。整个退货过程不需要卖家参与，亚马逊会全权处理 FBA 订单的退货，包括与买家沟通、订单退款、商品重新入库上架等。

亚马逊会评估每件退货商品的状况。如果确定该商品处于可售状况，会将其重新入库上架到卖家库存中。如果确定该商品处于不可售状况（例如存在缺陷或已残损），亚马逊会评估造成该损坏的责任方（亚马逊或买家），然后再决定卖家是否可以获得赔偿。

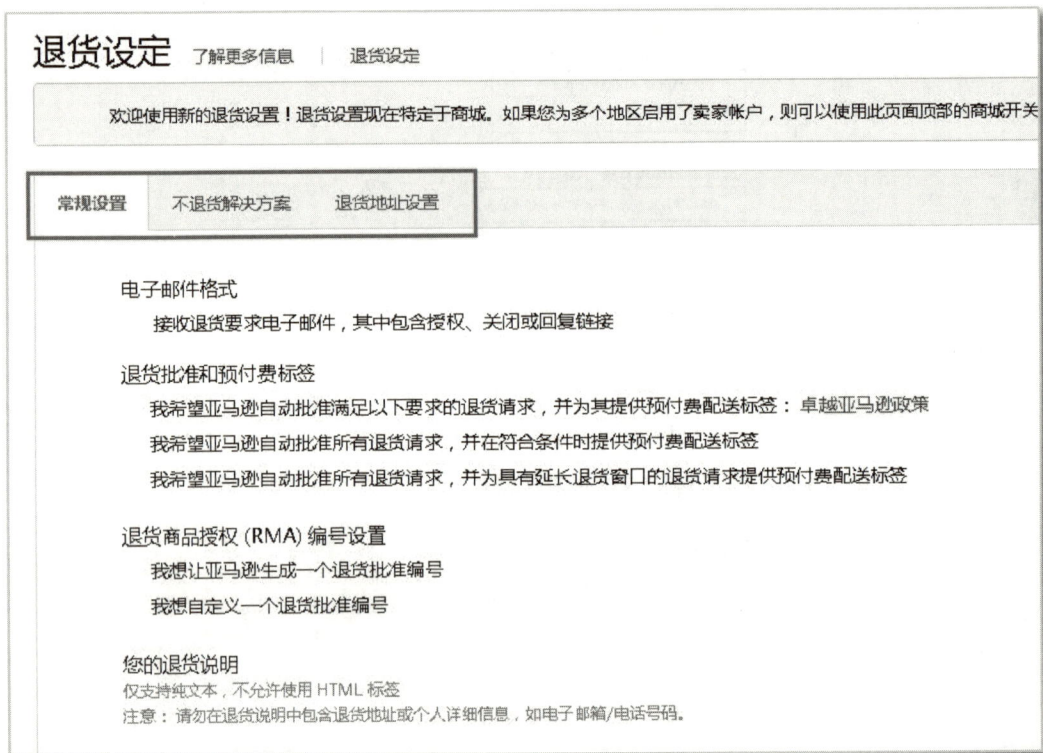

图 5-4-4　退货设定

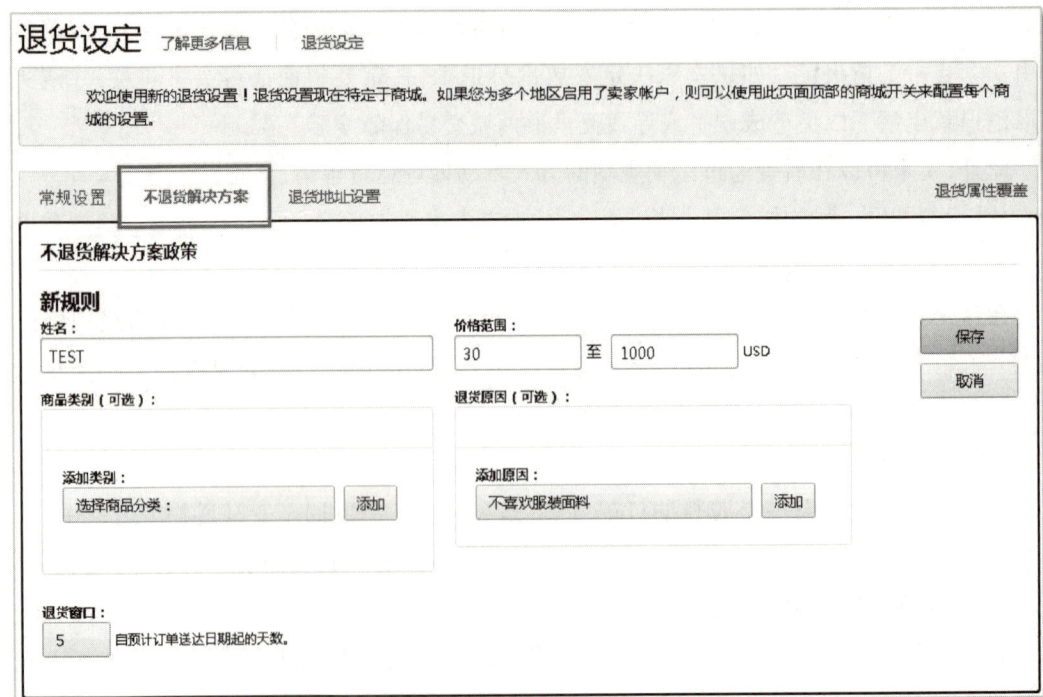

图 5-4-5　添加不退货解决方案规则

（1）退货时间范围

在大多数情况下，买家可以在收到货后的 30 天内请求退回商品。亚马逊可根据具体情况确定例外，接受收货 30 天后的退货请求。在大多数情况下，如果商品未在买家提出退货请求后的 45 天内抵达亚马逊物流运营中心，亚马逊将向买家收取商品的相关费用，并将其存入卖家的账户。

（2）FBA 退货费用

FBA 订单如果客户要求退货，一般的品类卖家是无须再付另外的费用了。但是也有一些品类是例外的：①Apparel 服装；②Watches 手表；③Jewelry 珠宝；④Shoes, Handbags& Sunglasses 鞋子，包包，太阳眼镜；⑤Luggage 行李箱。也就是说，如果卖家被客户要求退货的产品是属于这 5 个类目中的一个，那么退货时候亚马逊还需要收取卖家退货处理费用。通常退货处理费等于 FBA 正向配送费用。

例如，一件出库配送重量为 1 磅且这笔交易的亚马逊物流配送费用为 3.19 美元。如果买家决定退回该商品，则卖家需要支付 3.19 美元的退货处理费。卖家可以在亚马逊物流买家退货报告中查看该明细，如图 5-4-6 所示。

大号标准尺寸（不超过1磅）		
		手提包 尺寸：8.5 x 5.8 x 1 英寸 商品重量：0.35 磅 出库配送重量：1 磅
配送费用（每件总计）		3.19 美元
退货处理费		3.19 美元

图 5-4-6 退货处理费用

此外一般情况下，FBA 订单如果发生了退货，亚马逊之前已收取的订单佣金并不会全额退给卖家。亚马逊会收取一定的退款管理费用，退款管理费为 $ 5.00 或销售佣金的 20%，取二者中的较低值。

例如，如果向买家退款的商品总销售价格为 $ 10.00，而该商品所在分类的销售佣金为 15%，则退款管理费用为 $ 0.30（$ 10.00×15% 销售佣金 = $ 1.50）。

3. 亚马逊商城交易保障索赔

亚马逊商城交易保障索赔也称作 Amazon A-to-z Guarantee claim，简称"A-to-Z"或"A-to-Z claim"。亚马逊对在亚马逊平台上购买商品的所有买家实施保护政策，如果买家不满意第三方卖家销售的商品或服务，买家可以发起亚马逊商城交易保障索赔保护自己的利益。

卖家可以在【绩效】菜单上，选择"亚马逊商城交易保障索赔"查看详情，如图 5-4-7 所示。

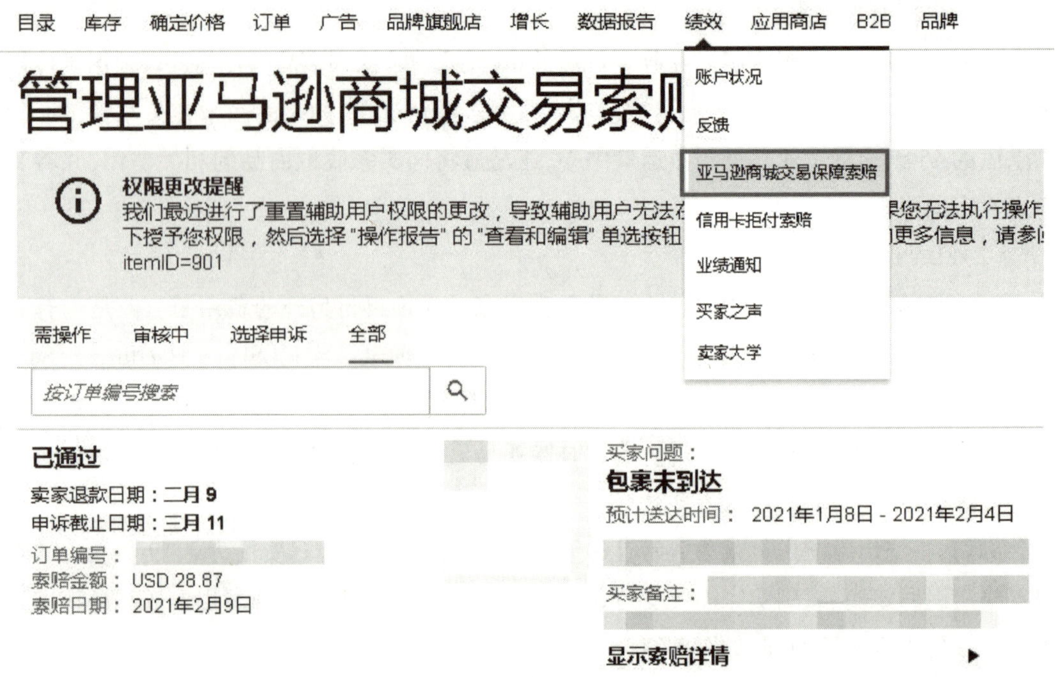

目录　库存　确定价格　订单　广告　品牌旗舰店　增长　数据报告　绩效　应用商店　B2B　品牌

账户状况

反馈

管理亚马逊商城交易索赔

亚马逊商城交易保障索赔

权限更改提醒

我们最近进行了重置辅助用户权限的更改，导致辅助用户无法在您无法执行操作，信用卡拒付索赔下授予您权限，然后选择"操作报告"的"查看和编辑"单选按钮更多信息，请参阅itemID=901

业绩通知

买家之声

卖家大学

需操作　　审核中　　选择申诉　　全部

按订单编号搜索　🔍

已通过

卖家退款日期：二月 **9**

申诉截止日期：三月 **11**

订单编号：

索赔金额：USD 28.87

索赔日期：2021年2月9日

买家问题：

包裹未到达

预计送达时间：2021年1月8日 - 2021年2月4日

买家备注：

显示索赔详情　▶

图5-4-7　查看亚马逊商城交易保障索赔

一般情况下，买家在发起 A-to-Z 索赔前都会先联系卖家，告诉卖家自己的真实需求。卖家有 48 小时可以解决客户问题，如果 48 小时内没能解决买家的问题，或买家不满意卖家服务，亚马逊就会允许买家发起 A-to-Z 索赔。如果亚马逊在调查买家索赔后批准了索赔，便会从卖家的账户中扣除索赔金额，同时也会在订单缺陷率统计中计入该订单。

一旦卖家收到 A-to-Z claim，需要在 3 天内与客户沟通，让客户取消 A-to-Z claim，或者直接向亚马逊陈述你的拒赔理由，由亚马逊来判断该索赔是否成立。如果卖家未在规定期限内让买家取消索赔或未向亚马逊陈述理由，则买家将直接获得胜诉。注意，直接回复买家或者致电 Seller Support 不属于正式的 Claim 回复。

买家提出索赔的前提条件：

①买家已等到预计送达日期过期 3 天，并且首先通过站内消息联系过卖家；

②卖家未在收到买家第一条消息后的 48 小时内解决问题。

基于亚马逊保护买家的倾向，除非卖家有确凿的证据，A-to-Z claim 绝大多数情况下都将会是买家胜诉。卖家处理 A-to-Z claim 要比一般的退换货问题棘手。因为一旦 A-to-Z claim 成立，会影响卖家的绩效指标中的订单缺陷率（ODR）以及完美订单（POP）的分数，对卖家的负面影响是显而易见的。假如卖家成交的订单本来就不多，就要小心了，可能会因为存在一两个 A-to-Z claim，账号就会有被审核、冻结的风险，甚至被关闭。亚马逊商城交易保障索赔流程如图5-4-8 所示。

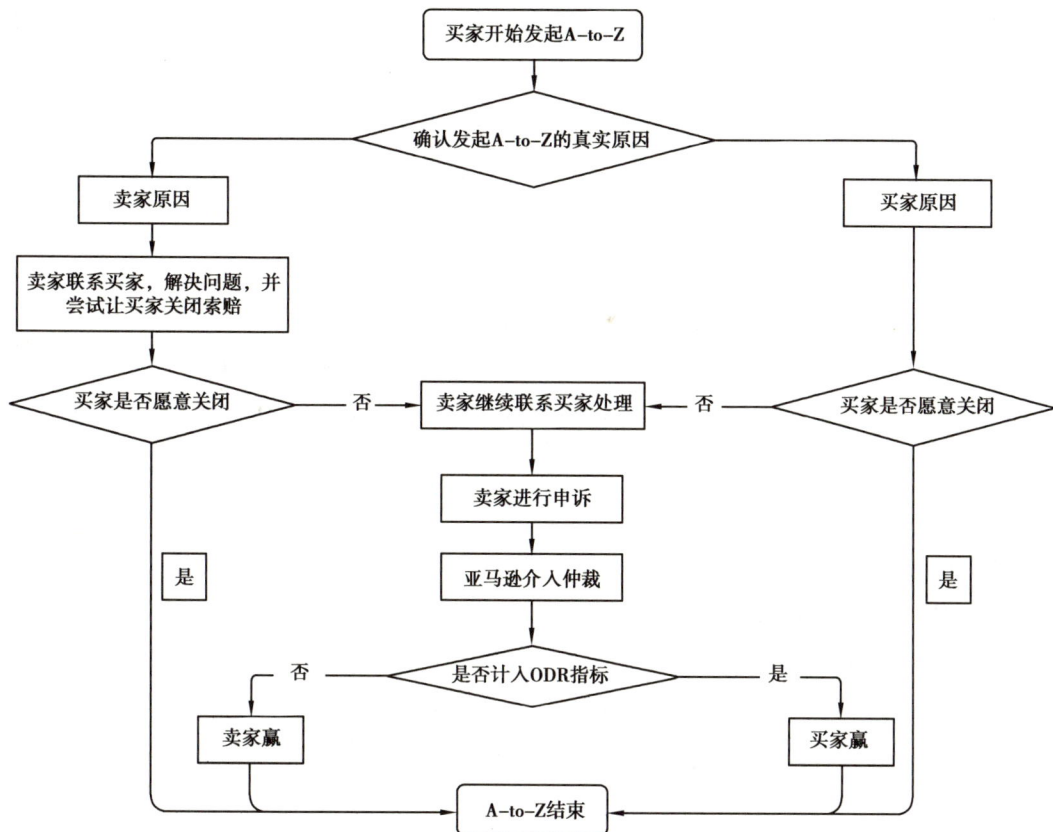

图 5-4-8　亚马逊商城交易保障索赔流程

买家发起索赔的原因可能有以下情形：

（1）买家未收到商品

买家对订单提出索赔的时间限制：卖家已经安排配送订单，但是买家没有收到订单包裹。买家最早可在下订单的 3 个工作日以上或经过下单后 30 天（以两者中较早的日期为准）的这段时间内提出索赔，最晚可在预计最迟送达日期算起 90 天时间内提出索赔。但如果亚马逊发现需要就相关事宜展开调查，对于超出此时间范围提出的索赔，亚马逊将依然保留接受买家索赔的权利。

买家未收到商品索赔案例：

①如果卖家提供追踪订单的追踪信息（快递单号）表明商品预计会在某段时间到达，但实际上无法在预计或合理的时间内送达，买家发起的索赔将获得批准，且卖家应承担赔偿责任。

②订单已配送且追踪信息显示已送达，但买家声称未收到商品，买家可以发起 A-to-Z 索赔。亚马逊可能会联系买家确认是否收到订单商品，而这个确认订单签收的过程，可能会有以下结果：

如果确认到买家确实没有签名确认签收订单包裹,卖家存在无法控制的配送错误(如发错货或发错地址)的问题,卖家需要承担未配送责任;

如果买家声称未收到商品,但签名确认上的姓名与买家姓名匹配的,亚马逊将会驳回买家发起的索赔;但如果签名确认上的姓名与买家的姓名不符的,亚马逊也将会驳回买家发起的索赔,并要求买家调查签署包裹的人。

针对由货运代理人或买家代理人签收的包裹提出的索赔将被驳回,但如果调查显示是卖家的原因导致买家收不到包裹的,卖家需要承担责任。

③商品通过亚马逊物流(FBA)配送且有追踪信息,而买家称未收到订单商品并提出索赔,亚马逊将会承担责任,同时也不会向卖家发送索赔通知,即使有索赔成立,也不会计入卖家的订单缺陷率(ORD)。

(2)商品不符合买家期望

买家收到的商品与商品详情页面展示的商品存在重大差异,包括收到时受损、存在缺陷、缺失零件等情况,还包含:

①买家收到的商品已残损、有缺陷、与订购商品存在重大差异,或者买家改变了主意,根据亚马逊退货政策将商品退回,但未收到退款或退款金额有误。

②买家想要进行国际退货,但卖家未提供国内(买家所在国)退货地址、未提供预付费退货标签,或未提供全额退款(不要求退回商品)。

亚马逊不接受索赔申请的情况。

买家出现以下几种情况,亚马逊是不会受理索赔申请的:

①买家下订单后,卖家有默认的两个工作日进行配货,如果买家在这段时间提出索赔,将不会获得批准。

②买家订单的追踪信息(快递单号)显示预计不久即可送达,买家在这个节点提出索赔不会获得批准,亚马逊会要求其等待商品送达,卖家暂时无须承担责任。

③如果买家拒收包裹,或者声称已退回包裹给卖家了,但无法向卖家提供有效的追踪号,买家发起的索赔将不予受理。

④卖家已经全额退款给买家了,买家不能再发起 A-to-Z 索赔。

⑤每张订单只能开一次 A-to-Z Claim。如果买家取消了 Claim,就不能再开。

二、速卖通退货规则

整体来说,相较于亚马逊速卖通的退货规则不会过于偏向于买家,也正是基于此,速卖通商品退换货率相对比较低。一般情况下,买家确认收货后(如果买家没有点击确认收货则订单到期后由系统自动确认收货)15 天内可以提起纠纷的,若买家这时要求退货,则需要将货物退回给卖家,退货的运费需要卖家和买家积极协商。卖家也可以通过直接提供全额退款或部分退款而不要求退货来解决问题。如果双方不能达成一致则需要平台判责。注意,卖家需要在买家提起纠纷的 5 天内接受或拒绝买家提出的纠纷,若逾期未响应,系统会自动根据买家提出的退款金额执行。

交易过程中买家提起退款/退货退款申请,即进入纠纷阶段,须与卖家协商解决。流程如图 5-4-9 所示。

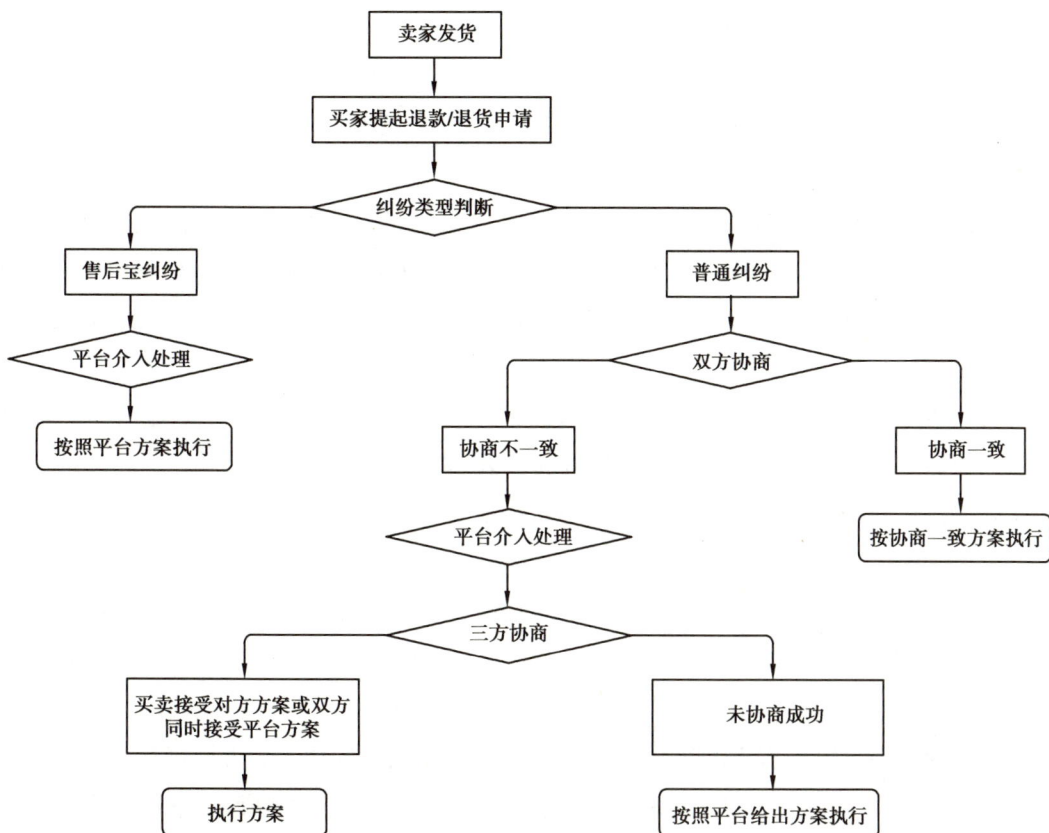

图 5-4-9　速卖通纠纷处理流程

1. 买家退款/退货退款申请

(1)买家提交纠纷的原因

①未收到货;

②收到的货物与约定不符(货不对版);

③买家自身原因。

(2)买家提交退款申请时间

可以在卖家全部发货 10 天后申请退款(若卖家设置的限时达时间小于 5 天则买家可以在卖家全部发货后立即申请退款)。

(3)买家端操作

在提交纠纷页面中,买家可以看到选项"Only Refund"和"Return & Refund",选择"Only

Refund"就可以提交仅退款申请,选择"Return & Refund"就可以提交退货退款申请。提交退货退款/仅退款申请后,买家需要描述问题与解决方案以及上传证据。买家提交纠纷后,纠纷小二会在7天内(包含第7天)介入处理。

2. 售后宝

目前平台对于部分类目提供一定的售后支持:即相关类目下的订单一旦产生"货不对版"类纠纷,平台将代卖家处理该货不对版纠纷,这类型的纠纷为售后宝纠纷。纠纷结案后,纠纷详情界面会显示"AE 平台出资",代表退款是平台承担的,也就是说由售后宝处理的纠纷,都是由速卖通出资赔付买家。

支持售后宝的类目:珠宝、手表、服装、家居、假发、玩具、灯具、美容健康、母婴童、电子元器件、特殊类目、办公文具、珠宝配件类、汽摩配、通讯及配件 Phone & Accessories 的部分类目、箱包、假发自营类目、旅游及代金券,以及工具、家装(硬装)、运动娱乐、电脑和办公、消费电子等几个行业的部分类目。

参与售后宝的条件:速卖通会动态考核店铺"货不对版"纠纷率,纠纷率过高的店铺会被踢出售后宝售后支持服务,此时卖家需要自行处理"货不对版"纠纷并承担退款费用。考核不合格的店铺会被平台发送的站内信告知。

3. 无忧退货保障计划

无忧退货保障计划类似于国内常见的"运费险"的海外升级版,速卖通卖家支付一定保险费用,买家收货后 15 天内可以发起无理由免费本地(买家所在国家)退货。发生退货的订单,对应货物不会退回商家,将由第三方直接处理。买家退货后收到订单退款(退货运费由第三方服务商承担),卖家收到第三方补偿款,第三方收到货物。货权从商家转移至第三方合作伙伴。对卖家来说,这就免去了海外退换货的沟通成本、经济成本,以及退回的货物无法再次销售的麻烦。

(1)无忧退货保障计划服务流程

无忧退货保障计划旨在解决消费者无法退货到中国的问题,通过为买家提供当地的退货仓库地址以提升买家的退货体验。参加无忧退货保障计划的商家和产品均有"Free Return"服务标识,如图 5-4-11 所示,当买家购买带有该服务标识的商品,速卖通为买家提供收货后 15 天的无理由本地退货服务。当买家退货时,卖家可以得到服务商给予的补偿金。无忧退货保障计划服务流程如图 5-4-10 所示。

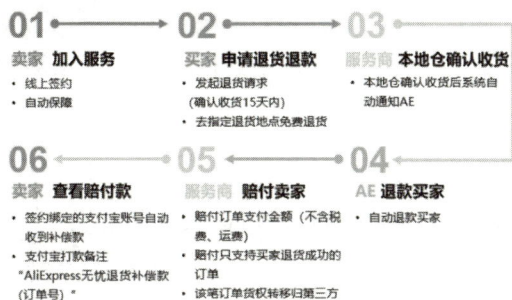

图 5-4-10　无忧退货保障计划服务流程

图 5-4-11　带有 Free Return 标志的商品

（2）无忧退货保障计划参与范围

表 5-4-1　无忧退货保障计划参与范围

费用收取	赔付卖家	参与范围
1. 美国、加拿大、澳大利亚、英国、法国、西班牙、德国、俄罗斯、巴西、以色列、韩国、沙特、阿联酋、波兰、荷兰和意大利 16 国的无忧退货服务商品订单，在卖家全部发货后，速卖通按"买家实付金额×无忧退货服务费费率"从卖家资金收款账户扣取无忧退货服务费用。实付金额不含任何形式的店铺优惠券和运费，亦不含买家须承担的税费（如美国部分州的消费税）	赔付到卖家绑定的国内支付宝账号	1. 参与行业：除定制类/贴身内衣类/食品类/成人用品外 2. 参与卖家：自主报名 3. 参与国家：美国、加拿大、澳大利亚、英国、法国、西班牙、德国、俄罗斯、巴西、以色列、韩国、沙特、阿联酋、波兰、荷兰、意大利
2. 费用扣取：速卖通卖家资金收款账户		4. 参与订单：1 000 美元及以下按实际金额进行保障，1 000 美元以上按 1 000 美元进行保障
＊费率具体以速卖通订单页面/公告/站内信/邮件为准，不同卖家账号在平台的交易表现会影响该账号服务费率的计算值		

（3）服务费用

收货地址国家为美国、加拿大、澳大利亚、英国、法国、西班牙、德国、俄罗斯、巴西、以色列、韩国、沙特、阿联酋、波兰、荷兰、意大利 16 国买家产生的订单，在卖家全部发货后，按照支付金额×服务费率的公式扣取服务费用（从卖家资金收款账户系统自动划扣）。支付金额不含任何形式的店铺优惠券和运费，不含买家税费（如美国部分州的消费税）。一旦买家发起无理由退货，系统退款买家后，商家从第三方获得赔付款。无论买家收货后是否发起纠纷,以上 16 国的服务费用在卖家全部发货后系统会自动扣款。

举例:1 个月美国、加拿大、澳大利亚、英国、法国、西班牙、德国、俄罗斯、巴西、以色列、韩国、沙特、阿联酋、波兰、荷兰和意大利 16 国如合计成交 1 万美金,且该店铺当时服务费率为 1.3%,则当月服务费用为 1 万×1.3% =130 美金,即实现退货不愁,还享受到前台全链路整店货品打标,以及参与营销资源倾斜资格。

无忧退货保障
计划

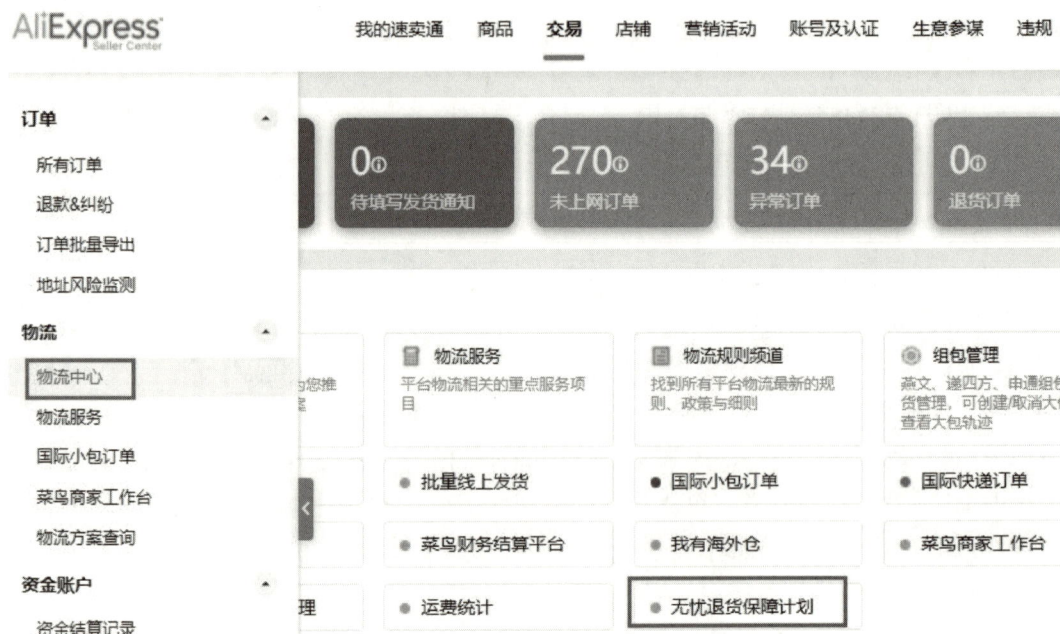

(4)加入无忧退货保障计划

在后台【交易】-【物流中心】找到【无忧退货保障计划】,点击进入签署协议加入,如图 5-4-12 所示。

图 5-4-12　无忧退货保障计划入口

◎ 任务实施

【任务要求】

跨境电商退换货问题中,比较突出的问题主要针对物流成本高、运输周期长、信息化不明确等问题。结合课程知识点,进行小组内研讨、网络资料查阅,最终以 PPT 形式分组汇报实训成果。

【任务分组】

同学自由分组,4~6 人为一组。

表5-4-2　学生任务分配表

班　级		组　号		指导老师	
组　长		学　号			
组　员	姓　名	学　号		姓　名	学　号
任务分工					

【任务计划与实施】

引导问题1:学习完前四章知识掌握了跨境物流发货流程,请思考跨境货物退货基本流程:

步骤①:描述商品由买家申请退货至商品邮寄到企业的整体流程。

步骤②:分析物流退换货中的具体问题:包括 B2C 退换货运费成本高、退货周期长、是否设立海外仓。

引导问题2:以亚马逊平台美国站为基点,平台的退货规则是什么? 非 FBA 订单的退货方式有哪些?

引导问题3:FBA 的订单,买家要退货,这个订单怎么处理呢?

1.买家还未收到货物：

2.买家已经收到货物：

引导问题4：请描述速卖通无忧退货保障计划的服务流程；无忧退货保障计划对退货有什么帮助或优势？

引导问题5：已认知跨境物流退换货痛点及难点，请结合跨境电商平台、店铺退换货政策、通关政策、可持续发展理念等因素，编写退换货发展建议。

◎ 知识加油站

可持续发展成为物流新焦点

温室气体排放量的大幅上升使可持续性发展更加成为新的全球关注焦点，这促使各国开始比原先预期的要早得多地应对气候变化。

欧洲第二大国际包裹配送网络DPD宣布到2020年末承诺向20个国家/地区的225个欧洲最大城市提供零排放和低排放的交通工具。所有物流公司都需要进一步努力，以扩大这些类型的交通工具使用的措施或迅速制定更具影响力的战略以适应全球碳中和的大趋势。

中国:两次重要讲话均强调要"提高国家自主贡献力度",并两次提升碳中和相关政策规划目标,提出在 2030 年碳达峰、2060 年碳中和,体现了全面治理碳排放的态度和政策决心。

◎ 课程思政

长期以来,面对滞销或退货的货物,跨境电子商务出口企业在考虑到货物价值、物流成本、入境税费用等因素后,一般采用降低折扣来处理这些货物,增加了企业运营成本。退换货问题是阻碍跨境电子商务发展的主要原因之一。跨境电商出口退回商品成功运离海关监管场所,实现了跨境电商商品出得去、退得回。阅读监管政策《政策解读:全面推广跨境电商出口商品退货》。

全面推广跨境电商出口商品退货

【思政考核】

要求:请根据以下选项,选出正确的答案。

1. (多选题)开展跨境电商出口退货的企业应该满足哪些条件、承担什么责任(　　)。

　　A. 应当向海关如实申报

　　B. 应当建立退货商品流程监控体系

　　C. 保证退货商品为原出口商品,并承担相应法律责任

　　D. 接受海关监管

2. (排序题)跨境电商特殊区域包裹零售出口退货流程是(　　)。

　　A. 账册核增

　　B. 查验管理

　　C. 进境到货管理

　　D. 退运至境内区外

　　E. 《退货单》申报

◎ 考核评价

根据考核内容,学生完成自我小结并进行自评打分,教师根据学生活动情况进行点评并完成教师打分,最后按自评分×40%+教师评分×60%计算得分。

表 5-4-3　考核评价表

项目五	任务四　海外退换货管理				
班　级		团　队		姓　名	
评价类别	考核内容	分　数	自　评	教师评分	
知识素养	认知跨境包裹退换货运输问题	10			
	了解亚马逊平台退货规则及操作方式	10			
	了解买家发起索赔的原因及处理方式	10			
	了解速卖通平台退货规则及流程	5			
	认知无忧退货保障计划含义及作用	10			
职业技能	能够分析亚马逊平台退货规则	10			
	能够处理 FBA 订单退货交易流程	10			
	能够分析买家纠纷原因及处理纠纷事件	10			
职业素养	具有团队合作精神,小组能够协调分工完成任务	5			
	具有创新意识、创新精神,能够在海外退换货管理中提出自己的观点	10			
	具备资源整合能力,能够借助外部资源,借鉴成功案例的经验,运用到自己的管理中	10			
小　计		100			
合计=自评分×40%+教师评分×60%					

课程思政参考答案

项目一　跨境电商物流认知

任务一　跨境电商和跨境物流认知

1. ABCDE

2. ABCD

3. ABD

4. ABCDE

任务二　跨境电商物流术语

1. ABCDE

2. ABCDE

任务三　跨境出口物流分类

1. 略。可从各种跨境渠道的优势开始分析，例如关税、报关、流通等环节；也可查阅 RCEP 协议相关内容，了解协议自由贸易协定对跨境物流的影响。

2. ABCD

3. 产品运输有时效优势，海外仓的批量进口可以节省高价值产品的增值税和进口关税，还有助于客户办理退货。

任务四　跨境进口物流模式

1. D

2. ABCD

3. ABCD

4. ABCDEF

项目二　跨境出口物流操作

任务一　物流方式比较与选择

1. BCD

2. ABD

任务二　物流运费报价与计算

1. ABCDE

2. ABCD

任务三　亚马逊运费模板设置

1. 对

2. 对

3. 错

任务四　速卖通运费模板设置

1. 商业快递；邮政；高货值商品

2. 对

3. 略

4. 略

任务五　发货包装方法与设备

1. ACD

2. ABCDEFG

3. ABD

4. ABCD

任务六　亚马逊订单发货操作

1. 配送绩效指标是亚马逊用来评价卖家账户运营好坏的标准，其本质目的是基于对客户的物流配送服务体验着想，提高卖家销售和运营能力。

2. ABCD

任务七　速卖通订单发货操作

1. 例如第三方货代、船运公司报价经常调整,价格贵、服务体验差、时效难以保证等情况。

2. 略。

任务八　出口报关、VAT 和退税

1. ACD

2. AC

3. 错。解析:不是。欧盟卖家同样需要完成增值税合规义务,他们仍需自行缴纳增值税乃至其他税种给到欧盟各国相应的税务机构。

4. ABCD

项目三　海外仓管理

任务一　海外仓基础知识

1. BCD

2. C

3. ABCD

任务二　亚马逊 FBA 操作

1. C

2. ABCD

任务三　速卖通海外仓设置

1. C

2. ABCD

任务四　第三方海外仓选择

1. B

2. ABCD

项目四　跨境进口物流操作

任务一　进口通关模式

1. ABCD

2. ABD

3. D

任务二　进口商品税率计算

1. D

2. B

3. A

4. ABCDE

任务三　进口海关清关与操作

1. ABCD

2. AC

3. ABCD

项目五　跨境物流绩效管理

任务一　跨境物流运营规划

1. ABCD

2. ABC

3. ABD

任务二　亚马逊物流绩效管理

1. ABCD

2. ABCD

3. ACD

任务三　速卖通物流绩效管理

1. ACD

2. ABD

3. ABCD

任务四　海外退换货管理

1. ABCD

2. CBDE

参考文献

[1] 李瑞麒.我国 B2C 跨境出口电商的形成、发展及问题[J].全国流通经济,2018(28):13-14.

[2] 速卖通大学.跨境电商——阿里巴巴速卖通宝典[M].北京:电子工业出版社,2015.

[3] 羊英,陈建,吴翠红.跨境电商物流实用教程[M].北京:中国海关出版社,2019.

[4] 潘勇.跨境电子商务物流管理[M].北京:高等教育出版社,2021.